쉽게 풀어쓴

컴퓨터 활용

강영신 · 안병태 · 김민선 공저

생능출판사
Life & Power Press

현대 정보화 사회에서 각 개인의 컴퓨터 활용 능력은 매우 중요하며 더욱 중요해지고 있다. 이 책은 기본적으로 한글(2007), MS-Word(2007), 엑셀(2007), 파워포인트(2007)를 공부하여 정보통신부 산하 방송통신인력개발센터에서 주관하는 국가 공인 자격증인 디지털 정보 활용 능력을 체계적으로 쉽게 이해하고 자격증을 취득할 수 있도록 구성하였다.

한글 및 MS-Word에서는 문서 작성시 필요한 기본 기능을 빠른 시간에 쉽게 습득할 수 있도록 하였으며 각 과목의 끝부분에는 실제 디지털 정보 활용 능력 기출문제를 자세히 풀이하여 누구나 쉽게 자격증을 취득할 수 있도록 하였다.

엑셀 부분에서는 다양한 함수들을 실무 예제 중심으로 소개하며 함수 이외에 다양한 차트 작성 방법, 서식 응용, 데이터베이스, 유효성 검사 피벗 테이블, 매크로 등의 내용에 대해서도 심층적으로 다루었다. 특히 대부분의 사용자들이 가장 어려워하는 함수에 관한 내용은 여러 응용 분야에서 공통으로 활용할 수 있는 엑셀 함수를 실무 예제를 통해 집중적으로 소개함으로써 엑셀의 함수 응용에 대하여 많은 도움을 받을 수 있다. 함수 이외에도 다양한 차트 작성 방법과 서식의 응용, 데이터베이스, 유효성 검사, 피벗 테이블, 매크로 등 여러 내용을 학습하면 엑셀을 사용하는데 있어 중급자 이상의 실력을 가질 것으로 생각된다.

파워포인트 부분에서는 기본적으로 프레젠테이션을 작성하는데 필요한 기능 중심으로 설명하였으며 다양하게 응용할 수 있도록 내용을 구성하였다. 특히,

3

회사 및 관공서에서 발표하기 위해 많이 사용하는 차트, 애니메이션, 표, 스마트 아트, 클립 아트 등의 기능을 예제를 통해 자세히 설명하고 연습문제를 통해 반복 학습이 가능하도록 하였다.

본 교재는 전체적으로 디지털 정보 활용 능력, MOS, 컴퓨터 활용 능력, 워드 프로세서에 적합한 내용으로 다루었다. 본 책을 충분히 학습하면 MOS 및 디지털 정보 활용 능력 고급 자격증을 취득하도록 하였다. 끝으로 이 책이 나오도록 많은 협조를 하고 지원해 준 생능출판사의 사장님을 비롯한 모든 직원들에게 감사 드린다.

차/례

CHAPTER 01 한글

CHAPTER
02   워드

CHAPTER
03 엑셀

CONTENTS

CONTENTS

CONTENTS

10

CONTENTS

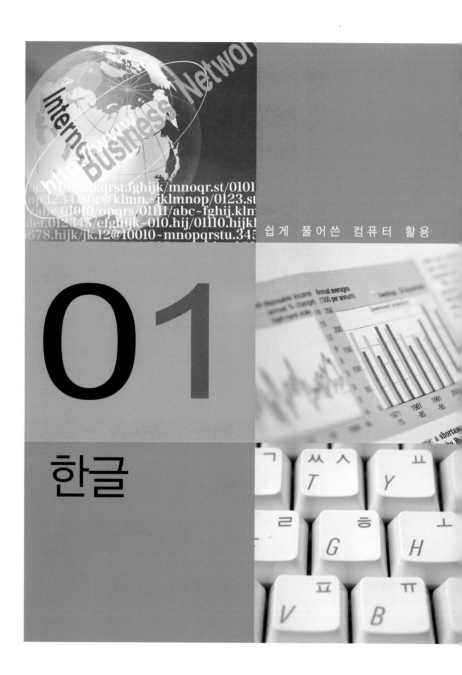

쉽게 풀어쓴 컴퓨터 활용

01

한글

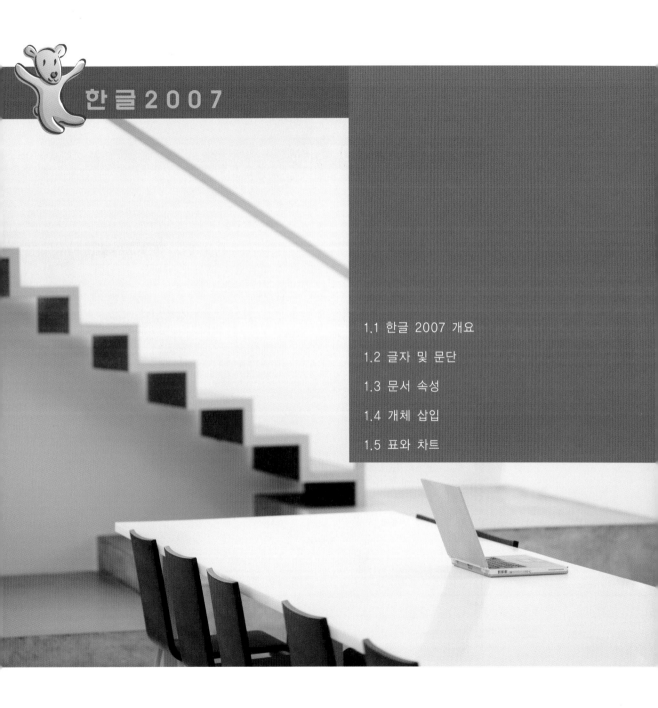

한글 2007

01 한글

CHAPTER

1.1　한글 2007 개요

❶ 한글 개요

한글 2007은 윈도용 워드프로세서 프로그램으로써 기존 2005에 비해 더욱 강력해진 문서 편집 기능을 제공하고 보다 빠르고 편리하게 사용할 수 있다. 윈도 화면에서 [시작]-[프로그램]-[한글과 컴퓨터]-[한글과컴퓨터 한글 2007]-[한글과컴퓨터 한글 2007]을 선택하면 한글 2007 프로그램이 실행된다.

1) 한글 2007 실행

한글 2007은 ① [시작]-[모든 프로그램]-[한글과 컴퓨터] 메뉴의 [한글과 컴퓨터

오피스 2007] 클릭하거나, ② 바탕 화면의 「한글 2007」 단축 아이콘( )을 더블
클릭하면 새로운 문서가 열리면서 실행된다.

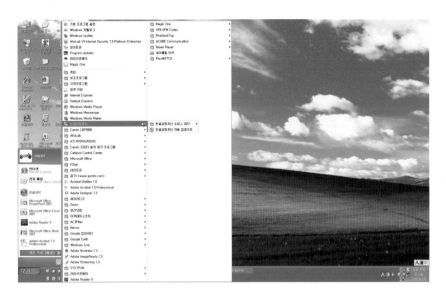

2) 한글 2007 종료

편집 중인 한글 2007 워드프로세서 프로그램을 종료하기 위해서는 파일 메뉴를
클릭하여 끝을 누르거나 단축키 [Alt] + X를 누르면 된다. 또는 제목 표시줄의 종
료[X] 버튼을 클릭하여 한글 2007을 종료하면 된다.

새 문서(N)	Alt+N
새 탭(B)	
문서마당(T)...	Ctrl+Alt+N
XML 문서(M)	
DAISY 문서(Y)	
불러오기(O)...	Alt+O
최근 작업 문서(R)...	Alt+F3
문서 닫기(C)	Ctrl+F4
저장하기(S)	Alt+S
다른 이름으로 저장하기(A)...	Alt+V
문서 정보(I)...	Ctrl+Q,I
문서 암호(W)...	
문서 연결(L)...	
버전 정보/비교(J)...	
전자 서명(G)...	
CCL 넣기(K)...	
문서 찾기(F)...	
인쇄(P)...	Alt+P
미리 보기(V)	
보내기(V)...	
1 C:\Documents and Settin,..\2009-2시간표.hwp	
2 C:\down\가톨릭대학교\강영...\한글교재.hwp	
3 C:\Documents and Settings\...\논문관련.hwp	
4 C:\Documents and S,..\연습문제처리조건.hwp	
5 C:\down\가톨릭대학교\강영...\한글교재.hwp	
6 C:\down\가...\파워포인트 교재(연습문제).hwp	
7 C:\down\...\파워포인트 교재-개정판-2010.hwp	
8 C:\down\가톨릭...\엑셀교재-개정판-2010.hwp	
끝(X)	Alt+X

❷ 편집용지 설정 및 화면 나누기

1) 편집용지 설정

문서를 작성하기 전에는 문서 작성에 적합한 편집용지를 설정해야 한다. [모양]-
[편집용지]를 클릭하면 대화상자가 나타난다. 또는 단축키 F7을 클릭한다.

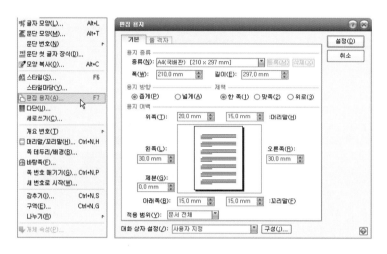

편집용지 대화상자의 종류에는 기본 탭과 줄 격자 탭이 있다. 기본 탭의 용지 종
류에는 사용자들이 많이 사용하는 용지 크기가 들어있다. 용지 여백 설정에는 용
지 외곽의 여백을 설정할 수 있다. 머리말이 존재하는 경우, [위쪽] 여백 아래에
머리말이 나타나고 머리말 여백 아래에 문서의 본문이 나타나게 된다. 꼬리말도
동일하게 적용한다. 머리말 및 꼬리말 여백을 잘못 설정하면 머리말과 꼬리말이
제대로 나타나지 않으므로 주의해야 한다.

2) 구역 나누기

구역 나누기는 구역을 설정하여 구역별로 편집용지 방향 및 여백을 설정함으로써
다양한 문서 작업이 가능하다. [모양]-[나누기]-[구역 나누기]를 클릭하거나 단축
키 Shift + Alt + Enter를 클릭한다.

아래 화면은 구역 나누기를 한 화면이다. 첫째 페이지와 둘째 페이지의 구역을 구분하는 붉은 실선이 나타난다.

3) 쪽 나누기

쪽 나누기는 페이지를 설정하여 페이지별로 문서 작업이 가능하다. [모양]-[나누기]-[쪽 나누기]를 클릭하거나 단축키 Ctrl + Enter↵를 클릭한다.

1.2 글자 및 문단

❶ 글자 속성

글자를 입력하는 것은 쉽다. 중요한 것은 글자와 문단의 속성을 변경하여 시각적인 효과를 높이는 것이다. 글자 속성은 [모양]-[글자모양] 또는 단축키 Alt + L을 누르면 된다. 다음은 글자 속성을 지정하는 메뉴화면과 대화상자를 나타낸 것이다.

대화상자에서 기준크기는 글자 크기를 나타낸 것이며 언어는 글자모양을 설정하는 것이다. 장평은 문장 전체에서 문장의 길이를 지정하는 것이며 자간은 글자와 글자 사이의 간격을 나타낸다. 아래 속성들은 글자의 진하게, 기울임 등 다양한 속성을 나타낸 것이다. 음영색은 직접 마우스를 이용하여 지정하면 된다. 다음 그림은 대화상자를 이용하여 글자의 속성을 바꾸어 나타낸 것이다.

❷ 문단 속성

문단이란 글을 입력하기 시작하여 Enter↵ 키를 누를 때까지의 연결된 문장을 의미
한다. 따라서 일반 문서에서의 문단과는 다소 차이점이 있다. 문단 모양을 변경하
기 위해서는 문단을 바꾸고자 하는 부분을 블록 지정한 후 [모양]−[문단모양]을
선택하거나 단축키 Alt + T를 누르면 된다. 다음은 문단 모양을 선택했을 때 나
타나는 대화상자를 나타낸 것이다.

다음 그림은 문단 모양을 이용한 예제를 나타낸 것이다. 왼쪽 여백 10pt, 들여쓰
기 10pt, 줄간격 200%를 적용하여 나타낸 것이다.

다음 그림은 문단 모양 속성 중 왼쪽 여백 10pt, 내어쓰기 10pt를 적용한 예를 나타낸 것이다.

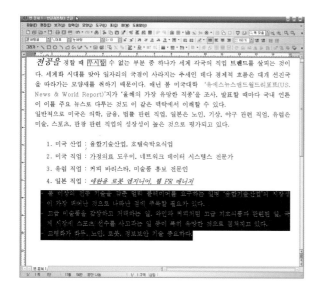

다단은 한 페이지의 내용을 여러 개의 페이지로 나누어서 사용하는 것이다. 다단을 사용하면 문서가 정돈되어 보이는 효과가 있고, 더 많은 내용을 한눈에 볼 수 있다. [모양]-[다단]을 선택하면 다단 설정 대화상자가 나타난다. 다음 그림은 다단을 선택했을 때 나타나는 대화상자를 나타낸 것이다.

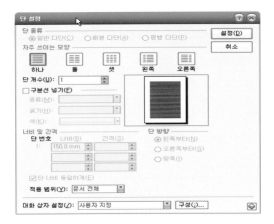

다음 그림은 다단 설정 대화상자를 이용하여 예제를 나타낸 것이다. 단 개수는 기본적으로 2단을 사용하였고 구분선 넣기를 이용하여 단과 단 사이에 구분선으로 점선을 사용하여 나타낸 것이다.

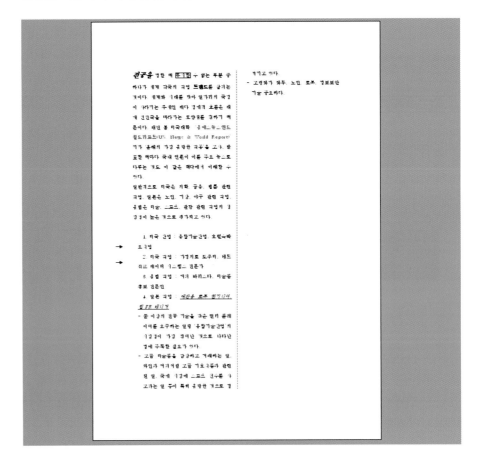

1.3 문서 속성

❶ 문자표

문자표는 문서 작성시 키보드에 존재하지 않는 특수문자를 작성시 사용한다. [입력]-[문자표]을 선택하거나 단축키 Ctrl + F10을 클릭하면 된다. 다음 그림은 문자표를 선택했을 때 나타나는 대화상자를 나타낸 것이다. 대화상자에는 4개의 기본 탭이 있다. 사용자 문자표 탭은 최근에 자주 사용하는 특수문자일 경우 등록시켜 두면 사용하기 편리하다.

다음 대화상자는 글 문자표에서 키 캡 문자영역을 나타낸 것이다. 사용자가 문자 영역을 참조하여 특수 문자를 적용하면 된다. 자주 사용하는 특수 문자는 등록하여 사용해도 도움이 된다. 다음 그림은 특수 문자를 이용하여 예제를 나타낸 것이다.

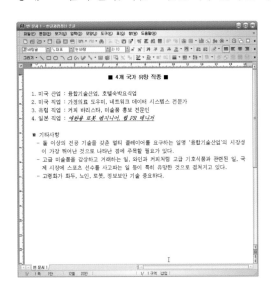

❷ 주석

주석은 본문 내용 중 추가 설명이나 인용 출처, 보충 자료를 알리기 위하여 사용되는데 기본적으로 각주와 미주로 구성된다. 각주는 본문 해당 페이지의 아래에 내용이 작성되고 미주는 그 장(Chapter)이나 문서 전체를 끝맺고 난 뒤에 내용이 작성된다. [입력]-[주석]-[각주]를 선택하여 주석 내용을 작성한다. 주석 작성시 주석 툴바가 생성되며 주석 번호 및 주석 관련 내용을 편집하여 사용할 수 있다. 주석 내용을 작성 후 본문으로 다시 돌아오고자 할 경우 단축키 Shift+Esc를 누르면 된다.

다음 그림은 본문 내용 중 와인에 대한 주석을 작성한 예이다.

❸ 한자 만들기

문서를 작성하다 보면 한글뿐만 아니라 한자도 많이 사용하게 된다. 본문 내용에서 한자를 입력하고자 하는 경우에는 음을 먼저 입력하고 해당 문자 뒤에 커서를 두고 [입력]-[한자입력]-[한자로 바꾸기]를 선택하거나 단축키 F9를 클릭하면 된다. 다음 그림은 한자 입력을 위한 대화상자를 나타낸 것이다. 해당 문자에 대한 한자가 나타나며 입력 형식에서는 한자를 표현할 수 있는 다양한 방법을 제공하고 있다. 그리고 자주 사용하는 한자에 대해서는 등록하여 사용하면 편리하다.

④ 머리말 및 꼬리말

머리말 및 꼬리말은 페이지 내의 본문을 제외한 상단 부분과 하단 부분에 기재한
다. 책 제목, 장 제목, 페이지번호를 기재시 사용한다. [모양]-[머리말/꼬리말]을
선택하면 다음 대화상자가 나타난다. 대화상자에서 머리말과 꼬리말을 선택할 수
있고 위치는 홀수 쪽, 짝수 쪽, 양쪽을 지정한다. 머리말/꼬리말마당에서 직접 선
택을 하면 쪽번호 모양도 변경할 수 있다.

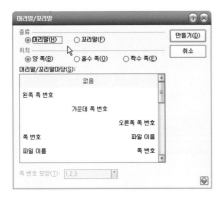

다음 그림은 머리말에 저자명을 적용한 예를 나타낸 것이다. 저자명은 오른쪽 정
렬을 하였으며 해당 머리말에서 글자 속성을 이용하여 진하게 나타낸 것이다. 머
리말을 빠져나오기 위해서는 닫기 버튼을 클릭하면 된다. 다시 머리말을 수정하
기 위해서는 해당 머리말 내용을 더블 클릭하면 해당 머리말을 수정할 수 있다.

❺ 쪽번호 매기기

쪽번호 매기기는 각 페이지별 페이지 번호를 설정하는 것이다. [모양]–[쪽번호 매기기]를 선택하면 대화상자가 나타난다. 대화상자에서 쪽번호를 지정하기 위한 위치를 지정하고 번호 모양의 드롭 버튼을 클릭하여 다양한 번호 모양을 지정한다. 줄표 넣기는 해당 페이지 번호에 줄표를 표시하기 위한 것이다. 다음 그림은 쪽번호 매기기를 이용하여 나타낸 것이다.

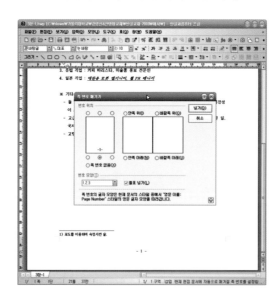

❻ 쪽테두리 및 배경

쪽테두리 및 배경은 문서의 각 페이지마다 본문의 내용을 둘러싸는 테두리를 지
정하거나 바탕색 및 배경 그림을 적용하여 문서 내용을 보기 좋게 꾸미는 것이다.
[모양]–[쪽테두리/배경]을 선택하면 쪽테두리 및 배경 대화상자가 나타난다. 대화
상자는 두 개의 탭으로 구성된다. 테두리 탭은 쪽테두리의 종류, 굵기, 색깔을 지
정하고 선 모양을 적용하기 위한 부분을 선택한다. 위치 그룹에서 머리말 포함 체
크 버튼을 선택하면 쪽테두리가 머리말을 포함한 쪽테두리 영역이 지정된다. 그
리고 적용 쪽에서 첫 쪽 제외를 선택하면 첫 페이지를 제외한 나머지 페이지들만
테두리가 적용된다.

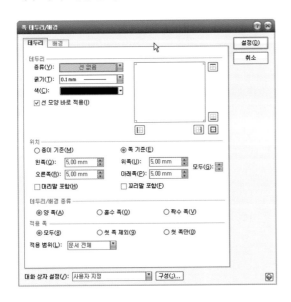

다음 그림은 쪽테두리를 적용한 예를 나타낸 것이다. 쪽테두리의 종류는 이중꽤
선을 사용하였으며 머리말을 포함하도록 하였다.

다음 그림은 쪽테두리 및 배경의 대화상자에서 배경탭의 대화상자를 나타낸 것이다. 배경 탭은 문서의 배경 색깔 및 배경 그림을 적용한다.

다음 그림은 문서 배경에 그러데이션을 이용하여 배경 색을 지정한 것이다. 유형은 왼쪽 대각선을 적용하였으며 흰색으로 시작하여 빨강색으로 끝나도록 하였다.

한글2007 한글 CHAPTER 01

❼ 하이퍼링크

하이퍼링크는 문서의 특정한 위치에 있는 문서나 웹 페이지, 전자우편 주소 등을 연결하여 해당 웹 사이트로 쉽게 이동할 수 있도록 한다. 웹 페이지나 전자 우편은 문서 작성시 스페이스 바나 Enter↵ 키를 치는 동시에 자동으로 생성된다. [입력]-[하이퍼링크]를 선택하면 하이퍼링크 설정을 위한 대화상자가 나타난다. 대화상자에서 연결 종류는 해당문서를 선택하거나 웹 사이트 주소를 지정할 수 있다. 연결 대상에서는 실제 문서를 지정하거나 웹 주소를 입력한다.

한글2007 한글 CHAPTER 01

❼ 하이퍼링크

하이퍼링크는 문서의 특정한 위치에 있는 문서나 웹 페이지, 전자우편 주소 등을 연결하여 해당 웹 사이트로 쉽게 이동할 수 있도록 한다. 웹 페이지나 전자 우편은 문서 작성시 스페이스 바나 Enter↵ 키를 치는 동시에 자동으로 생성된다. [입력]-[하이퍼링크]를 선택하면 하이퍼링크 설정을 위한 대화상자가 나타난다. 대화상자에서 연결 종류는 해당문서를 선택하거나 웹 사이트 주소를 지정할 수 있다. 연결 대상에서는 실제 문서를 지정하거나 웹 주소를 입력한다.

31

다음 그림은 융합기술산업 항목에 대하여 웹 주소를 http://naver.com으로 입력
하여 하이퍼링크를 나타낸 것이다. 따라서 융합산업기술을 클릭하면 네이버 홈페
이지가 떠도록 되어 있다. 대화상자의 연결 문서 열기에서 "같은 창으로"를 선택하
면 현재 페이지에서 페이지가 열리고 "새 창으로"를 선택하면 새로운 웹 브라우저
에서 창이 열린다. 링크된 하이퍼링크를 취소하고자 할 경우에는 해당 링크된 부
분에 마우스를 올려놓고 오른쪽 버튼을 클릭하면 하이퍼링크 지우기가 나타난다.

1.4 개체 삽입

❶ 글맵시

글맵시는 입력된 글자에 그래픽 효과를 주어 표현하는 방식이다. [입력]-[개체]-[글맵시] 메뉴를 선택하거나 표준 툴바에서 직접 🔲 을 클릭하면 된다. 다음 그림은 글맵시 대화상자에서 "세계 노동 시장 전망" 이라는 내용과 글꼴을 굴림체로 적용한 것이다. 글자 모양은 다양한 형식들로 구성되어 있으며 사용자가 보기에 적합한 것으로 지정하면 된다.

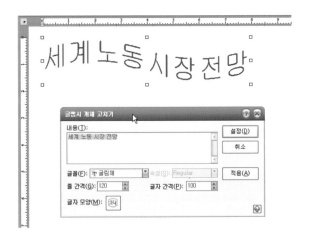

다음 그림은 글맵시 내용을 더블 클릭하거나 마우스 오른쪽 버튼을 클릭하여 개체 속성을 지정한 것이다. 개체 속성에서는 글맵시 개체에 대한 속성을 지정하는 것으로 해당 화면은 기본탭에서 개체를 글자처럼 취급하였으며 채우기 탭에서 왼쪽 대각선 그러데이션을 적용하였다. 그 외에도 글맵시에 대한 다양한 개체 속성을 지정할 수 있다.

❷ 글상자

글상자는 글자를 포함하고 있는 사각형의 상자로써 제목을 특별하게 장식할 때 사용하거나 다단 편집에서 여러 단에 걸친 제목을 입력할 때 유용하게 사용할 수 있다. 특히, 단의 경계를 넘어서는 커다란 제목을 넣거나 본문 중간에 박스형 요약을 넣을 때 쉽게 이용할 수 있다. 따라서 글상자는 글의 위치, 크기 조절, 글상자 안의 채우기 효과, 테두리의 모양과 색깔 바꾸기 등 다양한 기능으로 많이 사용되고 있다. [입력]-[개체]-[글상자]를 선택하거나 그리기 툴바에서 글상자 아이콘을 클릭하면 된다.

다음 그림은 글상자를 이용하여 2단 편집에서 제목을 작성한 것이다. 글상자 크기는 너비 80mm, 높이 12mm, 이중괘선 테두리, 둥근모양을 적용한 것이다. 색 채우기는 연한 피망색을 적용하였으며 글자처럼 취급 후 가운데 정렬을 하였다. 글상자 안의 내용은 궁서체, 18포인터, 가운데 정렬을 적용한 것이다.

글상자의 개체 속성은 총 6개의 탭으로 구성되며 기본탭에서는 글자처럼 취급 및 글상자 크기를 지정하고 선 탭에서는 글상자 테두리 및 모서리 곡률을 지정한다. 다음 그림은 글상자에서 채우기 탭을 적용하여 글상자 내의 색상을 적용하여 나타낸 것이다. 채우기 탭은 글상자 색상뿐만 아니라 그림도 적용할 수 있으며 글상자 탭은 글상자 내의 세로 정렬을 적용할 수 있다. 그리고 그림자 탭은 글상자 자체에 그림자 테두리를 적용할 수 있다.

❸ 그림

그림은 글 문서에서 그림 파일 자체를 커서 위치에 삽입하는 기능으로써 그림을
확대 및 축소할 수 있고 다양한 속성들을 이용하여 그림 효과를 나타낼 수 있다.
[입력]-[개체]-[그림]을 선택하거나 메뉴 툴바에서 그림 아이콘을 클릭하면 된다.

다음 그림은 본문 내용의 오른쪽 단에 그림을 삽입하여 나타낸 것이다. 그림 크기
는 너비 32mm, 높이 20mm로 위치는 본문과의 배치에서 어울림으로 선택 후 가
로 종이의 왼쪽 기준 110mm, 세로 종이의 위 기준 52mm로 지정한 것이다.

다음 그림은 개체 속성의 그림 탭에서 그림의 왼쪽, 오른쪽, 아래쪽, 위쪽 각
1mm를 잘라낸 것이며 그림 여백에서 왼쪽, 오른쪽, 아래쪽, 위쪽 각 1mm를 여
백으로 지정하였다. 그리고 그림효과에서 회색조를 적용하여 나타낸 것이다.

다음 그림은 새로운 그림을 삽입하였을 때 그림 속성을 바꾸는 툴바가 자동으로 생성된다. 만일 그림 위의 툴바가 생성이 되지 않는다면 [보기]-[도구상자]-[그림]을 체크하면 나타난다.

다음 그림은 그림 툴바에서 이미지를 어둡게 적용하고 선명도를 흐릿하게 적용하였다. 그리고 자르기 기능을 이용하여 오른쪽 부분과 아래 부분을 자른 후 캡션 달기를 이용하여 그림에 대한 설명을 추가하였다.

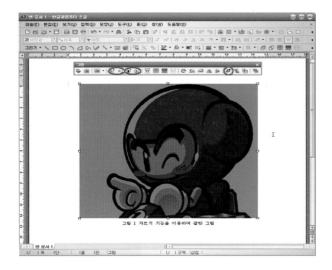

④ 그리기 개체

그리기 개체는 편집 화면의 어느 곳에서나 직접 도형을 그릴 수 있는 기능이 있다. 그리기 개체는 간단한 도형에서부터 복잡한 도형까지 쉽게 그릴 수 있다. 만일 툴바에 그리기 툴바가 없으면 [보기]-[도구 상자]-[그리기]를 선택하면 된다.

다음 그림은 그리기 개체를 이용하여 다양한 도형을 나타낸 것이다. 그리기 툴에서 정사각형, 정원, 수평선, 수직선을 나타내기 위해서는 해당 도형을 선택한 후 [Shift] 버튼을 누른 상태에서 마우스 왼쪽 버튼을 드래그하면 만들어진다. 그리고 여러 도형을 선택하고자 할 경우에는 [Shift] 버튼을 누른 상태에서 해당 도형을 클

릭하면 여러 개의 도형을 동시에 선택할 수 있다.

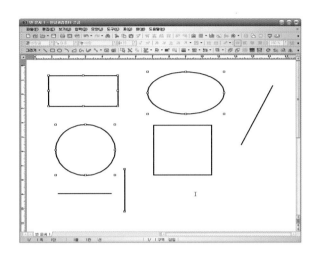

도형의 속성을 바꾸고자 할 경우에는 그리기 툴바의 아래 부분을 이용하면 된다.
아래 부분은 선색 지정, 색상 지정, 음영 비율 지정, 선 굵기, 선 종류, 선 모양을
지정한 것이다. 그리고 빨간색 타원 도형을 노란색 직사각형 도형 위로 나타내기
위해서는 툴바에서 맨 앞으로를 선택하면 된다. 다음 그림은 도형의 속성을 적용
한 예를 나타낸 것이다.

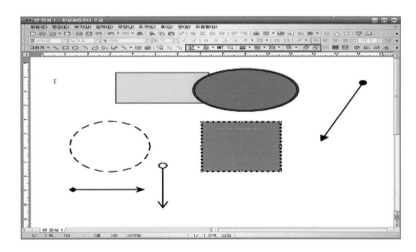

다음 그림은 점선 사각형에 그림자 적용과 개체 회전을 이용하여 도형을 회전하
였다. 그리고 노란색 다각형을 이용하여 복사 후 좌우대칭을 이용하여 도형이 대
칭되도록 하였다.

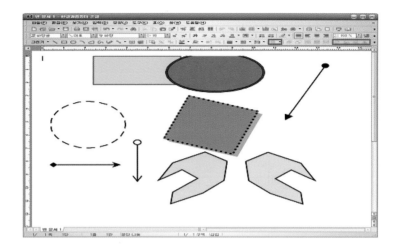

여러 개의 개체를 하나의 개체로 만들기 위해서는 개체 묶기를 해야 한다. 개체 묶기는 여러개의 개체를 선택한 후 그리기 도구상자의 개체 묶기를 선택하거나 마우스 오른쪽 버튼을 클릭하여 개체 묶기를 선택한다. 다음 그림은 그리기 도구 상자의 아이콘을 이용하여 직사각형과 타원을 하나의 개체 묶기로 나타낸 것이다. 개체를 다시 풀고자 할 경우에는 두 개 이상으로 묶인 개체를 선택하여 개체 풀기 아이콘을 선택하면 된다.

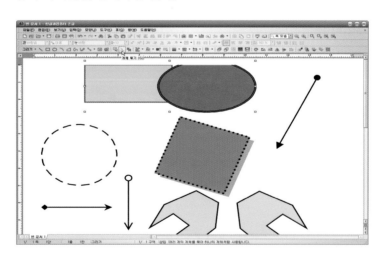

1.5 표와 차트

❶ 표 작성

표 작성은 문서를 작성하면서 데이터들을 일목요연하게 나타내기 위해 사용한다.
표 작성에서는 표의 외곽선, 데이터 입력, 표의 크기 조절, 표의 외곽선 모양 변경
등의 작업을 할 수 있다. 표를 작성하기 위해서는 [표]-[표만들기]를 선택하거나
툴바에서 직접 표를 선택하여 행과 열을 지정하면 된다.

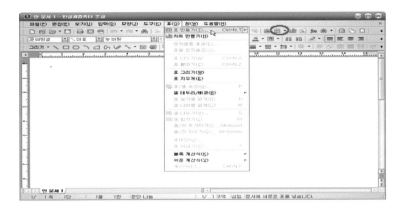

[표]-[표 만들기]를 선택하면 표 작성을 위한 대화상자가 나타난다. 줄 수와 칸 수
를 4로 지정하면 4행 4열 표가 작성된다. 이때 글자처럼 취급을 선택하면 글자처
럼 취급할 수 있다.

표 속성 버튼을 클릭하면 표 테두리, 표 배경색, 표 탭이 있는 표 속성 대화상자가
나타난다. 테두리 탭에서는 표의 테두리 종류, 선 굵기, 선 색 등을 지원하며 배경
탭에서는 표 안의 배경색을 지정하거나 그림을 지정한다. 표 탭은 표 안의 셀 여

백을 지정한다.

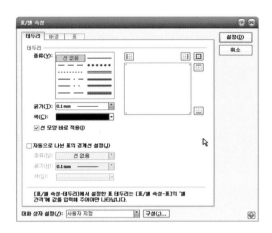

다음 그림은 4행 4열의 표 속성을 적용한 예를 나타낸 것이다.

다음 그림은 작성된 표에서 1행 1열의 셀에 대각선을 적용하고 1열 셀만 색상 및
테두리를 적용한 예를 나타낸 것이다. 하나의 셀만 선택하기 위해서는 해당 셀에
커서를 갖다놓고 기능키 F5를 클릭하면 해당 셀만 블록이 지정된다. 지정된 셀 영
역에 마우스 오른쪽 버튼을 클릭하여 셀 테두리/배경에서 각 셀마다 적용을 선택
하면 대각선을 적용할 수 있다. 1열 셀만 색상 및 테두리를 적용하는 경우도 동일
하다.

다음 그림은 셀 대각선을 적용한 예를 나타낸 것이다. 동일한 방법으로 1열에 색
상 및 테두리를 적용해 보자.

표 작업을 하다 보면 표의 특정 셀만 선택해야 하는 경우가 발생한다. 다음 표는
마우스 및 키보드를 이용하여 셀 범위를 지정하는 경우를 나타낸 것이다.

선택된 셀 범위	키보드 이용시	마우스 이용시
하나의 셀	키보드 커서를 셀 내부에 위치시키고 F5를 누른다. 방향키를 누르면 선택된 셀이 바뀐다.	해당 셀을 Ctrl+클릭한다.
전체 셀 선택	F5를 세 번 연속 누른다.	모서리 한 셀에서 마우스를 클릭한 채 반대편 모서리로 드래그한다.
연속된 셀 선택	F5를 한 번 누르면 셀 가운데에 검색 점이 나타나고 다시 한 번 누르면 빨간색으로 바뀐다. 방향키를 누르면 선택한 셀이 확장된다.	하나의 셀을 Ctrl+클릭하고 다른 셀에서 Shift+클릭한다. 또는 한 셀에서 마우스 왼쪽 버튼을 클릭한 채 다른 셀로 드래그한다.
필요한 셀만 선택		선택한 셀들을 각각 Ctrl+클릭한다.

표를 작업하다 셀 크기를 변경하려면 먼저 크기를 변경할 셀을 선택해야 한다. 다음 표는 각 셀의 크기를 변경하는 방법을 요약한 것이다.

키	동 작	표의 전체크기
Ctrl+방향키	선택된 셀이 포함된 전체 행이나 열의 크기가 변한다.	변함
Shift+방향키	해당 셀의 크기만 바뀐다.	불변
Alt+방향키	선택된 셀이 포함된 전체 행이나 열의 크기가 변한다.	불변

작성된 표에서 표의 행을 추가하거나 열을 추가해야 되는 경우에는 추가하고자 하는 셀에 커서를 위치시키고 [표]-[줄/칸 추가하기]를 선택하거나 단축키 Alt Enter⏎키를 클릭한다. 다음 그림은 홍군 아래에 새로운 행을 추가하여 합계를 나타낸 것이다.

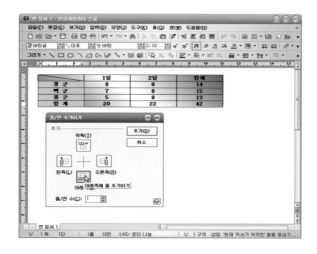

❷ 차트 작성

차트는 여러 데이터의 수치 변화를 한눈에 알아볼 수 있도록 그래프 형식으로 제
공하는 것이다. 차트를 작성하는 방법은 [표]-[차트 만들기]를 선택하거나, 미리
입력된 표를 이용하여 표전체 또는 표의 일부분만 셀 블록으로 설정하여 쉽게 차
트를 만들 수 있다.
다음 그림은 [표]-[차트 만들기]를 선택하여 차트를 작성한 예이다.

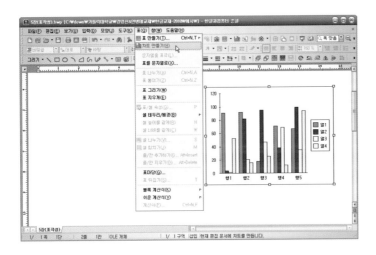

해당 차트에서 마우스 왼쪽 버튼을 더블클릭하면 차트를 편집할 수 있다. 이때 마
우스 오른쪽 버튼을 누르면 차트에 대한 다양한 속성을 지정할 수 있다. 다음 그
림은 차트의 다양한 속성 중 데이터 편집 및 차트 마법사를 이용하여 차트 내용
및 속성을 수정한다.

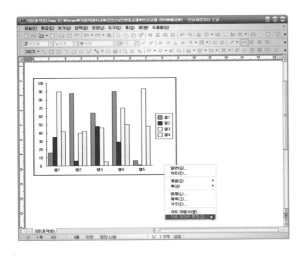

쉽게 풀어쓴 컴퓨터 활용

차트의 내용 작성을 위해서는 차트에서 마우스 오른쪽 버튼을 클릭하여 차트 데
이터 편집을 선택한다. 데이터 편집을 선택하면 데이터를 입력하는 대화상자가
나타난다. 해당 데이터를 입력하기 위한 행 수와 열 수를 입력하고 실제 데이터를
입력 후 확인 버튼을 클릭한다.

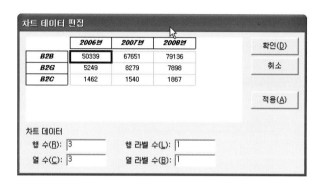

차트의 속성을 변경하기 위해서는 차트 마법사를 선택한다. 차트 마법사는 전체 3
단계로 구성되고 제 1단계에서는 차트의 종류를 지정한다. 다음 그림은 표준 종류
탭에서 세로 막대형 차트 중 묶은 세로 막대형 차트를 선택한 것이다. 선택 후, 다
음 버튼을 클릭한다.

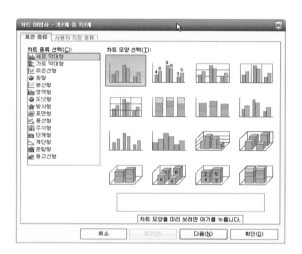

차트 마법사의 2단계에서는 차트의 행과 열을 전환한다. 아래 방향에서 행을 선택
하면 해당 연도가 가로 축에 적용되며 가로 축의 내용이 범례로 지정된다. 다음
버튼을 클릭하면 마지막 3단계로 이동한다.

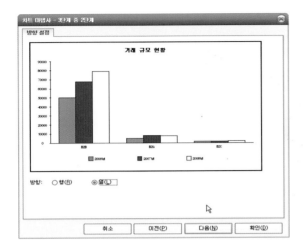

마지막 3단계는 6개의 탭으로 구성되어 있다. 제목 탭에서는 차트의 제목을 입력하고, 축 탭에서는 가로 축, 세로 축 지정 유무를 나타낸다. 눈금선 탭에서는 가로 축, 세로 축에 대한 눈금선을 표시하고 범례 탭에서는 해당 범례의 위치 및 표시 유무를 지정한다. 배경색 탭에서는 해당 차트의 배경색을 지정하고 데이터 레이블 탭에서는 레이블에 대한 항목 표시를 지정한다. 다음 그림은 데이터 레이블의 값을 지정한 것이다.

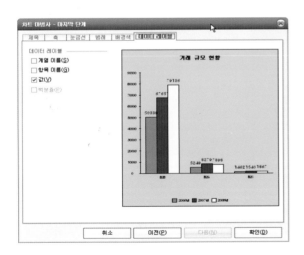

다음 그림은 차트 마법사 및 데이터 편집을 이용하여 직접 차트를 작성한 결과를 나타낸 것이다.

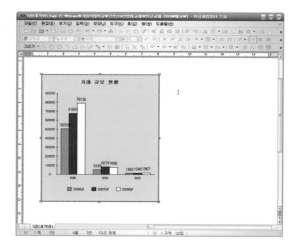

차트를 작성하는 또 다른 방법은 작성되어 있는 표를 이용하여 차트를 작성하는 것이다. 차트를 작성하기 위한 표의 셀 범위를 지정하여 마우스 오른쪽 버튼을 클릭하면 차트 만들기가 나타난다. 다음 그림은 셀 범위를 지정하여 차트 작성을 하기 위한 속성 메뉴를 나타낸 것이다.

차트 만들기를 이용하여 차트 종류를 3차원 설정 묶은 세로 막대형으로 지정하고 배경색으로 그러데이션을 적용하였다. 데이터 레이블은 값 표시를 하였으며 범례를 아래에 표시하였다.
다음 그림은 3차원 설정 묶은 세로 막대형을 나타낸 것이다.

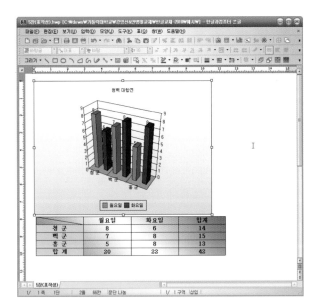

디지털 정보 활용 능력
(DIAT; Digital Information ability Test)

⊙ 시험과목 : 워드프로세서(한글)

⊙ 시험일자 :

⊙ 수검자 기재사항 및 감독자 확인

수 검 번 호	DIW · 24 ·	감독관 확인
성 명		

수검자 유의사항

1. 수검자는 신분증을 지참하여야 시험에 응시할 수 있으며, 미지참 시 퇴실 조치합니다.

2. 시스템(답안 디스켓 포함)의 이상여부를 반드시 확인하여야 하며, 시스템 이상이 있을시 감독관에게 조치를 받으셔야 합니다.

3. 시스템 조작의 미숙으로 시험이 불가능하다고 판단되는 수검자는 실격 처리합니다.

4. 시험 중 휴대용 전화기 등 일체의 통신장비를 사용할 수 없으며, 사용 시 부정행위로 간주되어 당해 시험은 실격 처리합니다.

5. 시험 중 부주의 또는 고의로 시스템을 파손한 경우는 수검자 부담으로 합니다.

6. 답안문서는 답안 디스켓외의 다른 보조 기억장치에 저장할 경우 부정행위로 간주하여 실격 처리합니다.

7. 답안문서를 작성 후, 반드시 파일명은 본인의 "과목–수검번호"로 입력하여 A 드라이브의 답안 디스켓에 하나의 파일로 저장하여야 하며, 답안문서 파일명이 틀릴 경우 실격 처리합니다. (예: 수검번호가 DIW–00–000001인 경우 "워드(한글)–000001.hwp"로 파일명 저장)
위의 조건에 따라 파일명을 변경하지 않을 경우에는 0점 처리됩니다.

8. 시험의 완료는 작성이 완료된 답안을 저장하고, 저장된 것을 확인한 것으로 합니다. 만일, 답안이 저장되지 않았거나, 저장한 파일이 손상되었을 경우에는 실격 처리합니다.

9. 시험을 완료한 수검자는 답안작성용 디스켓에 해당 문서가 저장되어 있는지 확인한 후 문제지와 디스켓을 감독위원에게 제출한 후 퇴실하여야 합니다.

10. 문제와 정답은 공개하지 않습니다.

11. 합격자 발표: http://www.ihd.or.kr

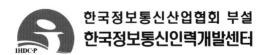

한국정보통신산업협회 부설
한국정보통신인력개발센터

【문제】 첨부된 문제를 다음의 조건을 적용하여 문서를 작성하시오.

① 문서는 A4(21cm×29.7cm) 크기, 세로 용지방향으로 작성한다.

② 페이지 여백은 아래와 같이 설정한다.

왼쪽	오른쪽	위쪽	아래쪽	머리글	바닥글	제본용 여백
20mm	20mm	20mm	20mm	10mm	10mm	0mm

③ 글자는 별도의 지시사항이 없는 한 바탕, 10pt, 양쪽정렬, 줄간격 160%로 작성한다.

④ 영문, 숫자 등은 별도의 지시가 없는 한 반각(1byte) 문자를 사용한다.

⑤ 특수문자는 문자표(전각기호)를 이용하여 작성한다.

⑥ 교정부호 및 화살표로 기재된 지시사항대로 처리하되, ⬭─➤ 은 지시사항이므로 작성하지 않는다.

⑦ 기타 특별히 지시되어 있지 않은 사항은 문제지에 준하여 작성한다.

⑧ 제목 부분의 테두리 괘선은 〈글상자〉를 이용하여 작성한다.

⑨ [문제2]는 '다단 설정 나누기'를 이용하여 작성한다.

⑩ [문제1]을 작성한 후 [문제2](구역 나누기, 다단)를 작성한다.

⑪ '그림 삽입'은 제공된 플로피 디스켓 안의 그림파일을 사용한다.

⑫ 총점: 200점(총 글자 수 70% 미입력 시 불합격)
　　[공통사항(기본설정, 용지설정, 총 글자수)] : 48점
　　[문제1] : 46점, [문제2] : 106점

⑬ [문제1]은 1페이지, [문제2]는 2페이지에 작성한다.
　※ 해당 페이지에 작성하지 않으면 0점 처리

글상자 - 굵형체, 채우기 - 검정(RGB-0,0,0)
크기 - 너비(85mm), 높이(17mm),
위치 - 글자처럼 취급, 가운데 정렬

DI-T

어리탕, 굵형, 5pt, 오른쪽 정렬

노인복지봉사활동안내

진하게, 기울임

노인복지는 독립된 인간으로서의 노인의 기본적인 욕구충족과 문화적 생활유지를 국가나 사회가 보장
함을 뜻한다고 할 수 있습니다. 특히 사회적 차원에서 노인에 대한 관심이 절실히 필요한데 학생들의
봉사활동은 노인들뿐만 아니라 학생들에게도 많은 이로움이 있습니다. 노인들과 상호 작용을 통해 노인
의 신체, 정신, 환경의 특징을 이해하고 그들을 실질적으로 도울 수 있으며 노인 복지시설에 수용된 노
인들에게 용기를 드리게 됩니다. 즉 학생 봉사활동은 서로를 배려하며 더불어 사는 사회를 건설할 수
있는 초석이 되는 것입니다.
이에 한국복지연합회는 봉사활동 프로그램을 실시할 예정이오니 많은 학생들이 참여할 수 있도록 협조
하여 주시기 바랍니다.

굵형,
가운데 정렬

문자표 ▶ 다   음 ◀

1. 봉사일시 : <u>*2008. 12. 27(토) 09:00 - 17:00*</u> ← 밑줄, 기울임
2. 장   소 : 서울복지양로원
3. 주   최 : 한국복지연합회
4. 모집인원 : 50명
5. 활동내용 : 목욕 돕기, 의복 및 침구 세탁, 청소, 물리치료 돕기 등

문자표

※ 기타사항
- 참가자 전원에게 봉사활동증명서 발급이 가능합니다.
- 소감문을 작성하여 12월 30일까지 보내주시면, 우수작품 3편을 선정하여 시상하겠습니다.
- 기타 자세한 내용은 행사기획부(465-0987)로 문의하시기 바랍니다.

왼쪽여백 - 10pt

2008. 12. 16 ← 11pt, 가운데 정렬

한국복지연합회 ← 견고딕, 20pt, 가운데 정렬

문제 2

(쪽 테두리 · 이중제선, 어리랑 포함)

(글상자- 크기: 너비(60mm), 높이(13mm), 테두리 -이중제선(1.0mm) 둥근모양
채우기 · 면색상(RGB:179,157,243) 위치 · 글자처럼 취급, 가운데 정렬
글자모양 · 돋움, 12pt, 가운데 정렬)

(그림 삽입
너비(25mm) 높이(27mm)
위치 -어울림(가로 -종이 왼쪽:23mm,
세로 -종이 위:61mm))

DI-T

(어리랑, 궁림, 5pt, 오른쪽 정렬)

ME와 노동변화

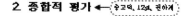

1. 정의와 현황 (중고딕, 12pt, 진하게)

ME(Micro Electronic)란 정밀전자 공학이라는 뜻으로 처음에는 직접 회로의 제조기술을 뜻하는 것이었다. 생산현장에서는 산업용 로보트가 도입되어 자동화되었고, 유연생산체계 공장이 보급되어 무인화공장이 등장하였다.

압도적인 ME는 1)디지털 경제(經濟)라는 용어로 통용되고 있으며 핵심은 아날로그를 디지털로, 오프라인을 온라인으로 변화시키는 것이라고 할 수 있다. 전자공학은 이제 디지털이라는 컨텐츠의 구조를 나타내는 용어로 대치되고 있는 것이다.

(각주)

ME 혁명(革命)은 노동과정에도 큰 혁신을 일으켰다. 정보시스템의 혁신은 서류작업을 네트워크로 대처하여 무서류작업을 가능케 하였다. 공정전반에 걸친 유연생산체계가 성립되면서 컴퓨터로 계획, 설계, 제조된 제품은 네트워크로 연결되어 수평적 차단되는 수평적 위계화가 성립된다.

ME로 인한 노동(勞動)의 변화를 위의 자료에서 보면 노동시장의 구조가 정규직에서 임시 근로자로 대처되고 있음을 알 수 있다.

ME로 인하여 고용구조가 크게 변화하여 전체 취업자중 상용 근로자의 비중이 급속히 낮아진 반면, 임시 근로자의 비중은 크게 높아져 1999년 이후 전체근로자에서 임시 근로자가 차지하는 비중이 상용 근로자 비중을 웃돌게 되었음을 알 수 있다. 이처럼 임시 근로자나 시간제 근로자의 비중이 상승하는 것은 고용이 불안해 진다는 측면(側面)이 있다.

(은)

2. 종합적 평가 (중고딕, 12pt, 진하게)

ME의 진행은 완전경쟁시장에 근접해 갈 것이라는 것이다. 생존을 위해서는 가장 낮은 비용, 좋은 제품을 생산, 판매하는 효율성을 가진 생산자들만 존재하고, 소비자의 주권이 실현되며, 노동공급과 수요도 완전한, 그렇기에 소비자 잉여를 생산자 잉여로 이뤄지는 후생은 사회의 여타 다른 어떠한 시장(市場) 구조보다 극대화되는 시장 구조가 될 것이라는 것이다.

(한양조, 10pt, 가운데 정렬)

지위별 취업자 비중 추이

구분	1998년	1999년	2000년
비임금근로자	29.7	27.9	27.1
상용근로자	32.3	29.9	29.7
임시근로자	29.7	31.9	33.0

(제목셀 · 노랑(RGB:255,255,0)
천쪽/오른쪽 테두리-이점쇄선, 궁림, 5pt, 가운데 정렬)

(궁서체, 10pt, 유계)

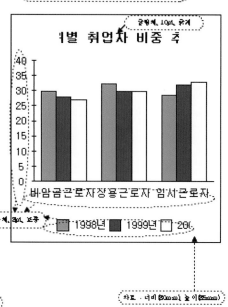

지위별 취업자 비중 추

(차트 · 너비(80mm) 높이(85mm))

53

기 출 문 제 풀 이

1. 편집 용지 설정

* 단축키 F7 을 클릭하여 편집용지 대화상자에서 지정.

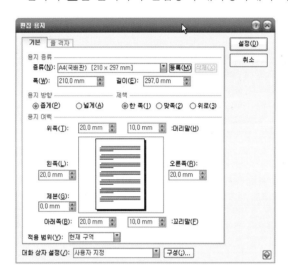

2. 문제 1 내용과 문제 2 내용을 모두 입력한다. 문제 1 내용을 입력 후 구역 나누기를 할 때는 단축키 Shift + Alt + Enter↵ 를 클릭하거나 [모양]–[나누기]–[구역나누기]를 선택한다.

노인복지는 독립된 인간으로서의 노인의 기본적인 욕구충족과 문화적 생활유지를 국가나 사회가 보장함을 뜻한다고 말 수 있습니다. 특히 사회가 각면에서 노인에 대한 관심의 필요성 절실한데 한글들의 봉사활동은 노인들뿐만 아니라 한글들에게도 많은 이로움이 있습니다. 노인들과 같은 감응을 통해 노인의 신체, 정신, 환경적 특징을 이해하고 그들을 성공적으로 도울 수 있으며 노인 복지기관에 수용된 노인들에게 용기를 드리게 됩니다. 즉 한글 봉사활동은 서로를 배려하며 더불어 사는 사회를 건설할 수 있는 초석이 되는 것입니다.
이에 한국복지연합회는 봉사활동 프로그램을 실시할 예정이오니 많은 한글들의 참여할 수 있도록 권고하여 주시기 바랍니다.

다 음

1. 봉사일시 : 2008. 12. 27(일) 09:00 ~ 17:00
2. 장 소 : 서울복지양로원
3. 주 최 : 한국복지연합회
4. 모집인원 : 50명
5. 활동내용 : 목욕 돕기, 외출 및 간구 세탁, 청소, 물리치료 돕기 등

기타사항
- 각자 개인에게 봉사활동증명서 발급이 가능합니다.
- 소감문을 작성하여 12월 30일까지 보내주시면 우수작품 5편을 선정하여 시상하겠습니다.
- 기타 자세한 내용은 복지기획부(465-0987)로 문의하시기 바랍니다.

2008. 12. 16

한국복지연합회

---

1. 정의와 현황

ME(Micro Electronic)란 경밀전자공학이라는 뜻으로 기술에는 극집회로의 미고기술을 뜻하는 것이며 다 공산현장에서는 산업용 로보트가 도입되어 가동화되고, 유연생산체계 공장이 보편되어 무인화공장이 등장하였다.

감도적인 ME는 디지털 경제(經濟)라는 용어로 통용되고 있으며 핵심은 아날로그를 디지털로 오프라인을 온라인으로 변화시키는 것이라고 말 수 있다. 전자공학은 이 디지털이라는 컨센스의 구조를 나타내는 용어로 대치되고 있는 것이다.

ME 혁명(革命)은 노동과정에도 큰 혁신을 입으켰다. 정보기술의 핵심은 서류작업을 네트워크로 대체하여 투서류작업을 가능케 하였다. 중량경반에 걸친 유연생산체계가 실험되면서 컴퓨터로 계획 설계 네트된 기능을 네트워크로 연결되어 수정과 작단되는 수정이 위계화가 실립된다.

ME로 인한 노동(勞動)의 변화는 위의 자료에서 보면 노동시간의 구조가 컴퓨터에서 임시 근로자로 대체되고 있음을 알 수 있다.

ME로 인하여 고용구조가 크게 변화하여 전체 취업자중 상용 근로자의 비중이 꾸준히 나아간 반면, 임시 근로자의 비중은 크게 높아져 1999년 이후 전체근로자에서 임시 근로자가 차지하는 비중이 상용 근로자 비중을 우돌게 되었음을 알 수 있다. 이처럼 임시 근로자가 상대 근로자의 비중이 급늘하는 것는 고용의 불안에 크다는 측면(側面)이 있다.

2. 종합적 평가

ME의 경제는 한정경제시장에 근접에 갈 것이라는 것이다. 상품을 위해서는 가장 낮은 비용 좋은 제품을 상상 선택한다는 효율성을 가지고 상가론만 존경하고, 소비자의 구매의 실현되며 노동 공급가 수요도 완전한 그림에서 소비가 상이를 상상 상태로 이뤄가는 투상은 사회의 여러 다른 어려한 시장(市場) 구조보다 확대화되는 시장 구조가 될 것이라는 것이다.

3. 글맵시

* [입력]-[개체]-[글맵시] 선택 또는 툴바 글맵시 아이콘 클릭

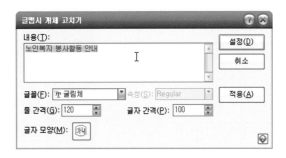

* 글자 모양 선택 후 클릭

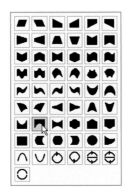

* 설정 클릭
* 글맵시 더블 클릭 또는 마우스 오른쪽 버튼 클릭 후 개체 속성 선택 후 크기와 위치 지정

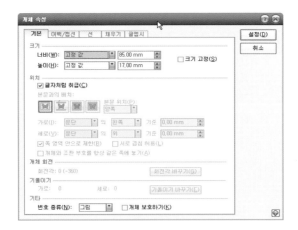

4. 머리말 지정

* [모양]-[머리말/꼬리말] 만들기 클릭

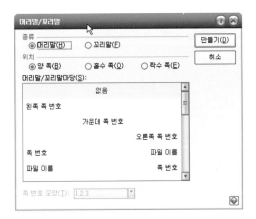

* 내용작성 - 오른쪽 정렬 - 닫기 클릭

4. 문자표

* [입력]-[문자표] 선택 또는 단축기 Ctrl+F10 클릭 후 문자영역에서 전각 기호(일
  반) 선택.

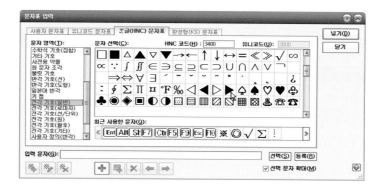

* 원하는 도형 선택 후 넣기 클릭.

* 가운데 정렬 선택.

5. 왼쪽 여백 10pt 지정하기

* 여백 지정할 부분을 블록 설정 후 [모양]-[문단모양] 선택.

* 왼쪽 여백 10pt 입력 후 설정 버튼 클릭.

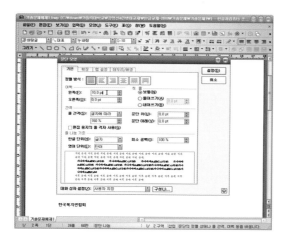

6. 쪽번호 매기기

* [모양]-[쪽번호 매기기] 선택 후 번호 모양에서 숫자 모양 선택하고 줄표 넣기
체크.

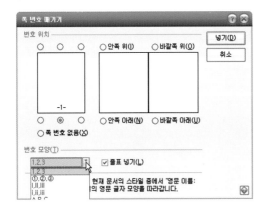

7. 글상자

* [입력]-[개체]-[글상자] 선택하거나 그리기 툴바에서 글상자 아이콘 클릭.

* 선 탭에서 이중괘선, 둥근모양 지정
* 채우기 탭에서 연한파랑 지정
* 기본 탭에서 글자처럼 취급 지정
* 가운데 정렬 및 글자모양은 메뉴 툴바에서 지정

8. 쪽 테두리

* [모양]-[쪽테두리 배경] 선택

* 테두리 종류 : 단일선 지정

* 머리말 포함 체크

9. 다단

* 다단을 지정하기 전에 글상자 아래부터 문서 전체를 블록 지정 후 [모양]-[다단]
을 선택하거나 표준 툴바에서 다단 아이콘을 클릭.

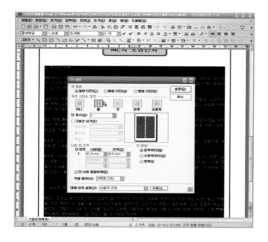

10. 각주

* "디지털" "디"자 앞에 커서를 두고 [입력]-[주석]-[각주]를 선택 후 내용을 입력
하고 각주 대화상자에서 속성 지정 후 닫기 클릭.

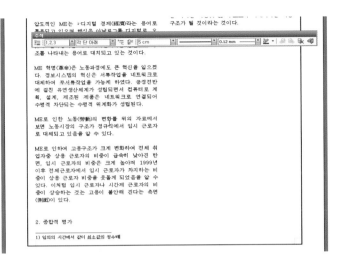

11. 표 작성

* [표]-[표 만들기]를 선택하면 대화상자가 나타남. 행과 열을 지정.

* 내용을 입력 후 1행만 블록 지정 후 마우스 오른쪽 버튼을 클릭하여 [셀 테두리/
배경]-[각셀마다] 클릭.

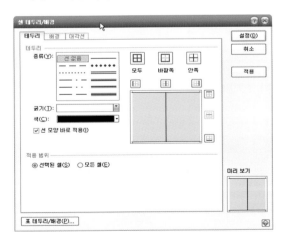

* 배경 탭에서 색 노랑 지정.

* 표 전체 블록 지정 후 [셀 테두리/배경]-[각셀마다] 클릭.

* 테두리 탭에서 선 없음 선택 후 왼쪽, 오른쪽 클릭.

12. 그래프

* 작성한 표의 전체 내용을 블록 지정 후 마우스 오른쪽 버튼 클릭하면 차트 만들기 나타남.

* 차트 만들기 클릭하면 자동으로 차트 생성

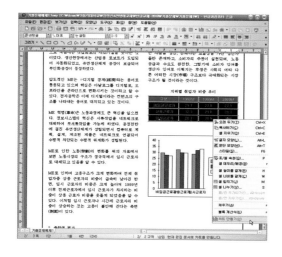

* 작성된 차트에 마우스 오른쪽 버튼 클릭하여 차트 마법사 선택.

* 제목 탭에 차트 제목 작성, 범례 탭에 범례 위치 아래로 지정.

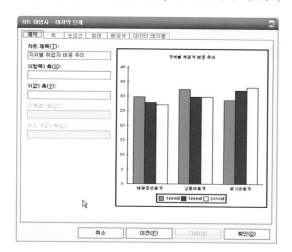

* 세로축 더블 클릭하여 글꼴 탭에서 글자 속성 지정

* 가로축 더블 클릭하여 글꼴 탭에서 글자 속성 지정

* 범례 더블 클릭하여 글꼴 탭에서 글자 속성 지정하고 범례 배경 탭에서 선 모양
  종류 없음으로 지정

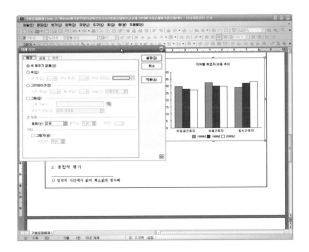

13. 그림 삽입

* [입력]-[개체]-[그림] 선택하거나 표준 툴바에서 그림 아이콘 선택.

* 삽입된 그림을 더블 클릭하여 개체 속성 상자에서 너비, 높이 지정

* 위치 어울림 선택하고 가로-종이, 세로-종이 지정.

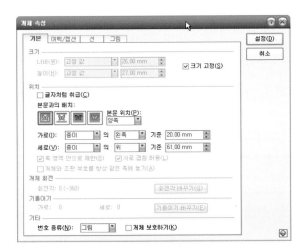

★ 그 외 글자 속성 지정은 직접 해보기 바람.

[기출문제2]

미황사괘불재

괘불재는 불교 종합예술재이다. 미황사는 보물 1342호로 지정된 괘불탱화를 모시고 있는 절이다. 괘불탱화는 높이 12미터, 폭 5미터의 대형불화로써 세계적으로 희귀하다. 조선 영조 3년, 1727년에 7명의 스님들이 조성한 초대형 부처님 그림으로써, 1년에 한번 공개되며 전통방식으로 불단을 차리고, 1,500여명의 사람들이 참여하며, 전통식 상차림과 불교음악, 깨달음의 설법을 통하여 현대인들의 정신적 성숙과 존재감을 깨어나게 한다. 미적으로 고려 불화의 아름다움과 조선 불호의 단순미를 고루 간직한 미황사의 괘불은 예전부터 큰 법회에 모시고 야단법석을 여러 차례 열었다. 괘불 부처님을 뵈면 사람들의 소원이 이루어지고, 그 해에는 풍년이 들었다.

◎ 괘불재 안내 ◎

1. 주　　제 : 땅끝마을 미황사의 꿈
2. 일　　시 : 불기 2553(2009)년 11월 15일 일요일 오후 1시 ~ 9시
3. 접수방법 : 홈페이지에서 작성 또는 우편, 팩스로 접수
4. 접수문의 : 전화 (061)533-3521, FAX (061)535-2706

※ 기타사항
- 미황사음악회는 우리나라 산사음악회의 시초이다. 2000년 가을에 시작하여 한 해도 거르지 않고 진행해왔다.
- 지역음악활동가와 남도의 들노래들을 발굴하여 무대위에 올려 놓았다. 땅끝마을 사람들의 문화로 새로운 축제의 모범을 만들어 가고 있다고 축제전문가들은 평한다.
- 반달과 별빛 그리고 정겨운 사람들이 어우러져 멋진 꿈을 담는 무대입니다.

2009. 10 .31

미황사 괘불재 행사 위원회

DIAT

정보기술(IT)

1. 정보기술

정보기술(IT)는 Information Technology의 약자로서 말 그대로 정보기술 이란 뜻이다. 정보기술은 컴퓨터, 소프트웨어, 인터넷, 멀티미디어, 경영혁신, 행정쇄신 등 정보화 수단에 필요한 유형, 무형기술을 아우르는, 즉 간접적인 가치 창출에 무게를 두는 새로운 개념의 기술이다. 정보를 개발, 저장, 교환하는데 필요한 모든 형태의 기술까지도 포함 한다. 정보통신 산업이 급속도로 발전하면서 '정보혁명'을 주도하는 기술이 나타났는데, 이것이 바로 정보기술이다.

경제효과에 관한 논란이 일어났지만, 비약적인 생산효과를 거둠으로? 전 세계 적으로 이 정보기술 개발에 관심이 쏠리고 있는 실정이다. 우리 사회는 이제 산업사회를 거쳐 정보사회로 접어들었으며, 최근에는 고도정도사회 또는 디지털사회라는 말까지 나오고 있다. 정보사회란 발전된 정보 기술을 기반으로 부가가치가 높은 정보를 가진 사람이나 조직이 그렇지 아니한 경우보다 사회적으로 우위에 서는 사회를 의미한다.

즉, 정보사회에서는 모든 분야에 있어 정보의 가치 내지 역할이 매우 중요해진다는 것이다. 정보와 발전된 정보기술로 인해 정보사회의 기업환경은 그 어느 때보다 복잡하고 다양해졌을 뿐만 아니라 변화의 속도도 매우 빨라지고 있다.

2. 정보기술에 따른 변화

정보기술의 발달이 생활습관에 미치는 영향으로는 인터넷 통신 기술의 발전으로 인해 컴퓨터에서 보내는 시간이 더 많아지게 되었

다. TV시청 대신 컴퓨터 모니터 앞에 앉아있는 시간이 더 많아지고 인터넷 통신의 발달로 젊은 세대들은 메신저를 이용하여 온라인으로 채팅[1]을 하게 되었다. 정보 기술의 발전은 사람들의 생활양식을 바꾸어 놓았고 직접 매장에 가지 않아도 되는 편안한 온라인 거래와 서비스가 보편화가 되게 하였다. 하지만 온라인 경매, 온라인 도박, 성 관련 산업이 번창하면서 이에 대한 규제와 교육이 필요하게 되었다.

지식정보기반의 활용 추이

구분(%)	1998년	2003년	2008년
전자정부	21.2	80.6	98.5
공공전자	19.3	87.5	99.1
인터넷뱅킹	3.7	46.8	87.5

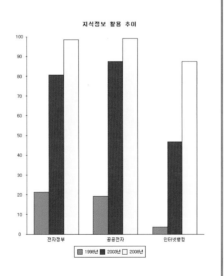

지식정보 활용 추이

1) 온라인상에서컴퓨터로 하는 대화

02

워드

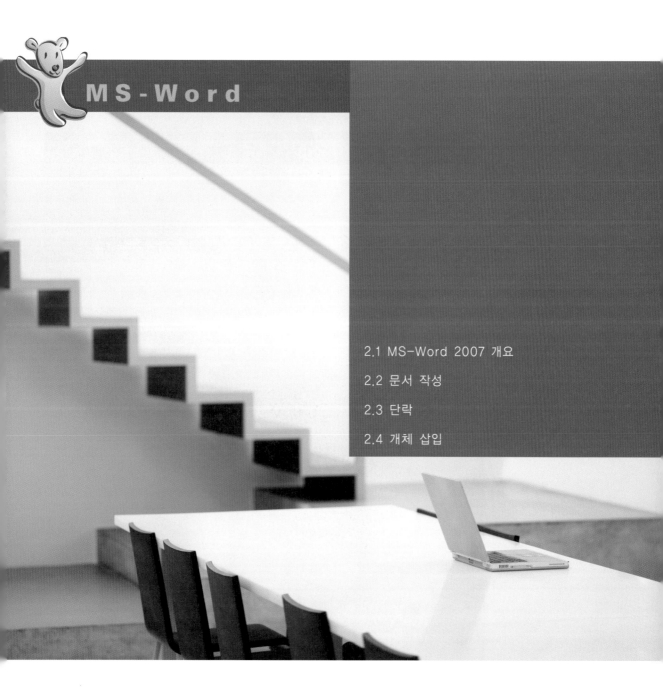

MS-Word

02 워드

CHAPTER

M S - W o r d

2.1   MS-Word 2007 개요

❶ 워드 2007 개요

Microsoft Office Word 2007(이하 워드 2007)은 마이크로소프트사에서 만든 오피스 2007 패키지에 내장되어 있는 문서 작성을 위한 워드 프로세서 프로그램이다. 워드 2007은 일반 문서 작성 뿐만 아니라 비즈니스 문서 등의 각종 문서를 작성할 수 있는 전문적인 기능들이 내장된 응용프로그램이다.

워드 2007은 새로운 인터페이스의 탭 방식인 '리본' 메뉴를 제공한다. '리본' 메뉴를 통해 기존의 어려웠던 메뉴들은 단순한 버튼으로 변경되었으며 일종의 시각적 메뉴인 '갤러리'로 더욱 다양하며 편리하게 문서를 작성하게 되었다.

워드 2007의 시작은 바탕화면의 아이콘(📄)을 더블클릭하거나 아이콘 오른쪽을 클릭한 후 [열기]를 선택하면 된다.

또는 윈도의 [시작] 도구를 클릭한 후 모든 프로그램에서 [Microsoft Office]-

[Microsoft Office Word 2007]을 선택하면 된다.

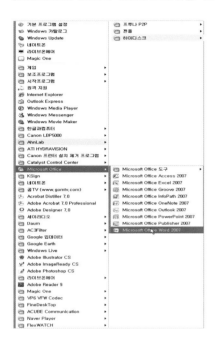

워드 2007 프로그램을 마치려면 [Office] 도구를 클릭한 후 [Word 끝내기]를 클릭한다. 현재 문서 창이 열려있는 상태라면 제목 표시줄 오른쪽의 〈닫기〉 명령단추를 클릭하여 끝낸다. 또는 좌측 상단의 윈도 아이콘을 클릭하고 [닫기(C)]를 클릭한 후, 우측 상단의 [(X)닫기]를 클릭하면 된다.

❷ 페이지 여백 설정

워드 2007 프로그램에서 새 문서를 작성하려면 기본적으로 세로 방향의 A4 크기에 위쪽, 아래쪽, 왼쪽, 오른쪽, 머리글, 바닥글의 여백을 설정해야 한다. 항상 새 문서를 작성할 때는 페이지 설정을 우선적으로 설정한 후 문서 내용을 작성하도록 한다.
페이지 여백 설정은 [페이지 레이아웃] – [페이지 설정] – [여백]에서 기본을 선택하거나 사용자 지정을 선택해 사용자가 직접 여백을 설정한다.

사용자가 직접 여백을 지정할 경우에는 대화상자를 통해 여백 탭에서 왼쪽, 오른쪽, 위쪽, 아래쪽을 지정하고 레이아웃 탭에서 머리글 및 바닥글 여백을 지정한다. 용지 탭에서는 용지의 종류 및 용지 사이즈를 사용자가 직접 지정한다.

❸ 페이지 테두리

페이지 테두리는 문서의 전체, 즉 각 페이지에 테두리를 생성할 수도 있으며 텍스트나 문단에 테두리를 넣을 수도 있다. 그리고 구역마다 페이지 가장자리에 테두리 선이나 장식을 작성함으로써 문서를 시각적으로도 꾸밀 수 있다. 테두리 대화상자는 세 개의 탭으로 구성되었다. 테두리 탭은 텍스트나 문단에 테두리를 지정하는 것이고 페이지 테두리 탭은 문서 전체나 현재 페이지에 테두리를 지정하는

것이다. 음영 탭은 텍스트나 문단에 테두리를 지정하였을 경우 테두리 내에 색을
넣을 때 사용한다.

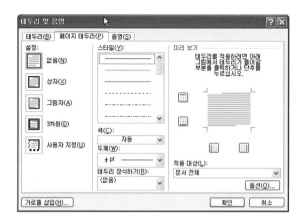

다음 그림은 페이지 테두리 탭에서 문서전체에 페이지 테두리를 적용한 예이다.
페이지 테두리 탭 대화상자에서 스타일은 이중선으로 지정하고 적용 대상은 첫
페이지만 적용하여 나타낸 것이다.

2.2   문서 작성

① 워드아트

워드아트는 문서 작성시 텍스트에 다양한 그래픽 효과를 적용하여 문서 제목이나 강조 문구에 사용한다. [삽입] – [텍스트 설정] – [WordArt]에서 원하는 그래픽을 선택한다. 워드아트 대화상자에서 내용을 입력하고 글꼴 및 글자 크기를 지정하고 확인 버튼을 클릭한다.

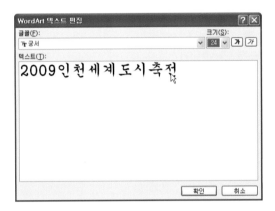

워드아트를 선택한 상태에서 서식 탭의 크기 속성을 클릭하면 워드아트 서식 대화상자가 나타난다. 워드아트 서식 대화상자에서 색 및 선 탭에서는 채우기 색을 지정하고, 크기 탭에서는 워드아트 박스의 사이즈를 지정한다. 그리고 레이아웃 탭에서는 배치스타일을 지정한다. 색 및 선 탭에서 원하는 색이 없을 경우에는 직접 색상값을 입력한다.

다음 그림은 워드아트에 하늘색(RGB:0,204,255)을 지정하고 사이즈(너비:13Cm, 높이:1Cm)를 지정하여 나타낸 것이다. 배치 스타일은 텍스트 줄 안으로 하였으며 문단정렬에서 가운데 맞춤을 하였다.

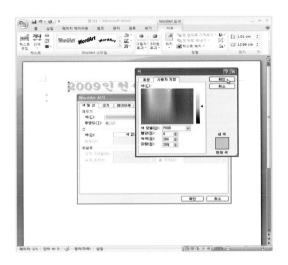

❷ 머리글과 바닥글

머리글과 바닥글에서는 각 장 또는 절의 제목이나 페이지 번호, 날짜, 시간 등을 지정할 수 있다. 2절에서는 머리글을 입력하고 바닥글에서는 페이지 번호를 입력 하도록 한다.
[삽입] − [머리글/바닥글]에서 머리글을 선택하고 머리글 편집을 선택한다.

머리글 편집 상태에서 내용을 입력하고 홈 탭에서 글꼴 속성을 지정하고 단락 그룹에서 오른쪽 맞춤을 한다. 머리글 편집에서 머리글을 작성하고 본문으로 빠져 나오기 위해서는 본문 부분을 더블 클릭한다. 그리고 머리글 내용을 수정하기 위해서는 해당 머리글 내용을 더블 클릭한다. 머리글을 선택한 상태에서 디자인 탭을 이용하여 다양한 머리글을 작성할 수 있다.

문서 아래에 페이지 번호를 작성하기 위해서는 위 화면의 디자인 탭에서 페이지 번호를 선택하면 원하는 페이지 번호를 지정할 수 있다.

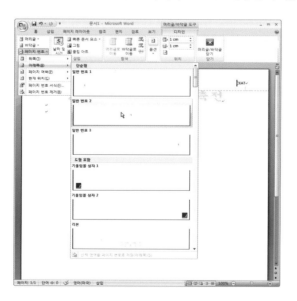

해당 페이지 번호를 편집하고자 할 경우에는 머리글/바닥글 디자인 탭에서 페이지 번호에 있는 페이지 번호 서식을 선택하여 페이지 번호의 속성을 변경할 수 있다.

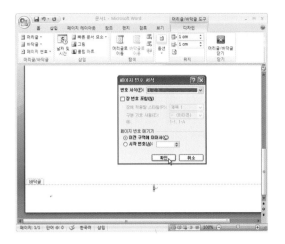

③ 글꼴

글꼴은 문서를 만드는 데 있어서 가장 기본적으로 사용하는 것으로 글자 모양, 글
자색, 글꼴 스타일 등을 바꿀 수 있다. 글꼴을 수정하는 방법은 홈 탭의 글꼴 그룹
을 이용하거나 글꼴 대화상자에서 이용하는 방법이 있다. 다음 그림은 글꼴 그룹
에서 지정할 수 없는 글꼴 속성들을 대화상자를 이용하여 나타낸 것이다.

다음 그림은 본 문서의 내용을 글꼴 상자 및 글꼴 그룹에서 내용을 수정하여 작성
한 것이다.

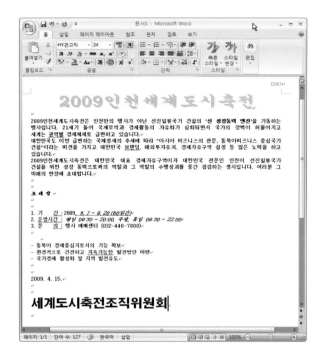

④ 특수기호

특수기호는 문서 작성시 키보드에 없는 로마자, 원문자, 분수, 통화기호, 도형 문자 등 기타 다양한 특수 문자를 문서에 삽입하기 위해 사용한다. [삽입] – [기호] – [기호]에서 다른 기호를 선택하면 대화상자가 나타난다.

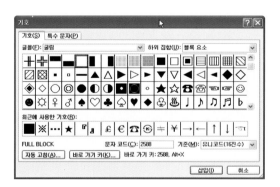

다음 그림은 특수 기호 대화상자를 이용하여 실제 예제를 나타낸 것이다. 대화상자에서 기호 탭은 글꼴에 따라 다양한 기호 문자를 가지며 하위 집합에서 세부 분류에 따라 다양한 기호를 나타낼 수 있다. 그리고 특수 문자는 특수 문자 탭에서 지정할 수 있다.

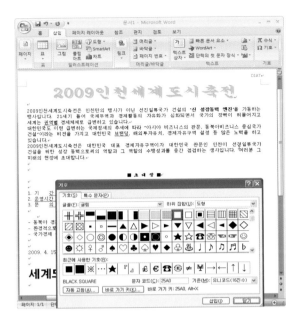

❺ 하이퍼링크

하이퍼링크는 문서를 작성하는데 있어서 웹 브라우저를 이용하지 않고 다른 웹 페이지로 이동하거나 전자 메일로 이동할 수 있게 하는 기능이다. 하이퍼링크를 설정하기 위해서는 해당 텍스트를 블록 지정한 후 [삽입] – [링크] –[하이퍼링크]를 클릭하면 하이퍼링크 삽입 대화상자가 나타난다.

해당 문서를 직접 지정하여도 되고 주소란에 웹페이지 주소를 직접 입력하여도 된다. 작성된 하이퍼링크를 제거하거나 편집하기 위해서는 해당 링크된 문서를 블록 지정한 후 마우스 오른쪽 버튼을 클릭하여 하이퍼링크를 제거하거나 편집하면 된다.

❻ 한자

한자는 문서 작성 중 한글 문서를 한자로 전환하기 위해 사용한다. 한자를 입력하기 위해서는 한글을 입력한 후 키보드의 한자 글쇠를 누르거나 [검토] – [언어교정] –[한글/한자 변환] 버튼을 클릭한다. 대부분은 키보드에서 한자 글쇠를 눌러서 사용한다.

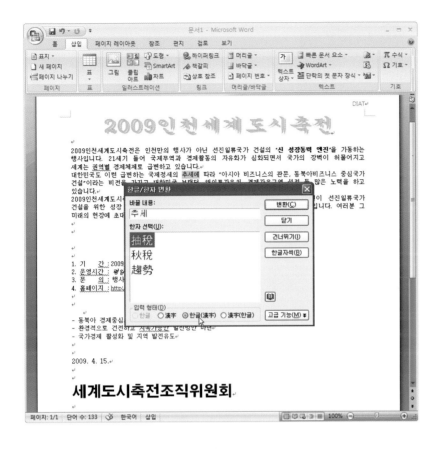

해당 한자 중 원하는 한자를 선택하고 변환 버튼을 클릭한다. 한글/한자 변환 대화상자에서 입력 형태는 한자를 변환하기 위한 형태를 나타내는 것이다. 고급 기능은 해당 한자를 등록하거나 등록된 한자를 삭제하는 기능이다.

❼ 각주 및 미주

각주는 문서의 내용 중에서 단어나 문장에 부가적인 설명이 필요할 경우 사용한다. 단어 옆에는 번호를 매기고 각 페이지 하단이나 문서 끝에는 상세 설명을 작성할 수 있도록 주석 기능이 부여된다.

각주를 넣고자 하는 글자에 커서를 두고 [참조] - [각주] - [각주 삽입]을 클릭하면 각주가 자동으로 생성된다. 각주를 작성하기 위한 단축 키는 Alt + Ctrl + F이다. 각주를 편집하기 위해서는 참조 탭의 각주 그룹에서 속성을 클릭하여 각주의 위치 및 번호 서식의 종류를 변경한다.

대화상자에서 기호 버튼을 클릭하면 번호가 아닌 특수 기호를 이용하여 주석을
나타낼 수 있다.

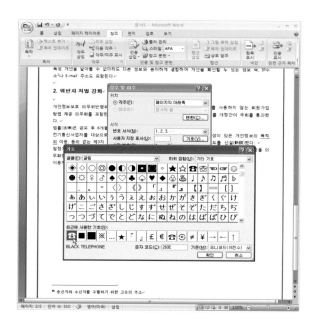

2.3 단락

① 들여쓰기 및 내어쓰기

단락이란 Enter↵ 키를 눌러 구분되는 단위를 의미하며 단락 끝에는 단락 기호가 나타난다. 리본 메뉴의 홈 탭의 단락 그룹에는 단락과 관련된 다양한 서식들이 모여 있다. 들여쓰기는 단락 전체를 왼쪽 및 오른쪽으로 들여쓰기하거나, 단락의 첫 줄만 들여쓰거나 내어쓴다. 다음 그림은 문서 일부분을 블록 지정한 후 왼쪽 한글자를 들여쓰기한 것이다.

단락의 대화상자는 세 개의 탭으로 구성된다. 첫 번째 탭인 들여쓰기 및 간격 탭에서 맞춤은 단락 전체를 왼쪽, 가운데, 오른쪽, 양쪽, 균등 분할로 맞춤 설정한다. 간격은 단락 앞이나 단락 뒤의 간격을 설정하거나, 모든 줄 사이의 간격을 설정한다. 미리 보기는 설정한 결과를 미리 확인할 수 있다.

두 번째 탭인 줄 및 페이지 나누기 탭은 단락의 세부적인 위치를 제어한다. 단락의 첫 줄이나 마지막 줄 분리 방지는 여러 줄로 구성된 단락에서 첫 줄이나 마지막 한 줄이 다음 페이지로 나뉘는 것을 방지하기 위해 최소한 두 줄로 유지되도록 한다.

쉽게 풀어쓴 컴퓨터 활용

❷ 글머리 기호

글머리 기호는 여러 개의 항목을 나열할 때 항목을 명확히 구분하기 위해 사용한다. 글머리 기호에는 특수 기호 및 그림 기호가 있으며 글머리 기호 라이브러리 목록에서 기호를 선택하면 된다. [홈] - [단락] 그룹에서 글머리 기호 명령 단추를 클릭하여 지정한다.

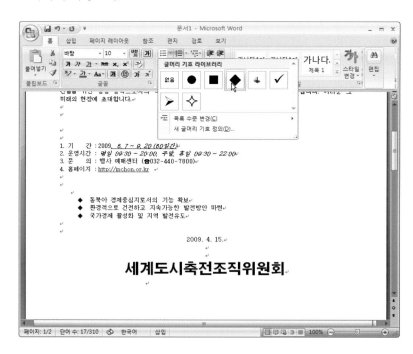

82

글머리 기호 명령 단추에서 원하는 모양이 없을 경우에는 새 글머리 기호 정의를 클릭하여 대화상자에서 기호 버튼을 클릭하면 다양한 기호 모양의 대화상자에서 원하는 기호를 선택할 수 있다. 글머리 기호는 기호 뿐만 아니라 글꼴 및 그림도 지정할 수 있다. 다음 그림은 원하는 그림을 넣기 위해 그림 글머리 기호 대화상자를 나타낸 것이다.

③ 단 설정

문서 작성에서 단은 하나의 문서를 여러 개의 열로 표현해주는 기능으로 최대 9개의 단까지 만들 수 있으며 문서 전체에 단을 설정하거나 구역을 나누어 페이지마다 다른 수의 단으로도 구성이 가능하다. [페이지 레이아웃] −[페이지 설정] −[단]을 클릭하여 기타 단을 선택하면 단 설정을 위한 대화상자가 나타난다.

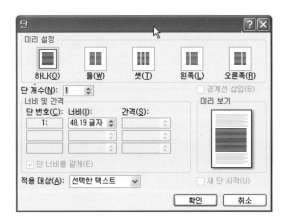

단 개수는 미리 설정에서 없는 단 개수를 설정하고자 할 때 사용한다. 너비 및 간격에서는 단 번호에 따라 각각의 너비 및 간격을 지정할 수 있다. 다음 그림은 구역을 지정하여 2단으로 설정한 후 경계선을 삽입한 것이다.

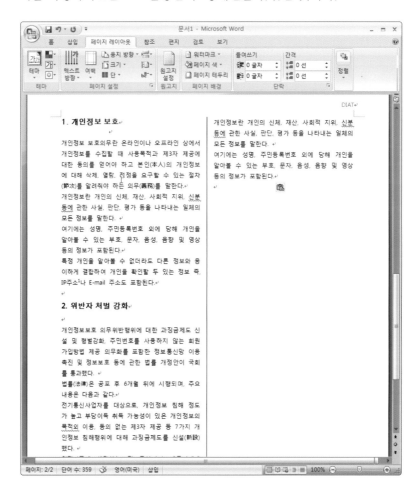

2.4 개체 삽입

❶ 도형

도형은 문서상에서 기본적으로 직선, 화살표, 직사각형, 타원 뿐만 아니라 다양한 도형을 나타낼 수 있고 이러한 도형을 텍스트 상자로 이용할 수 있다. 문서에 도형을 삽입하려면 [삽입] – [일러스트레이션] – [도형]을 클릭하면 다양한 형태의 도형을 선택할 수 있다.

도형을 드래그하여 원하는 사이즈를 만든 후 도형에 텍스트를 추가한다. 그리고 도형을 선택하여 마우스 오른쪽 버튼을 클릭하여 도형 서식 대화상자에서 도형 색, 테두리, 도형 크기, 배치 스타일을 적용한다. 텍스트 상자 탭에서는 세로 맞춤을 적용한다.

도형을 그릴 때 정다각형 및 직선을 그리고자 할 경우에는 Shift 버튼을 누른 채 도형을 드래그하면 된다. 여러 개의 도형을 선택하고자 할 경우에는 Shift 버튼을 누른 상태에서 해당 도형을 클릭하면 여러 개의 도형이 선택된다. 그리고 도형의 속성을 지정하고자 할 경우에는 해당 도형을 선택하고 서식 탭에서 다양한 특성 들을 적용하면 된다.

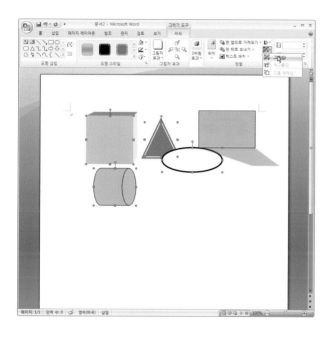

❷ 그림

문서 작성 중 그림 도구를 이용하면 그림에 명암, 대비, 색 등 다양한 효과를 설정할 수 있다. [삽입] – [일러스트레이션] – [그림]을 클릭하여 해당 그림을 선택한다. 그림을 선택한 후 서식 탭을 선택하면 다양한 그림 속성을 지정할 수 있다.

서식 탭의 조정 그룹에서는 그림의 밝기 및 대비, 다시 칠하기, 그림 압축, 그림 바꾸기, 그림 원래대로를 지정할 수 있다. 다음 그림은 해당 그림에서 밝기를 20% 어둡게 하고 대비를 30% 선명하게 지정하였다.

다음 그림은 해당 그림에서 마우스 오른쪽 버튼을 클릭하여 그림 서식을 선택한 것이다. 그림 속성 중 그림자 속성을 이용하여 원근감 대각선 오른쪽 아래 그림자를 적용하였다.

3 표

표 작성은 문서 작업에 있어서 데이터를 일괄적으로 요약하여 효율적으로 나타내기 위해 사용한다. 표를 작성하는 방법은 삽입 탭에서 표를 직접 마우스로 드래그하여 사용할 수도 있고 삽입 탭에서 표 삽입을 클릭하여 대화상자에서 직접 열 개수와 행 개수를 입력하여 사용할 수도 있다. 다음 그림은 마우스로 드래그하여 표를 작성한 예이다.

해당 표에 내용을 입력하고 디자인 탭에서 표 스타일을 이용하여 다양한 형식의 표 스타일을 적용할 수 있다. 그리고 디자인 탭에서 다양한 기능들을 이용하여 표의 속성을 변경할 수 있다. 아래 그림은 중간 음영 2 – 강조 1의 표 스타일을 적용한 예이다.

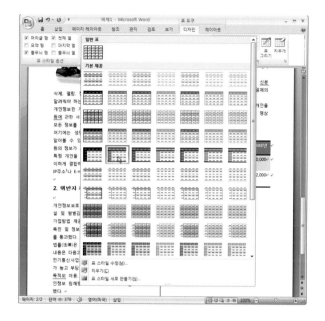

디자인 탭의 표 속성 중 테두리 영역은 표 전체 및 일부 영역에서 테두리 두께, 종류, 테두리 색 등 다양한 속성을 적용할 수 있다. 아래 그림은 표 전체 중 왼쪽 및 오른쪽 테두리 선을 없앤 영역이다.

표 작성을 위한 레이아웃 탭은 셀 속성 및 셀 분할 등 기타 다양한 속성들을 지닌

다. 기존 표에서 마지막 행에 행을 추가하고자 할 경우에는 레이아웃 탭 - 행 및 열 그룹에서 아래에 삽입을 클릭하여 행을 추가한다. 그리고 행을 삭제하고자 할 경우에는 해당 위치에 커서를 갖다 놓고 행 및 열 그룹에서 삭제 버튼을 클릭하여 행을 삭제한다. 다음 그림은 마지막 행에 행을 추가한 예를 나타낸 것이다.

❹ 차트

차트는 데이터의 내용을 그래픽 도형을 이용하여 보다 이해하기 쉽게 만들어 표현한 것이다. 차트 작성은 표에 있는 데이터를 이용하여 만들어낼 수도 있고 직접 데이터를 입력하여 만들 수도 있다.

[삽입] -[일러스트레이션] -[차트]를 클릭하면 차트 삽입 대화상자가 나타난다.

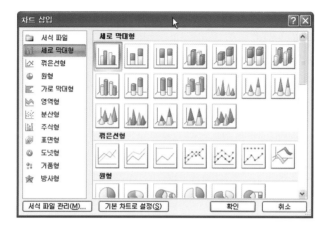

차트 종류는 묶은 세로 막대형 차트를 선택하고 확인 버튼을 클릭하면 기본 차트
가 생성되며 엑셀 창이 나타난다. 엑셀 창에는 해당 차트에 대한 데이터 값을 입
력한다. 차트의 가로 축과 범례의 위치를 전환하고자 할 경우에는 차트를 선택한
상태에서 디자인 탭에 있는 데이터 선택을 클릭하여 행/열 전환을 한다.

디자인 탭에서는 차트 종류, 데이터 편집, 레이아웃 형식, 차트 스타일 등을 변경
할 수 있다. 아래 그림은 기본 차트에서 차트 스타일 26을 직용한 결과를 나타낸
것이다.

차트의 레이아웃 탭에서는 차트 영역, 레이블 값 및 표시, 축 형식, 그림 영역 배
경 등을 변경할 수 있다. 아래 그림은 차트 제목을 추가하고 범례 위치를 변경한
후 데이터 레이블 값을 표시한 것이다.

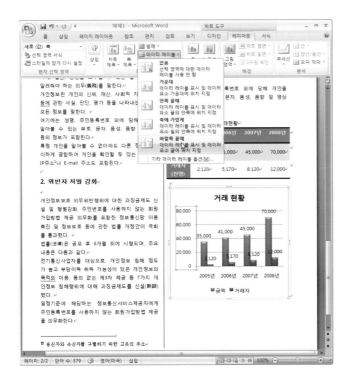

디지털 정보 활용 능력
(DIAT; Digital Information ability Test)

⊙ 시험과목 : 워드프로세서(MS워드)

⊙ 시험일자 : 2009. 4. 25(토)

⊙ 수검자 기재사항 및 감독자 확인

수 검 번 호	DIP · 24 ·	감독관 확인
성 명		

수검자 유의사항

1. 수검자는 신분증을 지참하여야 시험에 응시할 수 있으며, 미지참시 퇴실조치 합니다.

2. 시스템(PC작동여부, 네트워크 상태등)의 이상여부를 반드시 확인하여야 하며, 시스템 이상이 있을시 감독관에게 조치를 받으셔야 합니다.

3. 시험중 시스템 오류 또는 시스템 다운 증상에 대해서는 수험자 본인에게 책임이 있습니다.

4. 시험중 부주의 또는 고의로 시스템을 파손한 경우는 수검자 부담으로 합니다.

5. 작성된 답안파일은 답안 전송 프로그램을 이용해 전송해야만 하며, 수검에 필요한 파일을 직접 다운로드하시기 바랍니다. (예: 윈도우 바탕화면)

6. 작성한 답안파일명은 본인의 "과목-수검번호"로 입력후 하나의 파일로 저장합니다.
   (예: 수검번호가 DIM-0904-000001인 경우 "워드(MS)-000001.hwp"로 파일명 저장)

7. 다음사항의 경우 실격(0점) 혹은 부정행위 처리됩니다.

   1) 전송된 답안파일명이 지시사항과 틀릴 경우 실격처리

   2) 답안이 미전송 되었거나, 저장한 파일이 손상 되었을 경우

   3) 답안 파일을 다른 보조기억장치(디스켓, USB) 혹은 네트워크(메신저, 게시판등)로 전송할 경우

   4) 휴대용전화기등 통신장비를 사용할 경우

8. 시험의 완료는 작성이 완료된 답안을 저장하고, 답안전송이 완료된 상태를 확인한 것으로 합니다. 답안 전송 확인후 문제지는 감독위원에게 제출한후 퇴실하여야 합니다.

9. 답안전송이 완료된 경우에는 수정 또는 정정이 불가하며, 전송은 한번만 가능합니다.

10. 시험시행후 문제공개 및 합격자 발표는 홈페이지(www.diat.or.kr)확인 하시기 바랍니다.

    1) 문제 및 정답공개: 2009. 4. 28(화)

    2) 합격자 발표: 2009. 5. 15(금

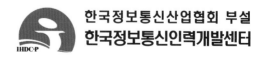

한국정보통신산업협회 부설
한국정보통신인력개발센터

【문제】 첨부된 문제를 다음의 조건을 적용하여 문서를 작성하시오.

① 문서는 A4(21cm×29.7cm) 크기, 세로 용지방향으로 작성한다.

② 페이지 여백은 아래와 같이 설정한다.

왼쪽	오른쪽	위쪽	아래쪽	머리글	바닥글	제본용 여백
2cm	2cm	2cm	2cm	1cm	1cm	0cm

③ 글자는 별도의 지시사항이 없는 한 바탕, 크기10, 양쪽정렬, 줄간격 1줄로 작성한다.

④ 영문, 숫자 등은 별도의 지시가 없는 한 반각(1byte) 문자를 사용한다.

⑤ 특수문자는 문자표(전각기호)를 이용하여 작성한다.

⑥ 교정부호 및 화살표로 기재된 지시사항대로 처리하되, ⬭──► 은 지시사항이므로 작성하지 않는다.

⑦ 기타 특별히 지시되어 있지 않은 사항은 문제지에 준하여 작성한다.

⑧ 제목 부분의 테두리괘선은 〈도형〉을 이용하여 작성한다.

⑨ [문제2]는 '단나누기'를 이용하여 작성한다.

⑩ [문제1]을 작성한 후 [문제2]를 작성한다.

⑪ '그림삽입' 시 다운로드한 그림파일을 반드시 사용한다.

⑫ 총점: 200점
[공통사항(기본설정, 용지설정, 총글자수)] : 48점
[문제1] : 46점, [문제2] : 106점

⑬ [문제1]은 1페이지, [문제2]는 2페이지에 작성한다.
※ 해당 페이지에 작성하지 않으면 0점 처리.

문제 1
DIAT

머리말(굴림,크기9, 오른쪽맞춤)

WordArt-굴림체, 크기:66
채우기:녹색(RGB:0,128,0)
크기: 너비(8.0cm), 높이(1.5cm)
비치스타일(텍스트 줄 안)

세계 제주 델픽 대회

굵게 기울임꼴

1994년 설립된 세계델픽위원회(IDC)는 *델픽대회*를 되살려 전세계 문화 예술의 유일무이한 포럼을 제공하는 것을 목표로 해왔다.

역사적으로 델픽대회는 예술의 경쟁을 통해 평화를 도모하는 대회이며 올림픽 대회보다도 1년 더 먼저 치러졌으며 약 1000여 년간 고대 그리스에서 개최되어 왔다. 대회 개최를 6개월 앞둔 시점이 되면 대회의 조직위원들은 델픽 평화 결의문을 공포하고, 이로 인해 델픽대회는 분쟁 해결을 위한 중간자적인 화합의 장이 되어왔다.

델픽게임은 젊은이를 위한 델픽게임(Junior Delphic Games)과 일반 델픽게임을 4년마다 개최하기로 하였으며, 두 대회는 2년의 간격을 두고 실시하고 있다.

굴림, 크기 10, 가운데

기호 → ■ 알 림 ■

1. 대회명 : 제3회 제주 세계델픽대회
2. 대회장소 : 문예회관, 미디어센터 등 제주도 일원
3. 대회기간 : 2009. 9. 9 ~ 9. 15(7일간)
4. 홈페이지: *http://delphic2009.com* ← 하이퍼링크제거,기울임꼴

기호
→※ 기타 사항
개회식 : 2009. 9. 9 19:00(문예회관 일원)
경연대회 : 2009. 9. 10~14(6개 분야 19개 종목)
폐회식 : 2009. 9. 15 19:00(프롤로그, 패션쇼, 탑조형물 세우기, 물분수, 불꽃놀이, 댄스파티 등)

왼쪽에서 1글자

2009. 4. 25. ← 크기11, 가운데 맞춤

세계델픽위원회

HY견고딕, 크기20, 가운데 맞춤

페이지번호
아래쪽 가운데, 숫자

1

문제 2

그림삽입
너비(5.5cm), 높이(2.0cm)
비치스타일 : 사과형
페이지 왼쪽 : 2.2cm
페이지 아래 : 5.5cm

도형 -크기 :너비 (6cm), 높이(1.2cm), 테두리(이중선),
모서리가 둥근직사각형, 채우기: 엔보라(RGB 204.155.255)
비치스타일(메스드 앞),수평맞춤(가운데), 글자-바탕, 크기16, 수평맞춤(가운데)

머리말(굴림,크기9, 오른쪽 맞춤)

테두리 : 이중선

인터넷 아이핀 사용

HY중고딕, 크기12, 흑계

1. 주민번호 대신 사용

오는 2011년부터 모든 민간 온라인서비스에 접속할 때 본인확인을 위해 주민등록번호 대신 인터넷 개인식별번호(아이핀, i-PIN)를 사용할 수 있게 된다.

2015년에는 아예 주민등록번호를 활용한 본인확인절차가 사라져 개인정보 유출(流出) 가능성이 많이 줄어들 전망이다.

각주

방송통신위원회는 9일 이런 내용을 골자[1]로 한 인터넷상 주민등록번호 대체수단 아이핀 활성화 종합대책을 마련했다고 밝혔다.

따르면 대책에 주민등록번호 유출로 말미암은 개인정보 침해(侵害) 문제를 해결(解決)하기 위해 인터넷에서만 사용할 수 있는 기존 아이핀 구조를 개선한 아이핀 2.0 서비스를 구축(構築)하고 3단계 추진전략을 구사한다.

를

2. 구축 3단계 추진전략

HY중고딕, 크기12, 흑계

1단계(2009-2011년)는 다른 사이트에서도 같은 아이핀을 이용할 수 있도록 하고 아이핀 ID 통합관리 시스템을 구축, 이용자 편의성을 높인다.

2단계(2012-2013년)에는 조세, 금융을 제외하고 의료, 비영리단체 등 1만여 개의 민간(民間) 온라인사이트에서 본인 확인 절차에 아이핀을 활용할 수 있도록 하고 공공서비스 이용 시에도 아이핀을 사용할 수 있도록 기반시스템의 단계적 개선을 추진할 방침이다.

3단계(2014-2015년)에는 조세, 금융분야에 아이핀을 적용, 소득세, 부가가치세 등 조세업무 및 금융거래 프로세스에 아이핀을 확대 적용한다. 또 출생, 혼인, 사망신고와 같은 행정적 목적 이외에

주민등록번호 사용을 전면 금지하도록 관련법을 정비할 계획이다.

방통위는 이 같은 종합대책을 토대로 오는 12일 서울 로얄호텔에서 한국정보보호진흥원(KISA) 주관으로 i-PIN 정책설명회를 열고 학계, 연구계, 업계, 시민단체 등 각계각층의 여론을 수렴한다.

HY신명조, 크기10, 가운데맞춤

사용률 증가

구분	인구	시장점유율	사용
아시아	56.4	9.2	34.2
유럽	12.5	35.5	29.2
아메리카	5.1	68.2	23.0

제목셀:라임색(RGB:155.204.0)
왼쪽,오른쪽테두리:선없음, 굴림, 크기9, 가운데맞춤

궁서체, 크기10, 흑계

사용률 증가

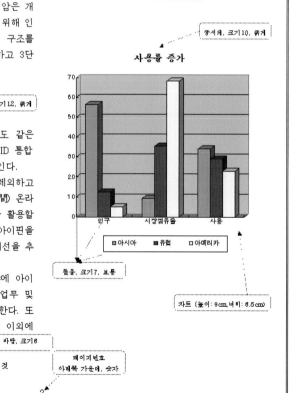

돋움, 크기7, 보통

차트 (높이: 9cm, 너비: 8.5cm)

바탕, 크기6

[1] 말이나 일의 내용에서 중심이 되는 줄기를 이루는 것

페이지번호
아래쪽 가운데, 숫자

2

기 출 문 제 풀 이

문제 1.

1. 페이지 여백 설정

* [페이지 레이아웃] – [페이지 설정] – [여백] 사용자 지정 여백 설정 선택.

* 페이지 설정 대화상자에서 여백 탭 선택한 후 위쪽, 왼쪽, 아래쪽, 오른쪽 여백
  을 2cm로 지정.
* 레이아웃 탭에서 머리글, 바닥글 여백을 1cm로 지정.

2. 워드아트 설정

* [삽입] – [텍스트] –[WordArt]을 선택하여 원하는 모양을 지정.

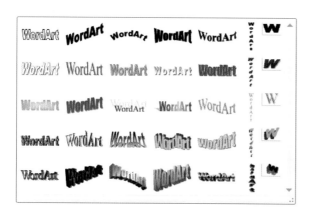

* 글자모양 및 크기 지정 후 내용 입력

* 서식 – WordArt 스타일 – 워드아트 도형 변경 클릭하여 동일 모형 지정.

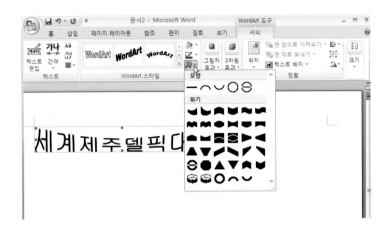

* 채우기 색은 워드아트 스타일 – 도형 채우기 클릭하여 녹색 지정
* 크기 및 배치 스타일은 서식 – 크기에서 도형서식 클릭하여 크기 탭 및 레이아
  웃 탭에서 크기와 배치 스타일 지정.

3. 머리글 지정
* [삽입] – [머리글/바닥글] – [머리글] 선택.

* 해당 내용 입력 후 홈 탭에서 글꼴 속성 및 오른쪽 정렬 지정.

4. 기호

* [삽입] – [기호]에서 기호를 클릭하면 대화상자가 나타남.
* 원하는 기호를 찾아서 삽입 버튼 클릭

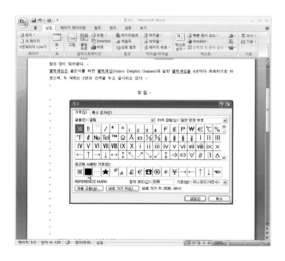

5. 하이퍼링크 제거

* 해당 하이퍼링크를 블록 지정 후 마우스 오른쪽 버튼 클릭
* 하이퍼링크 제거 선택.

6. 왼쪽에서 1글자 왼쪽 여백 지정

* 여백 지정을 위한 문서 영역을 블록 지정.

* [홈] – [단락]에서 단락 속성 클릭하여 대화상자에서 편집.

* 들여쓰기 및 간격 탭에서 들여쓰기 왼쪽 여백에서 1글자 지정.

7. 페이지 번호

* [삽입] – [머리글/바닥글] – [페이지 번호]에서 아래쪽 번호 선택 후 지정.

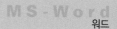

* 디자인 탭에서 페이지 번호 클릭하여 페이지 번호 서식 선택.

* 다양한 속성을 지정.

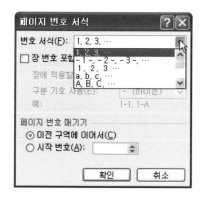

* 디자인 탭에서 머리글/바닥글 닫기 클릭하여 종료

8. 문제 1 최종 완성본.

문제 2.

1. 새 페이지 전환

* 삽입 탭에서 새 페이지 클릭하여 다음 페이지로 이동.

2. 도형

* [삽입] – [도형]에서 직사각형 도형 선택하여 드래그.

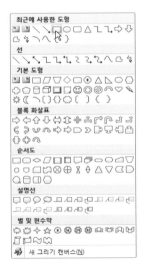

* 도형을 선택한 상태에서 마우스 오른쪽 버튼 클릭하여 텍스트 추가 선택.
* 내용 입력 후 블록 지정하여 홈 탭에서 글꼴 속성 변경.
* 서식 탭의 크기 그룹에서 도형 서식 클릭하여 도형 서식 상자 띄움.
* 색 및 선 탭에서 채우기 색 및 테두리 지정.
* 크기 탭에서 도형 크기 지정.
* 레이아웃 탭에서 배치스타일 및 수평 맞추기 지정.

3. 한자

* 문서 내용 중 한자 입력을 위한 문자 뒤에 커서를 두고 키보드 상에서 한자 버튼
  클릭.
* 대화상자에서 해당 한자를 선택하고 입력형태에서 한글(漢子)를 선택 후 변화
  버튼 클릭.

* 모든 문서에 있는 한자 전환.

4. 각주

* 각주를 넣고자 하는 글자에 커서를 두고 [참조] – [각주] – [각주삽입]을 선택.
* 페이지 아래 부분에 내용 입력 후 본문을 클릭하면 빠져나옴.

5. 단

* 단을 나눌 문서 영역을 블록 지정 후 [페이지 레이아웃] – [페이지 설정] –[단]을
  클릭하여 선택.

6. 표

* [삽입] – [표]를 클릭하여 해당 셀 개수만큼 드래그하여 표 작성.

* 내용 입력 후 셀 전체 블록 지정 후 홈 탭에서 가운데 맞춤 지정.
* 레이아웃 – 맞춤에서 세로 가운데 맞춤 지정.
* 제목 셀만 블록 지정 후 라임색 지정(라임색이 없으므로 직접 색상표에서 값 입력)
* 표 전체를 블록지정하여 디자인 탭에서 테두리 지정하여 왼쪽, 오른쪽 테두리
  선택.

7. 차트

* [삽입] – [차트]를 클릭하면 엑셀 창이 나타남.
* 엑셀 창에서 데이터 값 입력 후 엑셀 창 닫기.

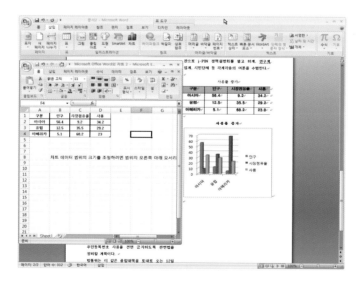

* [레이아웃] – [레이블] – [차트 제목] – [차트 위] 선택하여 내용 입력.
* 차트 제목 글꼴 속성은 홈 탭에서 지정.
* 가로 축과 범례 내용의 행/열 전환은 디자인 – 데이터 – 데이터 선택을 클릭하여 행/열 전환 대화상자에서 행/열 전환을 클릭.

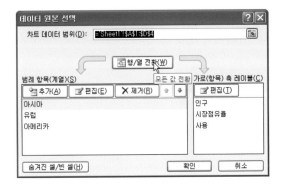

* 세로 축 선택 후 홈 탭에서 글꼴 속성 지정. 동일한 방법으로 가로 축, 범례 글꼴 속성 변경.

* 범례 영역 지정 후 마우스 오른쪽 버튼 클릭하여 범례 서식 선택.

* 테두리 색에서 실선 선택하고 검은색 지정.

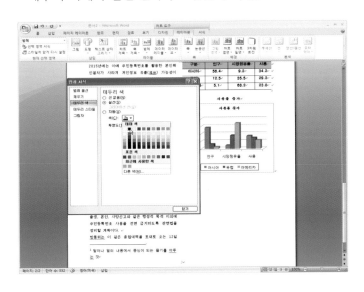

* 서식 – 크기에서 높이, 너비 사이즈 값 지정.

8. 그림

* 동일한 그림이 없는 관계로 다른 그림으로 대체.

* [삽입] – [그림] 선택하여 해당그림을 찾아서 지정.

* 서식 – 크기에서 너비, 높이 지정.

* 서식 – 정렬 – 배치스타일에서 정사각형 선택.

9. 페이지 테두리

* [페이지 레이아웃] – [페이지 배경] – [페이지 테두리] 선택.

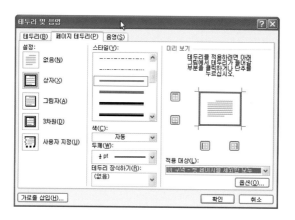

10. 문제 2 완성

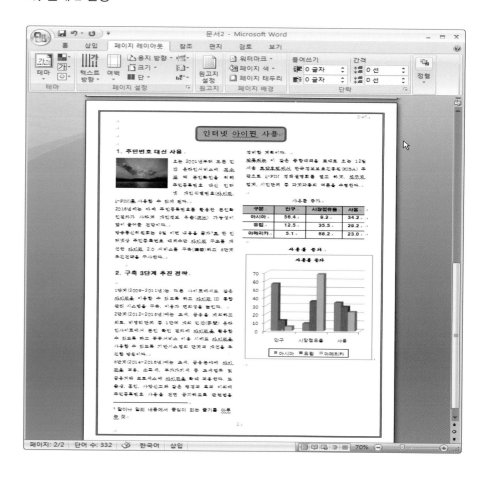

03

엑셀

EXCEL

03 엑셀

CHAPTER

3.1 엑셀 2007 시작하기

❶ 엑셀 개요 및 기본 사용법

1) 엑셀 개요

엑셀은 마이크로소프트에서 개발한 스프레드시트(Spread sheet) 프로그램이다. 스프레드시트란 일상 업무에 많이 발생되는 여러 가지 도표 형태의 양식으로 계산하는 사무업무를 자동으로 할 수 있는 표 계산 프로그램이다. 계산기와 계산용지, 장부 등이 통합된 것으로 연산 및 표를 작성하고 나아가 차트, 피벗테이블 등과 같이 다양한 형태로 작업할 수 있는 프로그램이다.

최초의 스프레드시트는 1978년 애플 II 개인용 컴퓨터에서 구현 가능하도록 프로그램한 비지칼크(VisiCalk)로 몇 개의 셀만을 이용해서 단순 계산만 할 수 있는 프로그램이었으나, 오늘날의 스프레드시트는 작업 능력의 향상과 함께 데이터베이스 및 그래픽 기능이 추가되고 다양한 함수를 제공해주며 통신기능까지 갖추게 되었다.

마이크로소프트 엑셀 2007은 이전 버전인 엑셀 2003 버전 기능이 새롭게 추가된 리본 메뉴에 포함되었다. 리본 메뉴는 응용 프로그램의 각 작업 영역과 관련성이 가장 높은 명령을 나타내고 있어서 활용도가 매우 높다. 그 외에 엑셀 2007의 가장 큰 기능적인 변화는 오피스 버튼, 빠른 실행도구 모음, 탭 명령이라 할 수 있다. 엑셀 2007은 스프레드시트를 만들어 서식을 지정하고 정보를 분석 및 공유하여 보다 나은 의사 결정을 내릴 수 있도록 하는 강력한 도구이며, 데이터를 더욱 안전하게 공유할 수 있는 향상된 기능을 제공한다. 따라서 사용자는 중요한 비즈니스 정보를 동료, 고객, 비즈니스 파트너 등과 더욱 폭넓고 안전하게 공유할 수 있다.

2) 엑셀 기본 사용법

엑셀은 마이크로소프트(MS)사의 스프레드시트 프로그램으로 연속적인 행과 열을 갖는 데이터 시트에 입력과 계산을 하는 프로그램이다. 엑셀에서 가장 기본적인 문자, 숫자, 특수문자 등을 입력하고 계산하는 간단한 2009년 프로야구 중간순위 표를 만들어보자.

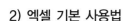

팀	경기수	승	패	무	승률	순위(順位)	연속	최근 10경기
두산	17	10	6	1	0.59	2	4승	6승 4패
롯데	20	7	13	0	0.35	8	1승	3승 7패
삼성	19	10	9	0	0.53	3	2패	6승 4패
한화	17	8	8	1	0.47	4	1패	4승 6패
히어로즈	19	8	11	0	0.42	6	1승	3승 7패
KIA	20	8	11	1	0.40	7	2승	5승 5패
LG	20	9	10	1	0.45	5	1패	5승 5패
SK	20	13	5	2	0.65	1	1패	8승 2패

(1) 엑셀 2007 실행

엑셀 2007은 **1** [시작]-[모든 프로그램]-[Microsoft Office] 메뉴의 [Microsoft Office Excel 2007]을 클릭하거나, **2** 바탕 화면의 「Microsoft Office Excel 2007」 단축 아이콘(　)을 더블클릭하면 새로운 문서가 열리면서 실행된다.

쉽게 풀어쓴 컴퓨터 활용

(2) 엑셀 2007 종료

편집 중인 엑셀 2007 스프레드시트 프로그램 문서를 저장한 후 **1** 오피스 버튼
( ) 클릭 후 [Excel 끝내기]를 선택하거나, **2** 제목 표시줄의 종료[×] 버튼을
클릭해 엑셀 2007을 종료한다. 편집 중인 문서는 **3** 오피스 버튼( ) 클릭 후
[닫기]를 선택하여 문서를 닫는다.

(3) 엑셀 2007의 화면 구성

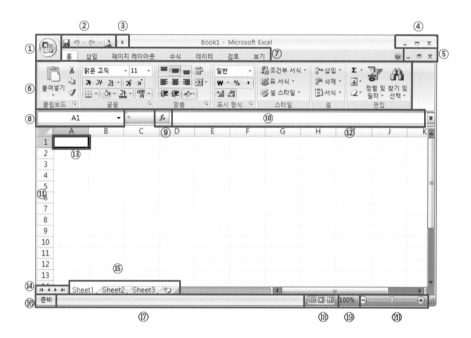

① **Office 단추** : 이전 버전의 [파일]메뉴와 같은 역할을 하는 도구로, 새로 만들
기, 열기, 저장, 인쇄, 닫기 등의 메뉴들을 사용할 수 있다.

② **빠른 실행 도구모음** : 자주 사용하는 명령을 사용자가 지정하여 사용할 수 있다.

③ **빠른 실행 도구모음 사용자 지정** : 빠른 실행 도구모음에 명령을 추가할 수 있다.

④ **프로그램 창 조절 버튼** : 엑셀 창을 최소화, 최대화하거나 닫을 수 있다.

⑤ **문서 창 조절 버튼** : 문서 창을 최소화, 최대화하거나 닫을 수 있다.

116

⑥ **리본 메뉴** : 기존 버전에서의 메뉴와 도구모음이 바뀐 것으로, 각 탭을 클릭하면 작업 내용에 따라 실행할 수 있는 명령 버튼이 나타나고, 명령 버튼은 기능별 그룹으로 구분된다. 리본 메뉴는 홈, 삽입, 페이지 레이아웃, 수식, 데이터, 검토, 보기 등 7개의 기본 탭을 가지고 있으며, 해당 탭을 클릭하면 여러 그룹의 하위 명령이 표시된다.

⑦ **탭** : 리본 메뉴에서 텍스트 형태 메뉴 부분이다. 작업 상태에 따라 표 도구, 차트 도구, 그리기 도구, 그림 도구, 피벗 테이블 도구 등이 추가된다.

[도형 선택]

[그림 선택]

[차트 선택]

[표 선택]

[피벗 테이블 선택]

⑧ 이름 상자 : 현재 선택된 셀 주소나 셀 이름이 표시되는 곳이다. 차트나 그리기 개체를 선택하면 개체이름이 표시되고, 수식이나 함수를 입력하면 함수 목록이 표시된다.

⑨ 함수 삽입 : 함수마법사가 실행된다.

⑩ 수식 입력줄 : 선택된 셀에 입력된 데이터나 수식이 표시되는 곳이다. 실제로 셀에 입력된 데이터를 확인할 수 있고, 클릭하여 커서가 나타나면 데이터를 수정할 수 있다.

⑪ 행 머리글 : 행 번호가 표시되는 부분으로, 1 ~ 1,048,576행으로 이어진다.

⑫ 열 머리글 : 열 이름이 표시되는 부분으로, A ~ XFD열까지 총 16,384개의 열이 있다.

⑬ 셀 포인터 : 굵은 테두리로 선택된 셀을 표시한다.

⑭ 시트 탭 이동 버튼 : 시트 개수가 많아서 시트 탭들이 다 보이지 않을 때, 가려져 있는 시트 탭을 볼 수 있도록 시트 탭 화면을 이동할 수 있다.

⑮ 시트 탭 : 시트 이름이 표시되는 곳으로 작업할 시트를 선택하는 곳이다. 선택된 시트는 흰색으로 표시된다.

⑯ 셀 모드 : 준비, 입력, 편집 등의 셀 작업 상태를 표시한다.

⑰ 표시영역 : 각종 기능키의 선택 상태를 표시하며, 숫자가 입력된 셀 범위를 지정하면 자동 계산결과를 표시한다. 표시영역에서 마우스의 오른쪽 버튼을 누르면 표시될 항목을 사용자가 지정할 수 있다.

⑱ 보기 바로보기 : 기본, 페이지 레이아웃, 페이지 나누기, 미리보기 등 워크시트 보기상태를 선택한다.

⑲ 확대/축소 비율 : 확대/축소 대화상자를 연다.

⑳ 확대/축소 슬라이더 : 확대/축소 버튼을 눌러서 10% 단위로 확대/축소하거나 가운데 슬라이더 버튼을 드래그하여 확대/축소할 수 있다.

❷ 데이터 입력

엑셀의 초기화면에 문자 및 숫자를 입력한다. 문자 데이터를 입력하면 셀의 왼쪽으로 정렬되어 나타나고, 숫자 데이터를 입력하면 셀의 오른쪽에 정렬되어 나타난다. 문자와 숫자를 섞어 사용하면 숫자를 문자로 인식하여 왼쪽에 정렬된다. 다음 그림은 문자와 숫자를 입력한 표를 나타낸 것이다.

1) 문자 데이터 입력하기

문자 데이터는 일반적으로 키보드를 통해서 문자와 숫자, 기호 및 특수문자 등이 조합되어 이루어진 데이터 형태를 말한다.

한 셀에 두 줄로 데이터를 입력할 때에는, 한 줄을 입력하고 [Alt] + [Enter↵] 키를 누르고 두 번째 줄에 내용을 입력한다.

블록으로 지정된 범위에 똑같은 내용을 입력하기 위해서는 특정한 내용을 입력한 후 [Ctrl] + [Enter↵] 키를 누르면 똑같은 내용으로 채우기를 할 수 있다.

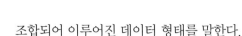

	팀	경기수	승	패	무	승률	순위	연속	최근 10경기
	두산	17	10	6	1	0.59	2	4승	6승 4패
	롯데	20	7	13	0	0.35	8	1승	3승 7패
	삼성	19	10	9	0	0.53	3	2패	6승 4패
	한화	17	8	8	1	0.47	4	1패	4승 6패
	히어로즈	19	8	11	0	0.42	6	1승	3승 7패
	KIA	20	8	11	1	0.40	7	2승	5승 5패
	LG	20	9	10	1	0.45	5	1패	5승 5패
	SK	20	13	5	2	0.65	1	1패	8승 2패

Tip | 데이터 입력 시 블록을 지정하면 순차적으로 데이터를 입력할 수 있다. 다음 행의 셀로 이동하려면 [Enter↵] 키를 누르면 되고 이전 행의 셀로 이동하려면 [Shift] + [Enter↵] 키를 누른다. 다음 열로 이동하려면 [Tab] 키를 누르고 이전 열로 이동하려면 [Shift] + [Tab] 키를 누른다.

2) 숫자 데이터 입력하기

숫자 데이터는 순수한 숫자로만 구성된 데이터로써 엑셀에서 계산에 필요한 데이터를 말한다. 입력시에는 자동으로 셀의 오른쪽으로 정렬된다.

단, 숫자 입력 시에는 0, 1, 2, 3 … +, −, /, % 등도 숫자의 일부로 인식하게 되며 셀에 긴 12자리 이상의 숫자를 입력하면 지수형식으로 표시되어 나타난다.

숫자 입력시에 화폐단위($, ₩ 등)를 표시할 수 있으며, 콤마(,)나 소숫점(.) 등을 입력할 수 있다. 만약 입력된 숫자 및 연산자를 셀에 그대로 표시하고자 할 때에는 숫자 데이터 및 연산자 앞에 작은 따옴표(′)를 입력하면 입력된 데이터를 그대로 표현할 수 있다. 또한 숫자 데이터에 Equal(=) 연산자를 사용하면 데이터를 연산 할 수가 있으며, 숫자 데이터 입력시 중간에 공백이나 문자 및 기호가 삽입된다면 숫자데이터는 문자로 인식되어 계산식을 사용할 수 없게 된다.

Tip | 승률의 데이터 값을 소숫점 둘째 자리까지만 나타내고자 할 경우에는 셀 서식 대화상자에서 표시 형식 탭을 선택한 후 범주의 숫자를 선택하고 소수 자릿수를 2로 지정한다.

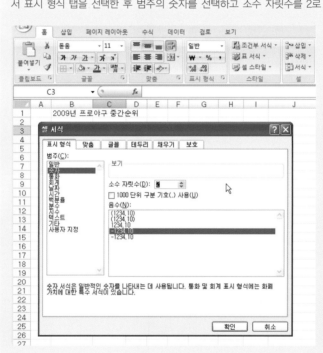

● 병합하고 가운데 맞춤

다음 표를 참조하여 B1 셀에서 J1 셀까지 마우스 왼쪽 버튼을 이용하여 드래그한 후, 홈 탭 메뉴의 맞춤 그룹에 병합하고 가운데 맞춤 아이콘을 클릭하여 하나의 셀로 지정한다. 글꼴 그룹의 글꼴 모양은 돋움, 크기는 18로 지정한다.

3) 특수문자 입력하기

셀에 특수문자를 입력하는 방법은 크게 두 가지가 있다. 첫 번째는 엑셀 메뉴를
이용해서 특수문자를 입력하는 것이고 두 번째는 메신저를 사용할 때 흔히 사용
하는 방법인데 한글자음을 먼저 입력하고 [한자] 키를 눌러 [한자] 키에 해당하는 특수문
자를 선택하여 입력하는 방법이다.

① 엑셀 메뉴로 이용하기

리본 메뉴에서 [삽입] 탭을 선택하여 맨 우측에 [텍스트 그룹]에서 [기호]를 클릭하
여 들어가면 [기호] 대화상자를 이용하여 특수문자를 선택한다.

② 한글자음으로 입력하기

한글 키보드 자음을 가지고 특수문자를 입력할 수 있는데 먼저 한글의 자음을 입
력하고 [한자] 키를 눌러서 한글에 속해 있는 해당 특수문자를 선택하여 입력할 수 있
다. 한글자음에 할당되어 있는 특수문자는 다음 표와 같다.

한글 자음	특수 문자
ㄷ	기호 문자
ㅅ	한글 원, 괄호 문자
ㅁ	특수문자 모양 및 도형
ㄴ	도형 괄호
ㅇ	영문 원문자, 괄호문자, 숫자 원문자, 숫자 괄호문자
ㄹ	화폐, 수량, 길이, 무게 등의 단위
ㅊ	분수 및 첨자 문자

별 모양의 특수 문자는 한글 자음 'ㅁ'을 입력한 후 키보드의 [한자] 키를 누르면 기
호 목록 상자가 나타난다. 목록 상자의 마우스를 이용해서 선택을 하거나 해당 번
호를 누르면 입력된다.

4) 한자 입력하기

먼저 한글문자를 입력하고 입력된 글자 맨 뒤에 커서를 위치시킨 후 키보드의 [한자] 키를 누른다. 이때 일상생활의 한자는 등록된 한자사전에 의하여 모두 나타나게 되는데 사용자는 해당된 한자를 선택하여 [변환] 버튼을 클릭하여 변환하면 된다. 만약 사용자가 원하는 한자가 등록된 단어사전에 없다면 사용자는 일일이 해당 한자를 한 글자씩 찾아서 변환해야 한다. 또한 자주 사용하는 고유명사의 한자를 등록하여 사용할 수가 있는데 [새 단어 등록] 버튼을 클릭하여 해당 한자로 변환한 후 등록 추가하면 된다.

순위에 한자를 입력하기 위해서는 H3 셀의 순위의 '위' 자 뒤에 커서를 두고 키보드의 [한자] 키를 누르면 한글/한자 변환 상자가 나타난다. 해당 한자를 선택하고 입력 형태에서 한글(漢子) 옵션 버튼을 선택한 후 변환 버튼을 누른다.

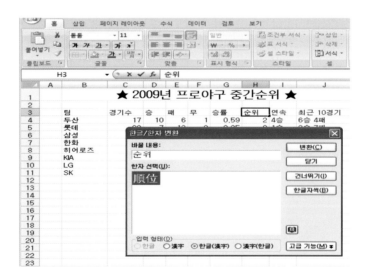

5) 날짜 데이터 입력하기

날짜를 입력할 때에는 '년-월-일' 사이에 하이픈(-)과 슬래시(/)를 넣어 입력할 수 있는데 이때 '월일'만 입력하면 지정된 날짜 형식에 의하여 '몇월 몇일'에 대한 날짜 구분표시가 한글로 구분되어 표시되고 '2009-12-10'이나 '2009/12/10'처럼 '년-월-일'을 모두 입력하게 되면 입력된 구분표시에 의하여 '년-월-일'에 대한 날짜를 입력할 수 있다.

만약 특정 셀에 날짜를 빠르게 입력하고자 할 때에는 단축키 Ctrl + ∷을 동시에 눌러 사용하면 된다.

또한 입력된 날짜의 형식을 바꾸고자 한다면 사용자가 원하는 여러 형태의 다양한 방법으로 바꿀 수가 있는데 다음 장에서 다룰 '셀 서식' 명령을 이용하면 쉽게 변경할 수가 있다.

6) 시간 데이터 입력하기

시간을 입력할 때에는 시간, 분, 초 구분표시인 콜론(:)을 사용할 수 있다. 시간을 빠르게 입력하고자 할 때에는 단축키 Ctrl + Shift + ∷ 을 누르면 된다. 시간을 사용자의 요구에 따라 다양한 시간 형식으로 변경하고자 한다면 '셀서식' 명령을 이용하면 쉽게 변경할 수가 있다.

❸ 셀 서식

셀 서식의 대화상자는 홈 탭의 셀 그룹에서 서식에 있는 셀 서식을 선택하면 대화상자가 나타난다. 또는 마우스를 편집창의 셀 위에 올려놓고 마우스 오른쪽 버튼을 누른 후 셀 서식 메뉴를 누르면 셀 서식 대화상자가 나타난다. 대화상자에는 표시 형식, 맞춤, 글꼴, 테두리, 채우기, 보호 탭이 있다.

1) 표시형식

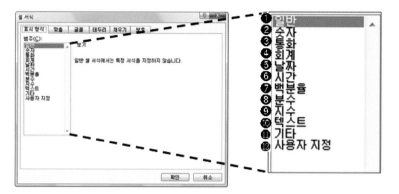

❶ 일반 : 입력된 데이터 형태를 그대로 표시

❷ 숫자 : 소수 자릿수, 천 단위 콤마 표시, 음수 표현 형식을 지정

❸ 통화 : 천 단위 콤마 표시, 통화 기호, 음수 표현 형식을 지정

❹ 회계 : 천 단위 콤마 표시, 통화 기호 지정, 셀에서 가운데 정렬 안됨

❺ 날짜 : 엑셀에서 제공하는 날짜 표현 형식을 선택

❻ 시간 : 엑셀에서 제공하는 시간 표현 형식을 선택

❼ 백분율 : 수치 데이터 뒤에 백분율(%) 기호를 삽입

❽ 분수 : 소수를 분수 형식으로 나타냄

❾ 지수 : 수치 데이터를 지수 형식으로 표현

❿ 텍스트 : 수치 데이터를 문자열 형식으로 지정

⓫ 기타 : 우편번호, 전화번호, 주민등록번호 등 특수한 데이터 서식 지정

⓬ 사용자 지정 : 원하는 표시 형식이 없을 경우에 사용자가 임의로 표시 형식 지정

2) 맞춤

텍스트 줄 바꾸기, 범위를 지정한 셀을 병합, 셀 크기에 맞춰 글자 크기를 조절하며 문자 각도를 조절해서 문자 방향을 지정한다.

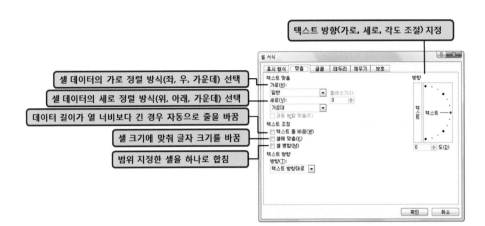

3) 글꼴

셀 서식의 글꼴 탭에는 글꼴 모양, 스타일, 크기, 색, 밑줄 등을 지정한다.

4) 테두리

셀 서식의 영역 부분에 대하여 선 스타일 종류, 색, 대각선 등 테두리를 지정한다.

선 유형 지정(점선, 실선, 이중선 등)

선 색 지정

선 없음, 외곽선, 안쪽 선을 한꺼번에 지정할 수 있음

미리 설정에서 지정한 윤곽선이나 안쪽선의 세부 설정

5) 채우기

셀 서식의 영역 부분에 대하여 배경색, 그라데이션, 무늬 색 등을 지정한다.

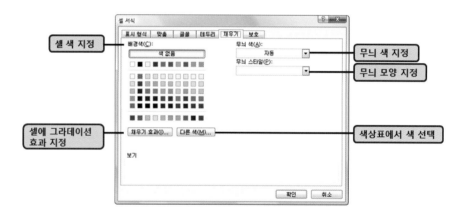

셀 색 지정

셀에 그라데이션 효과 지정

무늬 색 지정

무늬 모양 지정

색상표에서 색 선택

셀 서식은 전체 셀 및 각각의 셀에 대한 속성을 지정한다. B3 셀에서 J3 셀까지 블록을 지정한 후 마우스 오른쪽 버튼을 누른 후 셀 서식을 클릭한다.

셀 서식 대화상자가 나타나면 채우기 탭을 선택하여 채우기 효과 버튼을 클릭한
다. 채우기 효과 상자에서 색 2를 노란색으로 지정하고 음영 스타일을 가로로 지
정한 후 적용을 누른 후 [확인] 버튼을 클릭한다.

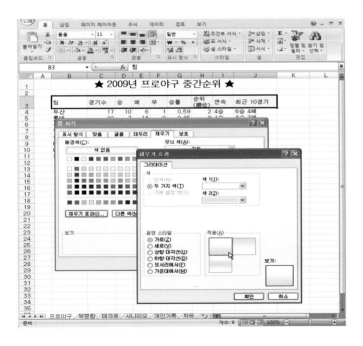

셀 서식 대화상자에서 글꼴 탭을 선택한 후 글꼴 스타일에서 굵게 지정한다.

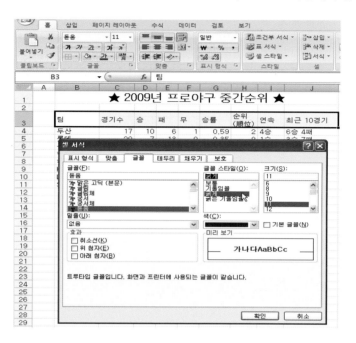

B3 셀에서 J11 셀까지 블록을 지정하고 셀 서식 대화상자에서 테두리 탭을 클릭한다. 테두리에서 선 스타일을 선택하고 미리 설정에서 윤곽선, 안쪽을 선택한다.

셀 서식 대화상자에서 선 스타일의 오른쪽 굵은 선을 선택하고 테두리에서 아래쪽 선을 선택 후 확인 버튼을 누르면 전체 표에서 아래 선부분만 굵은 선으로 지정된다.

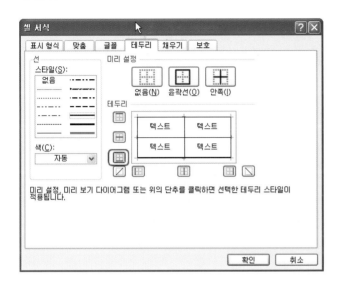

다음 그림은 문자, 숫자, 특수문자를 입력한 후 셀 서식을 적용하여 2009년 프로야구 중간순위를 표로 나타낸 것이다.

④ 자동 채우기

자동 채우기 기능에는 숫자 자동 채우기, 문자 자동 채우기, 날짜 자동 채우기, 문자와 숫자 혼합 자동 채우기와 사용자가 특정한 목록을 만들어 사용하는 사용자 지정 목록 채우기가 있다.

1) 숫자 자동 채우기

숫자 자동 채우기는 처음에 시작하는 숫자 데이터를 입력한 후 필요한 데이터 값
만큼 블록으로 감싼 다음 채우기 핸들을 이용하여 드래그하면 숫자가 자동으로
채워진다. 복사의 역할도 같이 해주는 결과이다.

만약 일정한 증가치를 갖는 배수의 형태로 입력하고 싶을 때에는, 처음 시작 값
두 개를 먼저 입력한 후 자동 채우기 핸들을 이용하여 드래그하면 숫자가 자동으
로 채워진다.

그리고 처음의 시작 값에서 Ctrl을 누르고 채우기 핸들을 이용하여 드래그하면 데
이터가 1씩 증가하게 된다.

① 숫자 1을 먼저 입력하고 채우기 핸들을 이용하여 드래그한다.

② 처음 숫자 1과 2를 먼저 입력하고 자동 채우기 핸들을 이용하여 숫자 10까지
   자동 채우기 한다.

③ 숫자 1을 먼저 입력하고 [Ctrl]을 누르고 채우기 핸들을 이용하여 드래그해서 숫
자 10까지 자동 채우기를 한다.

④ 숫자 1을 먼저 입력하고 필요한 영역만큼 감싼 후 리본 메뉴 [홈] 탭에서 [편집]
그룹에서 [채우기]−[계열]을 선택한다. 방향에서는 열을 선택하고 유형에서는
[선형]을, 선택 단계 값에서는 처음 값: 1을 입력하고 종료 값: 10을 입력하면 1
부터 10까지 또 다른 방법으로 자동 채우기를 사용할 수 있다.

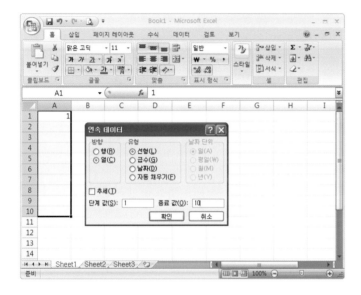

⑤ 숫자 자동 채우기로 먼저 똑같은 숫자를 필요한 만큼 채우기 한 후, [채우기 옵
션] 단추를 클릭하여 [연속 채우기] 버튼을 이용하면 채우기 값을 쉽게 변경할
수 있다.

2) 문자 자동 채우기

문자 자동 채우기는 특정한 문자열을 입력한 후 채우기 핸들을 이용하여 필요한
셀만큼 드래그하는 방법도 있고, [Ctrl]을 누른 상태에서 필요한 만큼 채우기 핸들
을 이용하여 채우기 하는 방법이 있는데 두 가지 방법 모두 결과는 같다.
만약 문자와 숫자가 함께 있는 경우라면 문자는 그대로 있고 숫자만 증가하게
된다.

① 문자만 있는 경우 자동 채우기

	A	B	C
1	컴퓨터 활용		
2	컴퓨터 활용		
3	컴퓨터 활용		
4	컴퓨터 활용		
5	컴퓨터 활용		
6	컴퓨터 활용		
7	컴퓨터 활용		
8	컴퓨터 활용		
9			
10			

② 문자와 숫자가 함께 있는 경우 자동 채우기

	A	B	C
1	컴퓨터 활용 2007		
2	컴퓨터 활용 2008		
3	컴퓨터 활용 2009		
4	컴퓨터 활용 2010		
5	컴퓨터 활용 2011		
6	컴퓨터 활용 2012		
7	컴퓨터 활용 2013		
8	컴퓨터 활용 2014		
9			
10			

3) 날짜 채우기

날짜 채우기는 특정한 날짜를 입력하고 원하는 셀만큼 드래그하는 방법이 있는데, 이때 날짜는 1일씩 증가하게 되고, Ctrl을 누른 상태에서 필요한 만큼 채우기 핸들을 이용하면 똑같은 날짜로 복사하게 된다. 또한 첫 번째 날짜와 두 번째 날짜를 입력한 후 필요한 날짜만큼 채우기 핸들을 이용하여 채우기 하면 날짜의 간격을 유지하면서 채우기가 이루어진다.

① 특정한 날짜를 입력한 후 드래그하여 날짜를 1일씩 증가하여 채우기

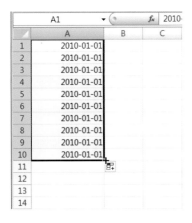

② 특정한 날짜를 입력한 후, [Ctrl]을 누른 상태에서 드래그하여 같은 날짜 복사

③ 첫 번째 날짜와 두 번째 날짜를 입력한 후 일정한 날짜의 간격을 유지하면서 채우기

4) 사용자 지정 목록 채우기

(1) 목록에 있는 항목 채우기

사용자 지정에 있는 목록의 종류는 아래와 같으며 이 경우는 문자 자동 채우기와 같이 채우기 핸들을 드래그하여 사용할 수 있다.

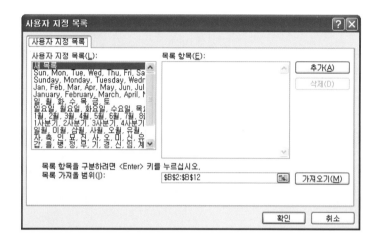

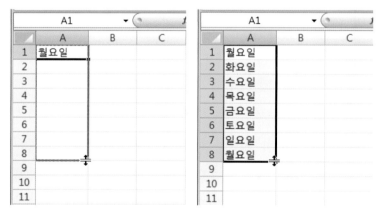

(2) 목록에 없는 항목 채우기

① 목록에 없는 항목은 사용자 정의 목록 데이터를 입력하고 [추가]하여 목록을 만든 후에 사용해야하며, 사용자 목록은 리본 메뉴 [홈] 탭에서 [편집] 그룹의 [정렬 및 필터]-[사용자 지정정렬]을 선택한 후 [정렬]에서 [사용자 지정목록]을 선택하면 된다.

② 사용자 지정 목록에서는 '목록항목'에 필요한 데이터를 입력하고 '추가' 버튼
을 클릭하거나, Enter↵ 키를 쳐서 사용자 지정 목록에 등록한다.

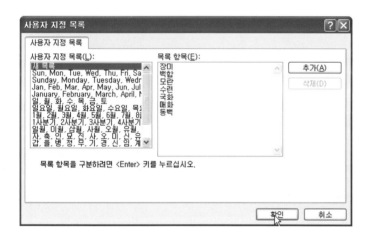

③ '장미' 문자열을 입력한 후 문자 데이터처럼 자동 채우기 핸들을 이용하여 원하
는 부분까지 드래그하면, 사용자가 지정한 문자열로 자동 채우기를 할 수 있다.

Tip | 사용자 지정 목록을 다른 방법으로 만들기

① [Office] 단추를 누르고 맨 하단에 있는 [Excel 옵션]을 클릭한다.

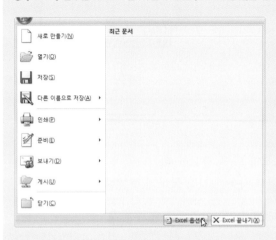

② [기본 설정]에서 [사용자 지정 목록 편집]을 클릭하여 [확인] 버튼을 누른 후 [사용자 지정 목록]
이 나타나면 이전에 학습한 방법대로 필요한 항목을 입력하면 쉽게 사용자 목록에 추가할 수
있다.

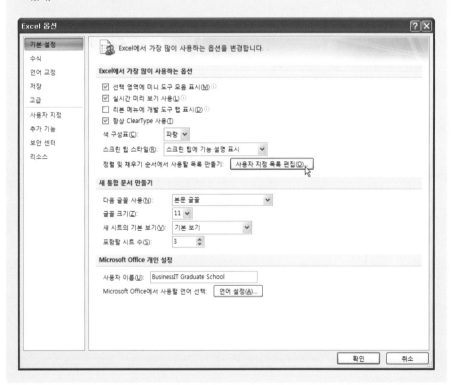

❺ 데이터 편집하기

1) 데이터 수정

워크시트 안에서 각 셀에 입력된 내용을 쉽게 고치는 방법은, 가장 많이 사용하는 방법으로 입력된 셀을 더블클릭하여 수정하는 방법, 기능키(F2)를 누르는 방법, 고치고자 하는 셀을 먼저 선택하고 수식 입력 줄을 클릭하여 수정하는 방법 등이 있다.

2) 셀 선택

셀을 선택하는 방법으로는, 떨어진 셀을 복수 개로 선택하고자 할 때는 [Ctrl]을 이용하고, 연속해서 셀을 선택하고자 할 때는 [Shift]를 이용한다. 또는 기능키를 이용하여 연속해서 셀을 선택하고자 할 때는 먼저 [F8]을 누르고 연속된 셀의 마지막 위치에서 클릭하게 되면 연속된 셀을 쉽게 선택할 수가 있다.
[F8]을 누르게 되면 작업표시줄 하단에 '선택 영역 확장' 이라고 표시됨을 확인할 수 있다.

3) 셀 이동하기

키(Key)	설명
[←], [→], [↑], [↓]	현재 셀에서 방향으로 왼쪽, 오른쪽, 위쪽, 아래쪽으로 이동
[Tab]	현재 셀에서 오른쪽으로 이동
[Shift]+[Tab]	현재 셀에서 왼쪽으로 이동
[Ctrl]+[←], [→], [↑], [↓]	현재 셀에서 방향으로 가장 왼쪽, 오른쪽, 위쪽, 아래쪽으로 이동
[Home]	현재 행의 시작 셀
[End]+[←], [→], [↑], [↓]	현재 셀에서 방향으로 가장 왼쪽, 오른쪽, 위쪽, 아래쪽으로 이동 (= [Ctrl]+[←], [→], [↑], [↓]과 같은 명령의 효과)
[Ctrl]+[Home]	워크시트의 시작 셀(A1)으로 이동
[Page Up]	한 화면 위쪽으로 이동
[Page Down]	한 화면 아래쪽으로 이동
[Ctrl]+[Page Up]	현재 Sheet에서 이전 Sheet로 이동
[Ctrl]+[Page Down]	현재 Sheet에서 다음 Sheet로 이동

쉽게 풀어쓴 컴퓨터 활용

실습문제 ❶

다음 그림에서 보는 바와 같이 문서를 작성하시오.

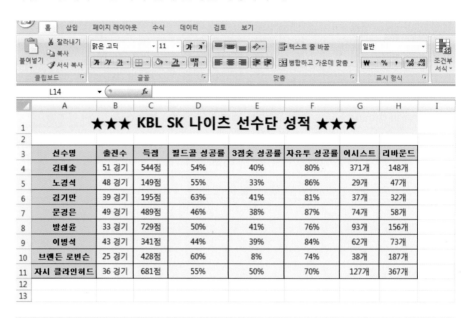

▶ 처리 조건

- KBL SK 나이츠 선수단 성적 : 맑은고딕, 20pt, 굵게
- 서식 : 맑은고딕, 11pt
- 제목(A1:H1) : 파랑, 강조 1, 80% 더 밝게
- 선수명 타이틀(A3:A11, A3:H3) : 주황, 강조 6, 60% 더 밝게
- 내용 데이터 : 황록색, 강조 3, 80% 더 밝게
- 테두리와 나머지는 출력형태와 동일하게

실습문제 ❷

다음 그림에서 보는 바와 같이 문서를 작성하시오.

NO	제 목	판 매 량		
		교보문고	영풍문고	YES문고
1	바람의화원 (1)	5,348	5,241	5,463
2	서른 살이 심리학에 묻다	5,460	5,348	5,452
3	사람풍경	5,809	5,795	4,309
4	20대, 나만의 무대를 세워라	4,770	4,624	4,698
5	꿈꾸는 다락방	4,908	5,041	5,164
6	내 아버로부터의 꿈	5,018	4,921	5,078
7	하악하악	6,874	6,745	6,787
8	신2	6,750	6,554	6,423
9	배려	7,308	7,102	7,254
10	경청	8,671	8,965	8,756
11	개를 훔치는 완벽한 방법	8,698	8,612	8,465
12	엄마를 부탁해	7,800	7,754	7,654
13	당신의 조각들	8,700	8,864	8,945
14	아내가 결혼했다	8,942	8,865	8,146
15	흐르는 강물처럼	8,604	8,464	8,354

▶ 처리 조건

• 도서 총 판매량 : 굴림, 20pt, 굵게

• 서식 : 맑은고딕, 11pt

• 제목(A2:G2) : 바다색, 강조 5, 40% 더 밝게

• 선수명 타이틀(A4:A20, A4:G5) : 파랑, 강조 1, 40% 더 밝게

• 내용 데이터 : 빨강, 강조 2, 80% 더 밝게

• 테두리와 나머지는 출력형태와 동일하게

3.2 워크시트 및 문서 관리

❶ 워크시트 관리

워크시트 관리에서는 입력시 셀의 너비가 모자랐을 때 셀의 너비를 확장하는 법, 셀의 높이를 확장하는 법, 행과 열을 삽입하고 삭제하는 법, 행/열 숨기기 등에 대해서 학습한다. 또한 워크시트를 삽입하고 삭제하는 방법과 워크시트 이름 바꾸기, 복사, 이동 등에 대해서 학습하고, 메모를 삽입하여 필요한 내용을 쪽지에 담고 삽입된 메모의 내용을 편집, 삭제할 수 있는 명령에 대해서도 학습하기로 한다.

판매된 책 제목과 장르 및 판매량에 대한 내용을 만들어보자.

1) 열의 너비 지정

열이란 A, B, C, D 등의 세로를 일컫는다. 각 열의 간격을 조절할 때는 세 가지 방법이 있는데 첫 번째는 마우스로 A열과 B열의 경계선을 드래그하여 간격을 조절하는 방법이다. 두 번째는 A열과 B열의 경계선에서 더블클릭을 한다. 세 번째는 리본 메뉴 [홈] 탭에서 [셀]-[서식] 아이콘을 클릭하여 열 너비를 선택하여 열의 간격을 입력하면 된다. 워크시트에서는 열 너비를 0~255로 지정할 수 있으며 이 값은 서식이 지정된 셀에 표시할 수 있는 문자수이며 각 셀의 기본 열 너비는 8.38자이다. 만약 열 너비를 0으로 설정하면 해당 열은 숨겨지게 된다.

① 아래와 같은 데이터가 입력되어 있을 경우 '제목' 열과 '장르' 열의 너비가 모자라는 것을 확인할 수 있다.

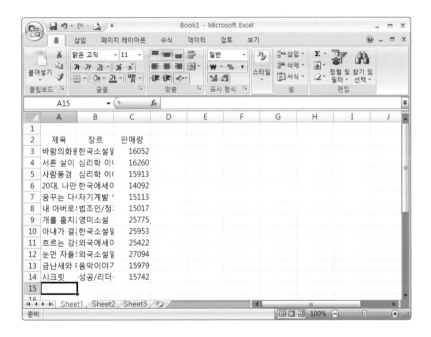

② 제목인 'A' 열의 경우 'A' 열과 'B' 열의 경계선을 조금씩 드래그하여 열 너비를 넓힌다.

쉽 게 풀 어 쓴 컴 퓨 터 활 용

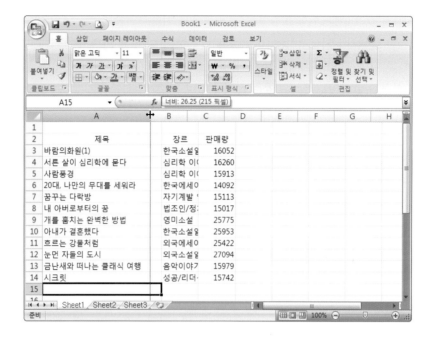

③ '장르' 너비는 열 너비를 직접 입력하는 방법으로 B열 아무 곳에 셀 포인터를
위치시키고 리본 메뉴 [홈] 탭에서 [셀]-[열 너비]를 선택하여 열의 너비를 '15'
로 입력하여 넓힌다.

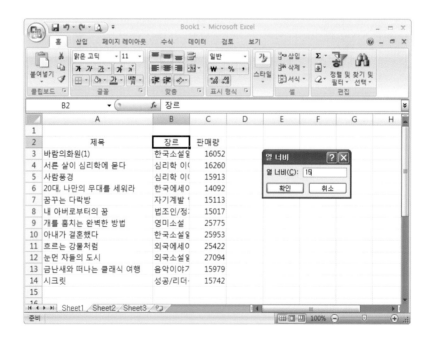

2) 행의 높이 지정

행은 1, 2, 3, 4 등의 가로를 일컫는다. 각 행의 높이를 조절할 때는 열의 너비를 지정하는 것과 같이 세 가지 방법이 있다.

첫 번째는 마우스로 1행과 2행의 경계선을 드래그하여 간격을 조절하는 방법이다. 두 번째는 1행과 2행의 경계선에서 더블클릭을 한다. 세 번째는 리본 메뉴 [홈] 탭에서 [셀]-[서식] 아이콘을 클릭하여 [행 높이]를 선택하여 행의 높이를 입력하면 된다. 워크시트에서 행 높이는 0~409까지 지정할 수 있으며 이 값은 포인트 단위의 높이 측정값으로 기본 행 높이는 16.5포인트이다. 만약 행 높이를 0으로 설정하면 해당 행은 숨겨지게 된다. 열의 너비와 동일한 형식으로 하면 된다.

3) 행/열 삽입하기

현재 위치한 셀 바로 앞에 한 개의 행/열을 삽입하고자 한다면 해당 셀 '행/열 머리글'을 선택하고 바로가기 단축키 (Ctrl+[+])를 누르거나, 마우스 우측 버튼을 이용해서 삽입할 경우 바로가기 메뉴에서 [삽입]을 클릭한다. 그리고 리본 메뉴 [홈] 탭의 [셀]-[삽입 아이콘]을 클릭한 다음 시트 [행/열 삽입]을 클릭하면 된다.

또한 선택영역을 지정한 후 마우스 우측 버튼을 이용해서 삽입할 경우 바로가기 메뉴에서 [삽입]을 클릭한 후 삽입 옵션 대화상자에서 셀을 왼쪽으로 밀기, 셀을 위로 밀기, 행 전체 또는 열 전체를 선택하여 클릭하여도 된다.

열을 빠르게 삽입하기 위해서 먼저 'C' 열 머리글을 선택한 후 Ctrl+[+]을 눌러도 좋고, 마우스의 우측버튼을 이용하거나, 단축키를 사용하지 않고 메뉴를 사용하는 경우라면, 리본 메뉴 [홈] 탭에서 [셀]-[삽입] 아이콘을 클릭한 다음 [시트 열 삽입]을 클릭하여도 좋다.

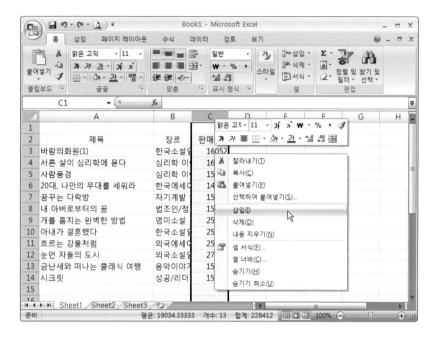

4) 행/열 삭제하기

현재 위치한 셀 바로 앞에 한 개의 행/열을 삭제하고자 한다면 해당 셀 '행/열 머리글'을 선택하고 바로가기 단축키 (Ctrl+-)를 누르거나, 마우스 우측 버튼을 이용해서 삭제할 경우 바로가기 메뉴에서 [삭제]를 클릭한다. 그리고 리본 메뉴 [홈] 탭의 [셀]-[삭제 아이콘]을 클릭한 다음 시트 [행/열 삭제]를 클릭하면 된다.

또한 선택영역을 지정한 후 마우스 우측 버튼을 이용해서 삽입할 경우 바로가기 메뉴에서 [삭제]를 클릭한 후 삽입 옵션 대화상자에서 셀을 왼쪽으로 밀기, 셀을 위로 밀기, 행 전체 또는 열 전체를 선택하여 클릭하여도 된다. 삭제 시 주의해야 할 점은 행이나 열이 삭제되는 경우에는 다른 행이나 열이 자동으로 위쪽이나 왼쪽으로 이동되는 것에 주의해야 한다.

열을 빠르게 삭제하기 위해서 먼저 'C' 열 머리글을 선택한 후 Ctrl+-를 눌러도 좋고, 마우스의 우측버튼을 이용하거나, 단축키를 사용하지 않고 메뉴를 사용하는 경우라면, 리본 메뉴 [홈] 탭에서 [셀]-[삭제] 아이콘을 클릭한 다음 [시트 열 삭제]를 클릭하여도 좋다

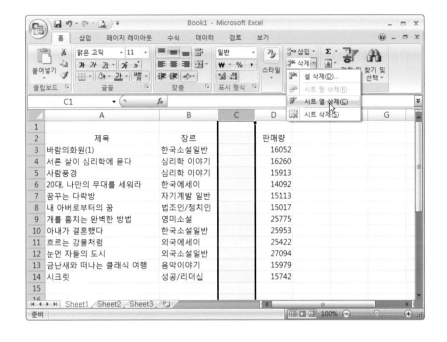

5) 행/열 숨기기

행/열 숨기기 명령은 현재 사용 중인 셀의 내용을 일시적으로 안보이게 할 수 있
는 명령으로 필요 없는 셀을 지워서 완전히 삭제하는 것이 아니라 나중에 사용할
목적으로 잠시 숨기는 명령이다. 숨겨진 셀은 숨기기 취소 명령을 이용하여 해제
할 수 있다.

행과 열을 숨기기 위해서는 행의 높이나 열 너비를 0으로 변경하거나, 원하는 행
과 열을 선택한 후에 마우스 오른쪽 버튼을 눌러 숨기기를 선택한다. 또는 리본
메뉴 [홈] 탭 [셀]-[서식]-[숨기기 및 숨기기 취소] 항목을 선택하여 해당 명령을
클릭하면 된다.

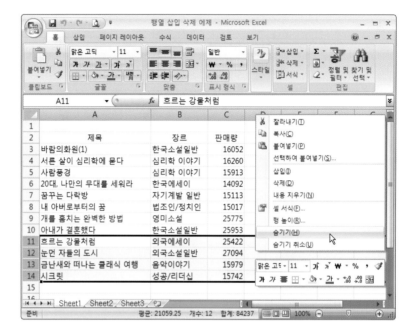

6) 행/열 숨기기 취소

숨겨진 행/열을 표시하려면 표시하려는 행의 위쪽 행과 아래쪽 행을 선택하거나, 숨겨진 열의 양쪽에 인접한 열을 선택하면 된다. 또는 'A'열과 '1'행 왼쪽의 모서리 전체 범위 선택을 클릭하여 마우스 오른쪽 버튼을 눌러 숨기기 취소를 선택하거나 리본 메뉴 [홈] 탭 [셀]-[서식]-[숨기기 및 숨기기 취소] 항목을 선택하여 해당 명령을 클릭하면 된다.

7) 새 워크시트 삽입

엑셀 통합문서에는 기본적으로 세 개의 워크시트가 제공되는데 사용자의 작업 양
에 따라서 워크시트를 삽입할 수 있다.

작업하는 기존 워크시트 앞에 새 워크시트를 삽입하려면 먼저 해당 워크시트를
선택하고 마우스 오른쪽 버튼을 누르고 [삽입]을 누르고 [일반] 탭에서
[Worksheet]를 클릭하고 [확인]을 클릭하면 된다. 또는 리본 메뉴 [홈] 탭의 [셀]
그룹에서 [삽입]-[시트삽입]을 클릭하거나 바로가기 단축키(Shift+F11)를 사용해
도 된다.

삽입 대화상자가 나오면 Worksheet 아이콘을 누른 후 [확인] 버튼을 누른다.

8) 워크시트 이름 변경

현재 사용하는 시트의 이름을 변경할 때는 변경하고자 하는 시트를 선택하고 마
우스 오른쪽 버튼을 클릭하여 [이름 바꾸기]를 클릭하거나, 변경하고자하는 시트
탭을 가볍게 더블클릭하여도 이름 바꾸기가 가능하다.

9) 워크시트 복사/이동

현재 사용하는 시트를 하나 더 복사하려고 한다면 복사하고자 하는 시트를 선택하고 마우스 오른쪽 버튼을 클릭하고 [이동/복사]를 클릭하여 [복사본 만들기]에 체크(√) 표시를 하거나, 복사하고자 하는 시트에서 Ctrl를 누르고 복사할 위치로 드래그하여도 된다.

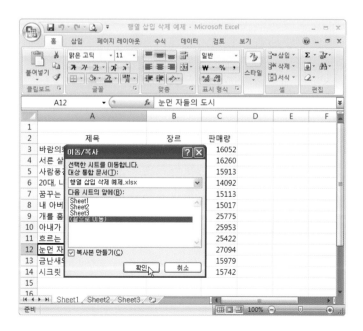

현재 사용하는 시트를 다른 위치로 이동할 때는 이동하고자 하는 시트를 선택하
고 마우스 오른쪽 버튼을 클릭하고 [이동/복사]를 클릭하여 이동할 시트의 위치를
선택하거나, 이동하고자 하는 시트에서 이동할 위치로 드래그하여도 된다.

10) 워크시트 삭제

필요 없는 워크시트를 삭제할 때는 삭제하고자 하는 워크시트에 마우스를 위치시
킨 후 리본 메뉴 [홈] 탭의 [셀]그룹에서 [삭제]-[시트 삭제]를 클릭한다.
또는 삭제하고자 하는 시트를 선택하고 마우스 오른쪽 버튼을 클릭하여 [삭제]를
클릭하면 된다.

Tip | 한 번에 여러 개의 워크시트를 삽입하고자할 때는 Shift 키를 눌러서 워크시트를 선택한
채로 마우스 오른쪽 버튼을 누르고 [일반]탭에서 [Worksheet]를 클릭하고 [확인]을 클릭하여 워크
시트를 삽입하게 되면 선택한 만큼의 워크시트가 삽입하게 된다.
워크시트는 기본적으로 3개가 제공되는데 워크시트 개수를 변경하여 늘리고자 한다면 [Office] 단
추를 누르고 [Excel 옵션]을 선택하고 [기본설정]에서 [포함할 시트의 수]를 지정하면 된다.

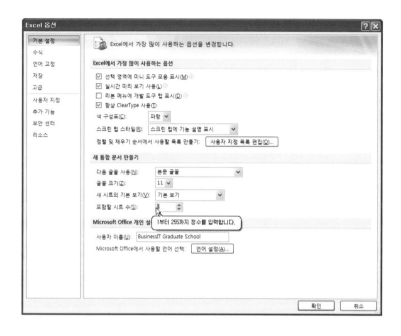

11) 메모 삽입

특정한 셀에 메모를 삽입하여 추가할 수 있다. 메모를 삽입하기 위해서는 메모를 추가할 셀을 클릭한 후, 리본 메뉴 [검토]탭의 [메모]-[새 메모]를 클릭하거나, 마우스 오른쪽 버튼을 클릭하여 [메모 삽입]을 클릭한다. 바로가기 단축키(Shift +F2)를 사용해도 된다.

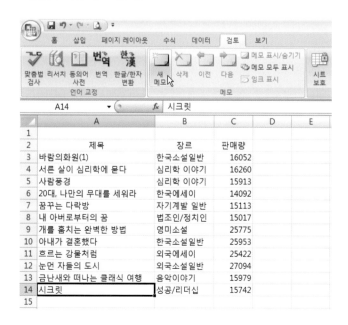

12) 메모 편집

메모에 편집할 내용이 있을 때에는 메모가 들어있는 셀을 선택하여 리본 메뉴 [검토]탭의 [메모]-[메모 편집]을 클릭하거나, 마우스 오른쪽 버튼을 클릭하여 [메모 편집]을 클릭하면 된다.

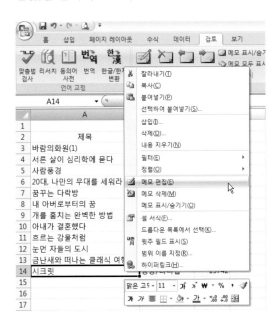

13) 메모 삭제

삽입된 메모가 더 이상 필요 없을 때에는 리본 메뉴 [검토]탭의 [메모]-[삭제]를 클릭하거나, 마우스 오른쪽 버튼을 눌러서 [메모 삭제]를 눌러서 메모를 삭제할 수 있다.

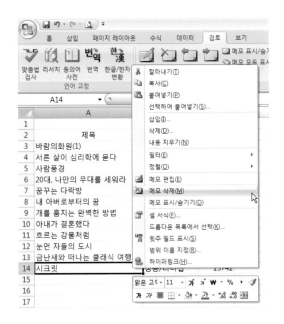

❷ 문서 관리

워크시트에 입력된 문서를 하드디스크 드라이브나 네트워크 위치, 이동디스크 (USB 메모리), CD, 바탕 화면 또는 자신이 원하는 특정 위치의 폴더를 선택하여 파일을 저장할 수 있다. 또한 입력된 파일을 사본으로 저장하기 위해서 다른 이름 으로 저장할 수 있으며, 저장하는 파일의 형식을 변환하여 저장할 수도 있다.

1) 파일 저장하기

(1) 통합 문서 저장하기

① 워크시트에 데이터를 입력한 후 오피스 단추(🔘)를 클릭한 후 [저장]을 클릭하 거나 오피스 단추 바로 옆의 [빠른 도구 실행 모음]의 저장 아이콘(💾)을 클릭 한다.

② 먼저 저장할 위치(폴더)를 선택하고 파일이름으로 사용할 '종합 베스트셀러'를 입력하고 [저장] 버튼을 클릭한다.

(2) 다른 이름으로 저장

입력된 문서의 저장을 마치고 또 하나의 새로운 복사본을 만들거나, 다른 폴더에 저장하기 위해서는 [다른 이름으로 저장]을 사용한다.

① 같은 폴더에 저장하려면 오피스 단추( )를 클릭한 후 다른 이름으로 저장을 클릭하여 파일명을 지정한다.

② 다른 폴더에 저장하려면 저장위치 목록에서 다른 드라이브를 클릭하거나 폴더 목록에서 다른 폴더를 클릭하면 된다. 만약 복사본을 새로운 폴더를 만들어 저장하고자 한다면 [새폴더 만들기]를 클릭하여 폴더 이름을 입력하여 지정하면 된다.

Tip | 엑셀은 여러 가지 형식으로 저장할 수 있다.

문서 복사본 저장

Excel 통합 문서(X)
기본 파일 형식으로 통합 문서를 저장합니다.

Excel 매크로 사용 통합 문서(M)
XML 기반 및 매크로 사용 파일 형식으로 통합 문서를 저장합니다.

Excel 바이너리 통합 문서(B)
신속하게 로드하고 저장할 수 있도록 최적화된 바이너리 파일 형식으로 통합 문서를 저장합니다.

Excel 97-2003 통합 문서(9)
Excel 97-2003과 완전히 호환되는 통합 문서의 복사본을 저장합니다.

다른 파일 형식에 대한 추가 기능 찾기(F)

다른 형식(O)
[다른 이름으로 저장] 대화 상자를 열어 사용 가능한 모든 파일 형식에서 선택합니다.

- Excel 통합 문서(*.xlsx) : 일반적인 엑셀 2007 형식으로 저장한다.
- Excel 매크로 사용 통합 문서(*.xlsm) : 매크로를 포함하는 XML 기반의 엑셀 2007 형식으로 저장한다.
- Excel 바이너리 통합 문서(*.xls) : 기존의 엑셀 97-엑셀 2003 형식으로 저장한다.
- 다른 파일 형식에 대한 추가 기능 찾기 : Excel 도움말 대화상자가 나타나면서 여러 형식의 추가 기능 설치에 대한 것들을 알 수 있다.
- 다른 형식 : 여러 형식(*.txt, *.csv)으로 저장한다.

(3) 웹페이지 변환

학생들이나 일반인 혹은 관련자들의 확인을 위해서 홈페이지에 게시해야 할 경우 등에 사용되는 것으로 새로이 웹페이지를 작성하는 것이 아니라 엑셀에서 쉽게 웹페이지로 변환할 수 있다.

① 웹페이지로 변환하기 위해서는 웹페이지 형식으로 저장해야한다. 오피스 단추(🔘)를 클릭한 후 [다른 이름으로 저장]-[다른 형식]을 선택한다.

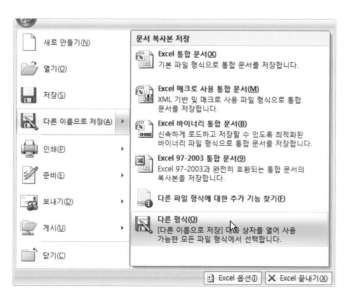

② 다른 이름으로 저장 대화상자가 나타나면 파일 형식에서 웹 보관파일
(*.mht;*.mhtml)을 선택한 후 [게시] 버튼을 클릭한다.

③ 웹페이지로 게시 대화상자가 나타나면 통합 문서 저장할 때 웹페이지 자동 업
데이트 체크박스와 브라우저에서 게시한 웹페이지 열기 체크박스를 선택한 후
[게시] 버튼을 클릭한다.

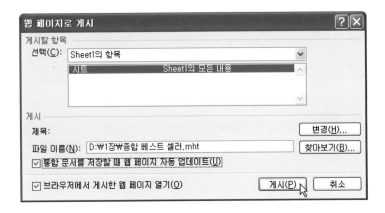

④ 다음과 같이 저장된 내용이 웹브라우저에 바로 출력된다.

제목	장르	판매량
바람의화원(1)	한국소설일반	16052
서른 살이 심리학에 묻다	심리학 이야기	16260
사람풍경	심리학 이야기	15913
20대, 나만의 무대를 세워라	한국에세이	14092
꿈꾸는 다락방	자기계발 일반	15113
내 아버로부터의 꿈	법조인/정치인	15017
개를 훔치는 완벽한 방법	영미소설	25775
아내가 결혼했다	한국소설일반	25953
흐르는 강물처럼	외국에세이	25422
눈먼 자들의 도시	외국소설일반	27094
금난새와 떠나는 클래식 여행	음악이야기	15979
시크릿	성공/리더십	15742

2) 통합문서 불러오기

저장된 문서를 불러오기 위해서 두 가지 방법이 가장 많이 사용된다.

첫 번째는 오피스단추를 클릭하여 [열기]를 선택하고 찾고자하는 파일위치의 폴더 및 드라이브를 클릭하여 파일을 선택하는 방법이고 두 번째는 바로가기 단축키 Ctrl+O를 이용하여 폴더목록에서 파일이 들어있는 폴더를 찾아서 파일을 선택하는 방법이다.

만약 파일 열기에서 파일을 읽기전용으로 열게 되면 문서에 저장된 원본파일을 열어서 볼 수는 있지만 문서의 내용을 변경하여 저장할 수는 없다. 또 파일 열기에서 참고적으로 알아야할 사항은 파일을 여는 대화상자는 사용 중인 프로그램(Excel)에 대해서만 파일 목록을 보여주고 다른 응용프로그램 파일은 보여주지 않는 것이다.

다음 그림은 오피스단추( )를 클릭하여 [열기]를 선택하고 찾고자하는 파일위치의 폴더 및 드라이브를 클릭하여 파일을 선택하는 방법을 나타낸 것이다.

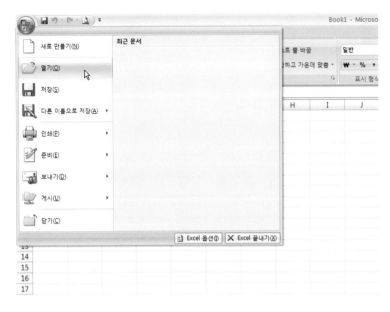

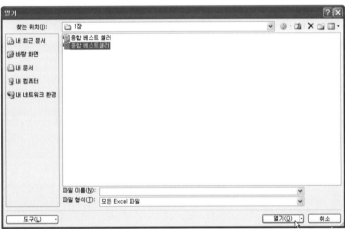

Tip | 만약 오피스단추()만 클릭하여도 오피스단추() 우측에 있는 '최근문서'에 파일이 남아있다면 한번 클릭하여 빠르게 엑셀통합문서를 열 수 있다.

실습문제 ❶

다음 그림에서 보는 바와 같이 문서를 작성하시오.

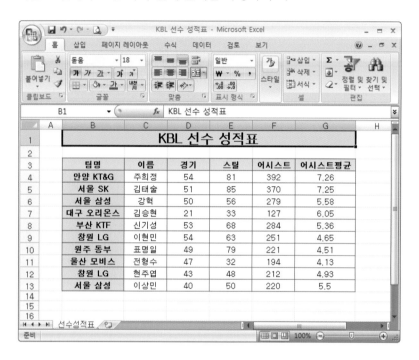

▶ 처리 조건

• KBL 선수 성적표 : 돋움, 18pt, 굵게
• 서식 : 돋움, 11pt
• 제목(B1:G1) : 주황, 강조 6, 60% 더 밝게
• 팀명 타이틀(B3:G3) : 황록색, 강조 3, 60% 더 밝게
• 팀명 타이틀(B4:B13) : 진한파랑, 텍스트 2, 60% 더 밝게
• 행 높이 : 17
• 시트명 : 선수성적표
• 파일명 : KBL 선수 성적표

실습문제 ❷

다음과 같이 [실습문제 1]의 결과를 웹페이지로 변환하여 브라우저에 표시하시오.

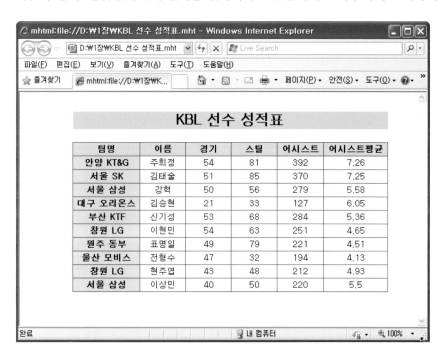

3.3 엑셀의 기본 사용법

❶ 조건부 서식

조건부 서식은 특정한 셀에 대해서만 서식을 설정하고자 할 때 사용하며 셀에 입력된 글자에 관련된 각종 서식, 테두리 셀의 배경색 등을 설정한다. 그리고 조건에 따라서 데이터 막대, 색조 및 아이콘들을 이용하여 데이터 값을 시각적으로 표현한다.

다음은 등급별 판매량 통계표를 나타낸 것이다. 총 판매량에 대하여 조건부 서식 중 데이터 막대를 적용한 결과 화면이다.

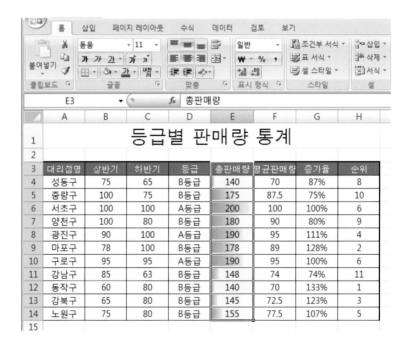

등급별 판매량 통계표에서 총 판매량 셀들을 선택한다.

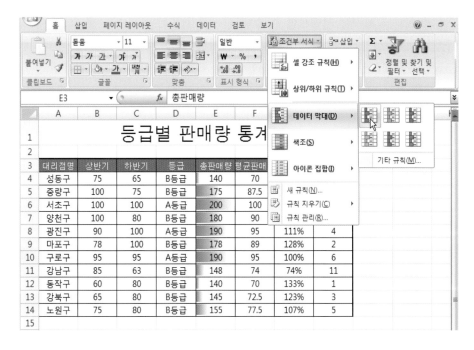

[홈] 탭 메뉴에서 스타일 그룹에 있는 조건부 서식 드롭 버튼을 클릭하여 데이터 막대 항목 중 하나를 선택한다. 총 판매량 데이터 값은 조건부 서식이 자동으로 적용되어 그래프의 길이가 데이터 값에 따라 상대적으로 달라진다.

다음은 총 판매량에 대한 조건부 서식에서 아이콘을 이용하여 나타낸 것이다. 총 판매량 데이터 값에 따라 아이콘 모양이 바뀌는 것을 나타낸 것이다.

❷ 자동 서식

자동 서식은 표 모양의 셀 범위에 미리 만들어 준 서식으로 여러 서식 중에서 사용자가 원하는 서식을 선택하면 표에 대한 여러 서식이 한꺼번에 적용된다. 자동 서식의 메뉴 설정은 오피스단추(⊞)를 눌러서 Excel 옵션(I) 버튼을 클릭하면 Excel 옵션 대화상자가 나타난다. 대화상자에서 사용자 지정을 선택하고 모든 명령의 자동 서식을 선택하여 추가한다.

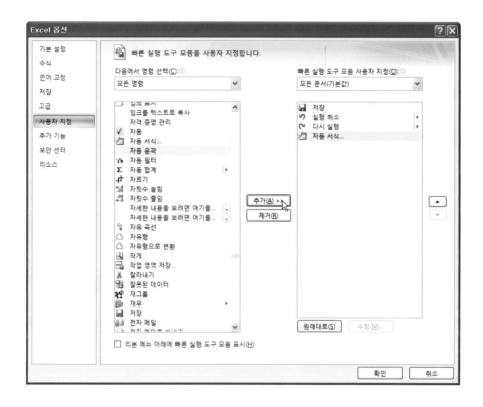

오피스단추 옆에 자동 서식 아이콘을 클릭하면 자동 서식 대화상자가 나타난다. 여러 형태의 자동 서식 중 하나를 선택하고 확인 버튼을 누르면 해당 서식으로 바 뀐다.

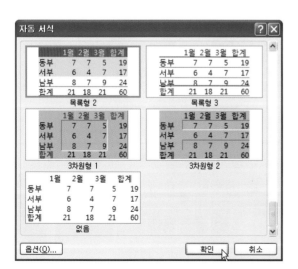

아래 그림은 자동 서식을 적용한 결과 화면을 나타낸 것이다.

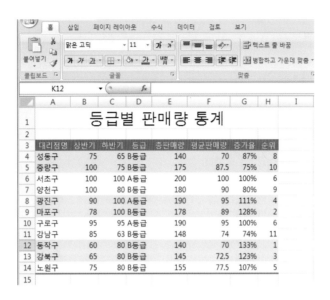

❸ 표 서식

표 서식은 표의 서식을 변경하는 기능으로 [홈] 탭의 스타일 그룹에서 표 서식을
클릭하면 다양한 형태의 표 스타일이 나타난다.

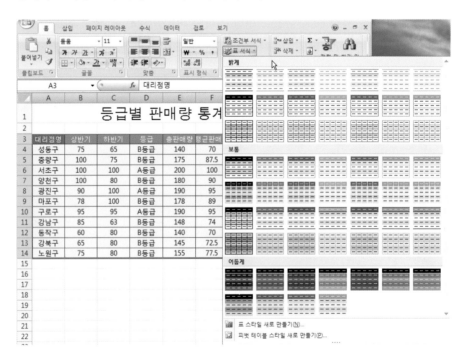

표 스타일 보통 25를 선택하면 해당 표 스타일이 나타난다. 표 제목마다 드롭다운 버튼이 있으며 각 항목의 드롭다운 버튼을 누르면 오름차순 정렬, 내림차순 정렬, 색 기준 정렬, 숫자 필터 등 다양한 기능이 제공된다.

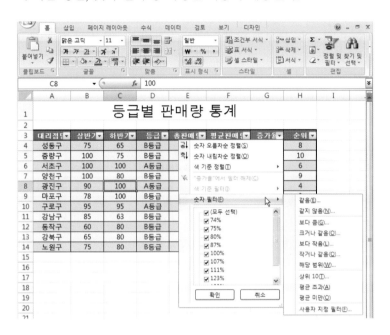

다음은 표 서식에서 증가율에 대한 숫자 필터를 평균 초과하는 항목만을 정렬하여 나타낸 것이다.

실습문제 ❶

다음 그림에서 보는 바와 같이 문서를 작성하시오. 조건부 서식으로 적용할 수 있는 유형은 데이터 막대 외에도 색조 또는 아이콘 집합으로 설정할 수 있다. 다음 예는 조건부 서식이 적용된 유형이다.

지역별 매출실적

지역별	매출액
서울	320,000
경기	250,000
강원	180,000
충남	250,000
충북	210,000
경남	150,000
경북	140,000
제주	80,000

직업별 매출실적

구분	매출액
초등학생	1,200
중,고등학생	2,300
대학생	30,000
대학원생	181,000
직장인	523,000
자영업	340,000
주부	11,000
기타	800

세부항목별 매출실적

구분	신사복		숙녀복		아동복		소품	
해외영업	⇨	89	⬇	67	⇨	85	⬇	77
국내영업	⬆	100	⬇	80	⬆	99	⇨	90
컨설턴트	⇨	89	⇨	94	⬆	110	⬆	101
영업관리	⇨	90	⇨	93	⬆	96	⬇	81

▶ 처리 조건

• 지역별 매출 실적 : 매출이 높은 지역은 붉은색 계열로, 매출이 낮은 지역은 녹색 계열로 설정한다.
• 직업별 매출 실적 : 조건부 서식의 다른 유형으로 매출이 높은 상위 3개 항목에 색조를 적용한다.
• 세부항목별 매출 실적 : 아이콘 방향으로 매출 실적이 높은지, 낮은지를 확인할 수 있다.

실습문제 ❷

다음 그림에서 보는 바와 같이 표 서식을 작성하시오.

	A	B	C	D	E	F	G	H	I	J	K
1	분류	상품명	선택옵션	판매가	부가세	수수료	사은품	포장비	원가	배송비	마진
2	욕실용품	욕실용품 A	사워행거	₩ 3,500	₩ 3,182	₩ 350	₩ 40	₩ 270	₩ 1,520	착불	₩ 1,002
3		욕실용품 B	컵받침	₩ 4,500	₩ 4,091	₩ 450	₩ 40	₩ 270	₩ 2,160	착불	₩ 1,171
4			비누받침	₩ 4,500	₩ 4,091	₩ 450	₩ 40	₩ 270	₩ 2,160	착불	₩ 1,171
5			다용도	₩ 4,500	₩ 4,091	₩ 450	₩ 40	₩ 270	₩ 2,160	착불	₩ 1,171
6			키친타올	₩ 4,500	₩ 4,091	₩ 450	₩ 40	₩ 270	₩ 2,160	착불	₩ 1,171
7			베란다손잡이	₩ 4,500	₩ 4,091	₩ 450	₩ 40	₩ 270	₩ 2,160	착불	₩ 1,171
8		욕실용품 C	휴지걸이	₩ 5,900	₩ 5,364	₩ 590	₩ 40	₩ 270	₩ 2,800	착불	₩ 1,664
9			수건걸이	₩ 5,900	₩ 5,364	₩ 590	₩ 40	₩ 440	₩ 2,900	착불	₩ 1,394
10			일자선반	₩ 5,900	₩ 5,364	₩ 590	₩ 40	₩ 440	₩ 2,800	착불	₩ 1,494
11			코너선반	₩ 5,900	₩ 5,364	₩ 590	₩ 40	₩ 660	₩ 2,700	착불	₩ 1,374
12		욕실발판 小		₩ 4,900	₩ 4,455	₩ 490	₩ 40	₩ -	₩ 2,100	착불	₩ 1,825
13		욕실발판 +		₩ 10,900	₩ 9,909	₩ 1,090	₩ 40	₩ -	₩ 7,600	착불	₩ 1,179
14	청소용품	부직포 밀대 130P		₩ 18,000	₩ 16,364	₩ 1,800	₩ 40	₩ 440	₩ 11,600	착불	₩ 2,484
15		부직포 리필 240P		₩ 17,300	₩ 15,727	₩ 1,730	₩ 40	₩ 440	₩ 11,200	착불	₩ 2,317
16		테이프크리너	구성A	₩ 8,900	₩ 8,091	₩ 890	₩ 40	₩ 370	₩ 5,100	착불	₩ 1,691
17			구성B	₩ 8,900	₩ 8,091	₩ 890	₩ 40	₩ 370	₩ 5,200	착불	₩ 1,591
18			구성C	₩ 8,900	₩ 8,091	₩ 890	₩ 40	₩ 270	₩ 4,900	착불	₩ 1,991
19			구성D	₩ 8,900	₩ 8,091	₩ 890	₩ 40	₩ 270	₩ 5,000	착불	₩ 1,891
20			구성E	₩ 8,900	₩ 8,091	₩ 890	₩ 40	₩ 270	₩ 4,800	착불	₩ 2,091
21		행주걸레세트	A	₩ 7,200	₩ 6,545	₩ 720	₩ 40	₩ 100	₩ 3,300	착불	₩ 2,385
22			B	₩ 7,200	₩ 6,545	₩ 720	₩ 40	₩ 100	₩ 3,220	착불	₩ 2,465
23			C	₩ 7,200	₩ 6,545	₩ 720	₩ 40	₩ 100	₩ 2,750	착불	₩ 2,935
24			D	₩ 7,200	₩ 6,545	₩ 720	₩ 40	₩ 100	₩ 2,900	착불	₩ 2,785
25			E	₩ 7,200	₩ 6,545	₩ 720	₩ 40	₩ 100	₩ 2,750	착불	₩ 2,935
26			F	₩ 7,200	₩ 6,545	₩ 720	₩ 40	₩ 100	₩ 3,500	착불	₩ 2,185
27			G	₩ 7,200	₩ 6,545	₩ 720	₩ 40	₩ 100	₩ 3,060	착불	₩ 2,625
28			H	₩ 7,200	₩ 6,545	₩ 720	₩ 40	₩ 100	₩ 3,050	착불	₩ 2,635
29			I	₩ 7,200	₩ 6,545	₩ 720	₩ 40	₩ 100	₩ 2,750	착불	₩ 2,935
30			J	₩ 7,200	₩ 6,545	₩ 720	₩ 40	₩ 100	₩ 3,050	착불	₩ 2,635
31			K	₩ 7,200	₩ 6,545	₩ 720	₩ 40	₩ 100	₩ 3,180	착불	₩ 2,505
32			L	₩ 7,200	₩ 6,545	₩ 720	₩ 40	₩ 100	₩ 3,040	착불	₩ 2,645
33			M	₩ 7,200	₩ 6,545	₩ 720	₩ 40	₩ 100	₩ 2,900	착불	₩ 2,785

홈 | 삽입 | 페이지 레이아웃 | 수식 | 데이터 | 검토 | 보기 | 디자인

붙여넣기 | 돋움 | 8 | 가 가 | 가 가 | 텍스트 줄 바꿈 | 병합하고 가운데 맞춤 | 회계 | ₩ % , | 조건부 서식 표 서식 셀 스타일 | 삽입 삭제 서식 | 정렬 필터
클립보드 | 글꼴 | 맞춤 | 표시 형식 | 스타일 | 셀

F16 | =D16/10

	A	B	C	D	E	F	G	H	I	J	K
1	분류	상품명	선택옵션	판매가	부가세	수수료	사은품	포장비	원가	배송비	마진
14	청소용품	부직포 밀대 130P		₩ 18,000	₩ 16,364	₩ 1,800	₩ 40	₩ 440	₩ 11,600	착불	₩ 2,484
15		부직포 리필 240P		₩ 17,300	₩ 15,727	₩ 1,730	₩ 40	₩ 440	₩ 11,200	착불	₩ 2,317
20			구성E	₩ 8,900	₩ 8,091	₩ 890	₩ 40	₩ 270	₩ 4,800	착불	₩ 2,091
21		행주걸레세트	A	₩ 7,200	₩ 6,545	₩ 720	₩ 40	₩ 100	₩ 3,300	착불	₩ 2,385
22			B	₩ 7,200	₩ 6,545	₩ 720	₩ 40	₩ 100	₩ 3,220	착불	₩ 2,465
23			C	₩ 7,200	₩ 6,545	₩ 720	₩ 40	₩ 100	₩ 2,750	착불	₩ 2,935
24			D	₩ 7,200	₩ 6,545	₩ 720	₩ 40	₩ 100	₩ 2,900	착불	₩ 2,785
25			E	₩ 7,200	₩ 6,545	₩ 720	₩ 40	₩ 100	₩ 2,750	착불	₩ 2,935
26			F	₩ 7,200	₩ 6,545	₩ 720	₩ 40	₩ 100	₩ 3,500	착불	₩ 2,185
27			G	₩ 7,200	₩ 6,545	₩ 720	₩ 40	₩ 100	₩ 3,060	착불	₩ 2,625
28			H	₩ 7,200	₩ 6,545	₩ 720	₩ 40	₩ 100	₩ 3,050	착불	₩ 2,635
29			I	₩ 7,200	₩ 6,545	₩ 720	₩ 40	₩ 100	₩ 2,750	착불	₩ 2,935
30			J	₩ 7,200	₩ 6,545	₩ 720	₩ 40	₩ 100	₩ 3,050	착불	₩ 2,635
31			K	₩ 7,200	₩ 6,545	₩ 720	₩ 40	₩ 100	₩ 3,180	착불	₩ 2,505
32			L	₩ 7,200	₩ 6,545	₩ 720	₩ 40	₩ 100	₩ 3,040	착불	₩ 2,645
33			M	₩ 7,200	₩ 6,545	₩ 720	₩ 40	₩ 100	₩ 2,900	착불	₩ 2,785

▶ 처리 조건

- 부가세 : 판매가 / 1.1
- 마진 : 부가세 - 수수료 - 사은품 - 포장비 - 원가
- 마진이 2,000원 이상인 데이터만 표시
- 수수료 : 판매가 / 10
- 표 서식 : 표 스타일 밝게 14

3.4 수식

❶ 수식의 구성

수식은 항상 등호(=), 양수(+), 음수(−)로 시작한다. 수식에서 참조한 셀 값이 변하면 수식 결과도 자동으로 재계산된다. 셀에는 수식 결과 값이 표시되고 실제 입력한 수식은 수식 입력 줄에 표시된다. 다음 그림은 F4 셀에 대한 총점을 구하기 위한 수식 결과 값과 수식 입력 줄에 표시된 수식이다.

<table>
<tr><td colspan="8">인터넷과 정보검색</td></tr>
<tr><td></td><td></td><td></td><td></td><td></td><td></td><td></td><td></td></tr>
<tr><td>성명</td><td>출석(10)</td><td>중간(40)</td><td>기말(40)</td><td>레포트(10)</td><td>총점(100)</td><td>순위</td><td>등급</td></tr>
<tr><td>권혁민</td><td>10</td><td>16</td><td>34</td><td>8</td><td>68</td><td>8</td><td>C</td></tr>
<tr><td>김욱현</td><td>10</td><td>24</td><td>26</td><td>10</td><td>70</td><td>7</td><td>B</td></tr>
<tr><td>김우진</td><td>10</td><td>26</td><td>32</td><td>6</td><td>74</td><td>4</td><td>B</td></tr>
<tr><td>김유비</td><td>10</td><td>28</td><td>28</td><td>10</td><td>76</td><td>2</td><td>A</td></tr>
<tr><td>노성진</td><td>8</td><td>27</td><td>36</td><td>8</td><td>79</td><td>1</td><td>A</td></tr>
<tr><td>도재원</td><td>6</td><td>24</td><td>38</td><td>8</td><td>76</td><td>2</td><td>A</td></tr>
<tr><td>박용욱</td><td>6</td><td>25</td><td>16</td><td>8</td><td>55</td><td>12</td><td>F</td></tr>
<tr><td>박정효</td><td>8</td><td>15</td><td>18</td><td>6</td><td>47</td><td>14</td><td>F</td></tr>
<tr><td>이나현</td><td>8</td><td>8</td><td>40</td><td>4</td><td>60</td><td>11</td><td>C</td></tr>
<tr><td>이정웅</td><td>10</td><td>18</td><td>40</td><td>6</td><td>74</td><td>4</td><td>B</td></tr>
<tr><td>이혜일</td><td>6</td><td>24</td><td>28</td><td>8</td><td>66</td><td>9</td><td>C</td></tr>
<tr><td>조성임</td><td>8</td><td>3</td><td>36</td><td>6</td><td>53</td><td>13</td><td>F</td></tr>
<tr><td>차준영</td><td>10</td><td>19</td><td>30</td><td>6</td><td>65</td><td>10</td><td>C</td></tr>
<tr><td>최대영</td><td>8</td><td>17</td><td>38</td><td>8</td><td>71</td><td>6</td><td>B</td></tr>
<tr><td></td><td></td><td></td><td></td><td></td><td></td><td></td><td></td></tr>
<tr><td>평균</td><td>8.4</td><td>19.6</td><td>31.4</td><td>7.3</td><td>66.7</td><td></td><td></td></tr>
</table>

F4 셀에 대한 총점을 구한 후 셀의 오른쪽 하단에 마우스를 갖다 놓으면 십자가 모양으로 마우스 아이콘이 바뀐다. 이때 마우스 왼쪽 버튼을 클릭한 채로 F17 셀까지 드래그를 하면 자동 채우기 핸들에 의해 F5 셀부터 F17 셀까지 총점이 자동 계산된다.

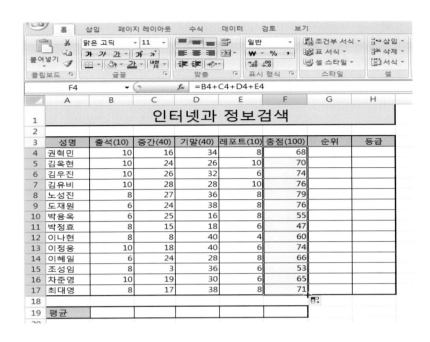

순위를 구하기 위해서는 Rank( ) 함수를 사용하여 구한다. Rank( ) 함수는 4장에서 자세히 다룰 것이며 본 장에서는 수식 함수를 사용하여 결과 값을 구하고 자동 채우기 핸들을 사용하여 G17 셀까지 결과 값을 나타낸다.

등급은 IF( ) 함수를 사용하여 구한다. IF( ) 함수 또한 4장에서 자세히 다룰 것 이
며 본 장에서는 수식 함수를 사용하여 결과 값을 구하고 자동 채우기 핸들을 사용
하여 H17 셀까지 결과 값을 구한다.

	A	B	C	D	E	F	G	H
1	인터넷과 정보검색							
2								
3	성명	출석(10)	중간(40)	기말(40)	레포트(10)	총점(100)	순위	등급
4	노성진	8	27	36	8	79	1	A
5	김유비	10	28	28	10	76	2	A
6	도재원	6	24	38	8	76	2	A
7	김우진	10	26	32	6	74	4	B
8	이정용	10	18	40	6	74	4	B
9	최대영	8	17	38	8	71	6	B
10	김옥현	10	24	26	10	70	7	B
11	권혁민	10	16	34	8	68	8	C
12	이혜일	6	24	28	8	66	9	C
13	차준영	10	19	30	6	65	10	C
14	이나현	8	8	40	4	60	11	C
15	박용옥	6	25	16	8	55	12	F
16	조성임	8	3	36	6	53	13	F
17	박정효	8	15	18	6	47	14	F
18								
19	평균							
20								

평균은 AVERAGE( ) 함수를 사용하여 구한다. AVERAGE( ) 함수는 [홈] 탭 메뉴
의 편집 그룹에서 기본적으로 제공되는 함수를 이용하여 결과 값을 구한다. 그리
고 B19:F19 셀까지 자동 채우기 핸들을 사용하여 결과 값을 나타낸다.

평균을 구하기 위한 함수 AVERAGE(B4:B17)에서 B4:B17은 범위를 나타낸다.
이때 콜론(:)은 엑셀 연산자 중 참조 연산자로 연속적인 셀 범위를 지정하고자 할
때 사용한다.

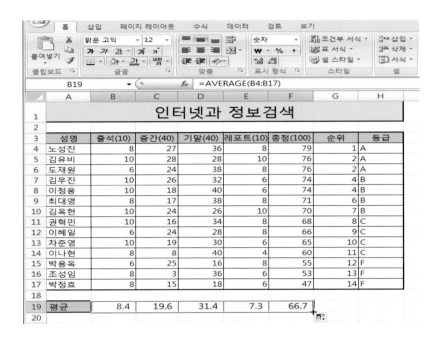

기본 수식은 수식 기호, 함수명, 인수, 연산자, 셀 참조와 범위, 상수로 구성된다. 그 중에서 연산자는 산술 연산자, 비교 연산자, 참조 연산자, 문자열 연산자로 구성된다. 산술 연산자는 기본 수치 연산에 사용되며 비교 연산자는 두 값의 크기를 비교하여 참과 거짓을 표현하는 논리 연산이다. 그리고 참조 연산자는 셀 범위를 지정하기 위해 사용되며 문자열 연산자는 문자와 문자, 문자와 숫자를 연결하기 위해 사용되는 연산자이다.

종류	연산자	기능	종류	연산자	기능
산술 연산자	^	지수승	비교 연산자	=	같다
	/	나누기		〉	크다
	*	곱하기		〈	작다
	+	더하기		〈〉	같지 않다
	−	빼기		〉=	크거나 같다
	%	백분율		〈=	작거나 같다
참조 연산자	콜론(:)	연속적인 셀 범위를 지정	문자열 연산자	&	문자와 문자 연결 문자와 숫자 연결
	쉼표(,)	비연속적인 셀 범위 지정			

❷ 참조

참조란 셀 수식에서 사용되는 셀의 주소를 말하며 열과 행의 합으로 구성된다. 참조에는 상대 참조, 절대 참조, 혼합 참조가 있다.

1) 상대 참조

상대 참조는 셀 참조 시 기본적으로 지정되는 방식으로 채우기 핸들 사용 시 자동으로 셀 주소가 바뀌는 것을 말한다. F4 셀의 총점을 구하기 위해 수식 (=B4+C4+D4+E4)을 입력하고 채우기 핸들을 하면 F5 셀의 수식은 자동으로 =B5+C5+D5+E5로 바뀌어 계산된다. 이와 같이 상대 참조는 F4 셀에서 F5 셀로 채우기 핸들을 통해 행이 증가하면 그에 따른 수식도 같이 행이 증가한다.

	A	B	C	D	E	F	G	H
1			인터넷과 정보검색					
2								
3	성명	출석(10)	중간(40)	기말(40)	레포트(10)	총점(100)	순위	등급
4	권혁민	10	16	34	8	68		
5	김옥현	10	24	26	10	70		
6	김우진	10	26	32	6	74		
7	김유비	10	28	28	10	76		
8	노성진	8	27	36	8	79		
9	도재원	6	24	38	8	76		
10	박용욱	6	25	16	8	55		
11	박정효	8	15	18	6	47		
12	이나현	8	8	40	4	60		
13	이정웅	10	18	40	6	74		
14	이혜일	6	24	28	8	66		
15	조성임	8	3	36	6	53		
16	차준영	10	19	30	6	65		
17	최대영	8	17	38	8	71		
18								
19	평균							

=B4+C4+D4+E4
=B5+C5+D5+E5
=B6+C6+D6+E6
=B7+C7+D7+E7
⋮

2) 절대 참조

절대 참조란 수식 입력 시 셀의 주소를 고정시킬 때 사용하는 방식으로 채우기 핸들을 이용하여 드래그하더라도 수식 입력 줄의 수식에 있는 셀의 주소에는 변함이 없도록 하는 것이다. 따라서 절대 참조의 표시는 행, 열 값 앞에 $ 기호를 붙여 사용한다. 셀의 위치가 바뀌어도 참조 값의 위치는 바뀌지 않는다. 아래 그림에서 보는 바와 같이 G4에서 G5로 채우기 핸들을 통해 셀의 행이 증가하여도 G5의 수식 입력 줄에는 F4에서 F5로 상대 참조의 행만 증가하고 절대 참조인

$F$4:$F$17는 고정이다.

3) 혼합 참조

혼합 참조란 상대 참조와 절대 참조를 혼합하여 사용하는 것이다. 혼합 참조에는 행, 열 값 중 한 곳에만 $ 기호를 붙인 형태로써 $ 기호가 붙어있는 곳의 값은 채우기 핸들을 하더라도 값이 변하지 않는다. 혼합 참조에는 열 문자에만 절대 참조를 적용한 열 고정 혼합 참조와 행 문자에만 절대 참조를 적용한 행 고정 혼합 참조가 있다. 아래 그림은 RANK( ) 함수인수에서 혼합 참조를 사용하여 순위를 구하였다. 채우기 핸들시 행만 증가하므로 행 고정 혼합 참조를 사용하여도 절대 참조와 동일한 결과 값이 나온다.

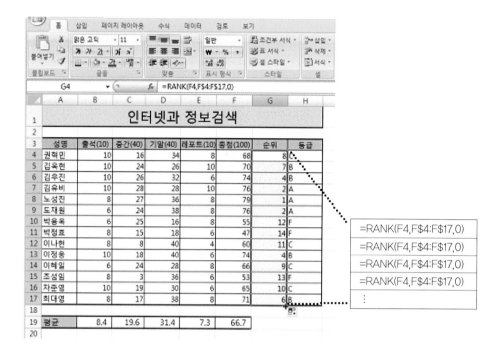

실습문제 ❶

다음 그림에서 보는 바와 같이 문서를 작성하시오.

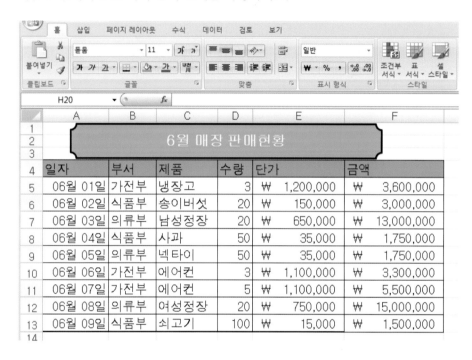

▶ **처리 조건**

- 제목 : 기본도형(배지), 채우기(연한녹색), 도형 윤곽선(검정 배경1), 글꼴(굴림, 흰색 배경1, 크기 16pt, 굵게)
- 서식 : 돋움, 14pt
- 제목(A4:F4) : 연한파랑
- 제품 타이틀(A2:A11) : 황록색, 강조 3, 60% 더 밝게
- 셀 서식(A5:A13) : 2009/06/01 ==〉 06월 01일
- 금액(F5:F13) : 수량 * 단가

쉽게 풀어쓴 컴퓨터 활용

실습문제 ❷

다음 그림에서 보는 바와 같이 문서를 작성하시오.

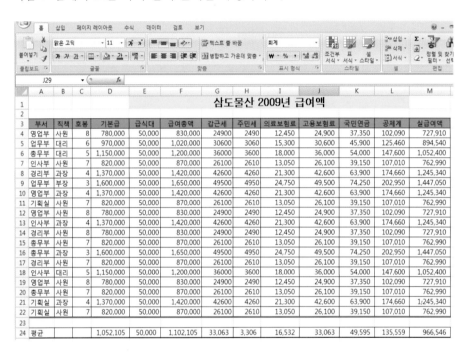

▶ 처리 조건

- 급여 총액 : 기본급 + 급식대
- 갑근세 : 급여 총액의 3%
- 주민세 : 갑근세의 10%
- 의료 보험료 : 급여 총액의 1.5%
- 고용 보험료 : 급여 총액의 3%
- 국민연금 : 급여 총액의 4.5%
- 공제계 : 갑근세 + 주민세 + 의료보험료 + 고용보험료 + 국민연금
- 실 급여액 : 급여 총액 − 공제계

실습문제 ❸

다음 실습문제 2를 참조하여 순위를 구하시오.

	A	B	C	D	E	F	G	H	I	J	K	L	M	N
1							삼도물산 2009년 급여액							
2														
3	부서	직책	호봉	기본급	급식대	급여총액	갑근세	주민세	의료보험료	고용보험료	국민연금	공제계	실급여액	순위
4	영업부	사원	8	780,000	50,000	830,000	24900	2490	12,450	24,900	37,350	102,090	727,910	16
5	업무부	대리	6	970,000	50,000	1,020,000	30600	3060	15,300	30,600	45,900	125,460	894,540	9
6	총무부	대리	5	1,150,000	50,000	1,200,000	36000	3600	18,000	36,000	54,000	147,600	1,052,400	7
7	인사부	사원	7	820,000	50,000	870,000	26100	2610	13,050	26,100	39,150	107,010	762,990	10
8	경리부	과장	4	1,370,000	50,000	1,420,000	42600	4260	21,300	42,600	63,900	174,660	1,245,340	3
9	업무부	부장	3	1,600,000	50,000	1,650,000	49500	4950	24,750	49,500	74,250	202,950	1,447,050	1
10	영업부	과장	4	1,370,000	50,000	1,420,000	42600	4260	21,300	42,600	63,900	174,660	1,245,340	3
11	기획실	사원	7	820,000	50,000	870,000	26100	2610	13,050	26,100	39,150	107,010	762,990	10
12	영업부	사원	8	780,000	50,000	830,000	24900	2490	12,450	24,900	37,350	102,090	727,910	16
13	인사부	과장	4	1,370,000	50,000	1,420,000	42600	4260	21,300	42,600	63,900	174,660	1,245,340	3
14	경리부	사원	8	780,000	50,000	830,000	24900	2490	12,450	24,900	37,350	102,090	727,910	16
15	총무부	사원	7	820,000	50,000	870,000	26100	2610	13,050	26,100	39,150	107,010	762,990	10
16	총무부	과장	3	1,600,000	50,000	1,650,000	49500	4950	24,750	49,500	74,250	202,950	1,447,050	1
17	경리부	사원	7	820,000	50,000	870,000	26100	2610	13,050	26,100	39,150	107,010	762,990	10
18	인사부	대리	5	1,150,000	50,000	1,200,000	36000	3600	18,000	36,000	54,000	147,600	1,052,400	7
19	영업부	사원	8	780,000	50,000	830,000	24900	2490	12,450	24,900	37,350	102,090	727,910	16
20	총무부	사원	7	820,000	50,000	870,000	26100	2610	13,050	26,100	39,150	107,010	762,990	10
21	기획실	과장	4	1,370,000	50,000	1,420,000	42600	4260	21,300	42,600	63,900	174,660	1,245,340	3
22	기획실	사원	7	820,000	50,000	870,000	26100	2610	13,050	26,100	39,150	107,010	762,990	10
23														
24	평균			1,052,105	50,000	1,102,105	33,063	3,306	16,532	33,063	49,595	135,559	966,546	
25														

Sheet1 / Sheet2 / Sheet3 /

▶ 처리 조건

• 순위 : 실 급여액을 기준으로 높은 금액이 1순위.

• 상대 참조와 혼합 참조를 사용.

3.5 함수

❶ 함수의 기능

함수는 엑셀에서 복잡한 계산 과정을 미리 정해진 수식에 의해 연산되도록 작성한 하나의 약속이다. 엑셀에서는 복잡하게 사용하는 계산 기능이 많은 만큼 함수 기능도 다양하다. 엑셀에서 사용되는 함수는 약 300개가 있다. 본 장에서는 그 중에서 가장 많이 사용되는 함수를 예를 들어 설명한다.

먼저 총점을 구하기 위한 SUM( ) 함수를 사용한다. SUM( ) 함수는 [홈] 탭의 편집 그룹에서 합계 함수(Σ)의 드롭 다운 버튼을 누른 후 SUM( ) 함수를 선택하면 =SUM(D4:E4) 식이 나온다. 이때 Enter↵ 키를 치고 채우기 핸들을 사용한다.

G4 셀의 평균은 편집 그룹의 합계함수(Σ)의 드롭 다운 버튼을 누르면 기본 함수로 평균을 구하는 AVERAGE( ) 함수가 나타난다. 이 함수를 선택하면 G4 셀의 수식은 =AVERAGE(D4:F4)로 나타난다. 평균을 구하기 위한 범위는 D4:E4이므로 수식의 내용을 =AVERAGE(D4:E4)로 고쳐서 결과 값을 나타낸다.

	A	B	C	D	E	F	G	H	I
1									
2	작성일 :	2008-04-01							
3	회사명	성명	성별	학교성적	토익점수	총점	평균	순위	
4	삼성	유가현	여	95	880	975	=AVERAGE(D4:E4)		
5	형대	김정근	남	80	790	870	AVERAGE(number1, [number2], ...)		
6	LG	임세일	남	97	980	1077			
7	빙그레	임정원	남	68	750	818			
8	대우	양경숙	여	80	960	1040			
9	하얀	이영덕	남	75	700	775			
10	기아	박세리	여	65	680	745			
11	롯데	송혜교	여	80	900	980			
12	현주	강진희	여	90	910	1000			
13		최대값							
14		최소값							
15	인원수								
16									

D13:G13 셀의 최댓값을 구하기 위해서는 합계함수(Σ)의 드롭 다운 버튼을 누른
후 최댓값을 나타내는 MAX( ) 함수를 선택한다. 수식 입력줄은 =MAX(D4:D12)
가 되고 Enter↵ 키를 친 후 채우기 핸들을 사용한다.

	A	B	C	D	E	F	G	H
1								
2	작성일 :	2008-04-01						
3	회사명	성명	성별	학교성적	토익점수	총점	평균	순위
4	삼성	유가현	여	95	880	975	487.5	
5	형대	김정근	남	80	790	870	435	
6	LG	임세일	남	97	980	1077	538.5	
7	빙그레	임정원	남	68	750	818	409	
8	대우	양경숙	여	80	960	1040	520	
9	하얀	이영덕	남	75	700	775	387.5	
10	기아	박세리	여	65	680	745	372.5	
11	롯데	송혜교	여	80	900	980	490	
12	현주	강진희	여	90	910	1000	500	
13		최대값		97	980	1077	538.5	
14		최소값						
15	인원수							
16								

D14:G14 셀의 최솟값을 구하기 위해서는 합계함수(Σ)의 드롭 다운 버튼을 누른
후 최솟값을 나타내는 MIN( ) 함수를 선택한다. 수식 입력줄은 =MIN(D4:D13)으
로 나타나는데 이때 인수 영역을 D4:D12로 수정 후 Enter↵ 키를 친 후 채우기 핸

들을 사용한다.

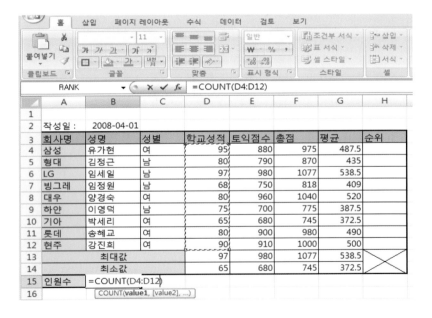

B15 셀의 인원수를 구하기 위해서는 합계함수(Σ)의 드롭 다운 버튼을 누른 후 숫자 개수 함수를 선택하면 =count( )가 나타난다. 이때 마우스를 이용하여 해당 영역을 마우스로 드래그하면 인수 영역이 지정된다.

다음은 [홈] 탭의 편집 그룹에 있는 합계함수(Σ)를 이용하여 함수의 기본 기능을 알아보았다. 아래 그림은 기본 함수 기능을 이용하여 나타난 결과 화면이다.

회사명	성명	성별	학교성적	토익점수	총점	평균	순위
삼성	유가현	여	95	880	975	487.5	
형대	김정근	남	80	790	870	435	
LG	임세일	남	97	980	1077	538.5	
빙그레	임정원	남	68	750	818	409	
대우	양경숙	여	80	960	1040	520	
하얀	이영덕	남	75	700	775	387.5	
기아	박세리	여	65	680	745	372.5	
롯데	송혜교	여	80	900	980	490	
현주	강진회	여	90	910	1000	500	
최대값			97	980	1077	538.5	
최소값			65	680	745	372.5	
인원수	9						

❷ 함수의 활용

엑셀 2007에서 다양한 함수 활용을 위해서는 수식 탭의 함수 라이브러리 그룹에서 지정하여 사용한다. 함수 라이브러리 그룹에서는 재무, 논리, 찾기/참조 영역, 수학/삼각, 날짜 및 시간, 텍스트, 함수 추가로 분류되어 쉽게 해당 함수를 찾을 수 있다.

1) 통계 함수

통계 함수는 일정 범위의 데이터를 통계적으로 분석하거나 계산할 때 사용한다. H4 셀의 순위를 구하기 위해서는 통계 함수 RANK( )를 사용한다. 함수 라이브러리 그룹의 함수 추가 드롭 다운 버튼을 눌러 통계 함수에서 RANK( ) 함수를 선택하여 찾는다.

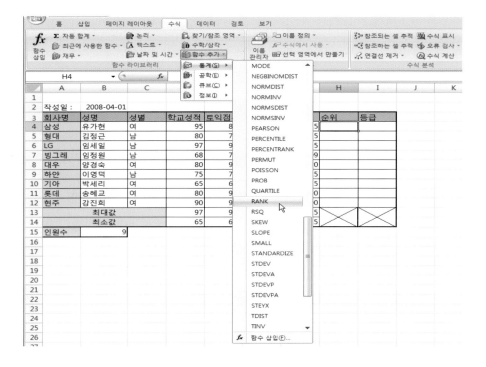

RANK( ) 함수의 Number는 순위를 구하기 위한 목록 리스트 중에서 대상이 되는 셀을 지정한다. 평균에 대한 순위를 구하기 위해서 Number에는 G4 셀을 입력하고 Ref에는 순위를 구하기 위한 목록 리스트 범위를 지정한다. 목록 리스트 범위를 지정할 때는 절대참조를 사용함으로써 채우기 핸들을 하더라도 목록 범위가 바뀌지 않도록 한다. Order는 순위를 정하는 방법으로 0이나 생략하면 내림차순에 의해 데이터가 큰 값이 1 순위가 된다. 0이 아닌 값을 지정하면 오름차순에 의해 데이터가 작은 값이 1 순위가 된다.

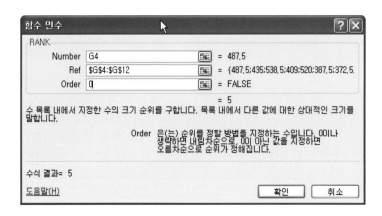

채우기 핸들을 이용하여 H4:H12 셀까지 순위를 구한 후 H4 셀부터 H12 셀까지의 Ref 인수의 값은 모두 동일함을 알 수 있다.

| | 홈 | 삽입 | 페이지 레이아웃 | 수식 | 데이터 | 검토 | 보기 |

H12 ▼ fx =RANK(G12,$G$4:$G$12,0)

	A	B	C	D	E	F	G	H	I
1									
2	작성일 :	2008-04-01							
3	회사명	성명	성별	학교성적	토익점수	총점	평균	순위	등급
4	삼성	유가현	여	95	880	975	487.5	5	
5	현대	김정근	남	80	790	870	435	6	
6	LG	임세일	남	97	980	1077	538.5	1	
7	빙그레	임정원	남	68	750	818	409	7	
8	대우	양경숙	여	80	960	1040	520	2	
9	하얀	이영덕	남	75	700	775	387.5	8	
10	기아	박세리	여	65	680	745	372.5	9	
11	롯데	송혜교	여	80	900	980	490	4	
12	현주	강진희	여	90	910	1000	500	3	
13		최대값		97	980	1077	538.5		
14		최소값		65	680	745	372.5		
15	인원수	9							

2) 논리 함수

논리 함수는 조건이 참인지 거짓인지를 알아보거나 여러 조건을 검색할 때 사용한다. I4 셀의 등급을 구하기 위해서는 논리 함수 IF( )를 사용한다. 순위가 1등에서 4등까지는 합격을 나타내고 5등에서 9등까지는 불합격을 표시한다.

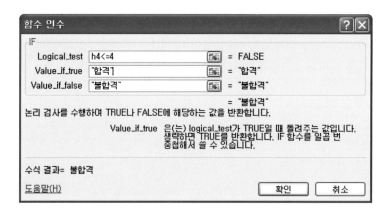

IF( ) 함수의 창에서 Logical-test는 논리 검사를 수행하기 위한 조건식을 입력한다. Value-if-true는 Logical-test의 조건식이 참일 경우 해당하는 값을 반환한다. Value_if_false는 조건식이 거짓일 경우 해당하는 값을 반환한다.

조건식에서는 H4 셀의 값인 5가 4보다 적거나 같은지에 대한 결과 값으로 false가 나오고 false에 해당하는 "불합격" 값이 I4 셀에 반환된다. 문자열 값을 반환할 때는 문자열을 인식할 수 있도록 큰 따옴표("")를 사용한다.

I4 =IF(H4<=4,"합격","불합격")

	A	B	C	D	E	F	G	H	I
1									
2	작성일 :	2008-04-01							
3	회사명	성명	성별	학교성적	토익점수	총점	평균	순위	등급
4	삼성	유가현	여	95	880	975	487.5	5	불합격
5	형대	김정근	남	80	790	870	435	6	불합격
6	LG	임세일	남	97	980	1077	538.5	1	합격
7	빙그레	임정원	남	68	750	818	409	7	불합격
8	대우	양경숙	여	80	960	1040	520	2	합격
9	하얀	이영덕	남	75	700	775	387.5	8	불합격
10	기아	박세리	여	65	680	745	372.5	9	불합격
11	롯데	송혜교	여	80	900	980	490	4	합격
12	현주	강진희	여	90	910	1000	500	3	합격
13	최대값			97	980	1077	538.5		
14	최소값			65	680	745	372.5		
15	인원수	9							
16									

3) 날짜 및 시간 함수

날짜 및 시간 함수는 현재 날짜나 시간을 나타낼 수도 있고 날짜 및 시간을 계산할 수도 있다. B2 셀에는 시스템 상의 오늘 날짜가 자동으로 입력되도록 한다. 날짜 및 시간 함수에는 오늘 날짜 및 시간을 알려주는 NOW 함수가 있다.

B2 =NOW()

	A	B	C	D	E	F	G	H	I
1									
2	작성일 :	2009-07-16							
3	회사명	성명	성별	학교성적	토익점수	총점	평균	순위	등급
4	삼성	유가현	여	95	880	975	487.5	5	불합격
5	형대	김정근	남	80	790	870	435	6	불합격
6	LG	임세일	남	97	980	1077	538.5	1	합격
7	빙그레	임정원	남	68	750	818	409	7	불합격
8	대우	양경숙	여	80	960	1040	520	2	합격
9	하얀	이영덕	남	75	700	775	387.5	8	불합격
10	기아	박세리	여	65	680	745	372.5	9	불합격
11	롯데	송혜교	여	80	900	980	490	4	합격
12	현주	강진희	여	90	910	1000	500	3	합격
13	최대값			97	980	1077	538.5		
14	최소값			65	680	745	372.5		
15	인원수	9							

오늘 날짜 및 시간을 알려주는 함수로는 TODAY, NOW 함수가 있다. TODAY 함수는 시스템 상에 설정되어 있는 현재 날짜를 결과 값으로 돌려주고 다른 함수와 중첩해서 사용할 수 있다. NOW 함수는 결과 값으로 현재 날짜와 함께 시간을 돌려준다. 그 외에도 날짜 및 시간 함수들이 많이 사용되고 있다.

함수	기능	함수	기능
DATE	날짜를 반환	YEAR	연도에 해당하는 값 반환(1900~9999)
TIME	시간을 반환	MONTH	월에 해당하는 값 반환(1~12)
WEEKDAY	요일을 반환	DAY	일에 해당하는 값 반환(1~31)

4) 수학/삼각 함수

수학/삼각 함수는 셀 범위의 총 합계 계산이나 셀 범위에서 조건을 만족하는 합계 계산 등 삼각 함수를 이용한 수학적인 계산을 할 때 사용한다. SUMIF( ) 함수는 조건을 만족하는 합계를 구하고자 할 때 사용한다. B16 셀은 성별이 여자인, 토익 점수 합계를 구하고자 한다.

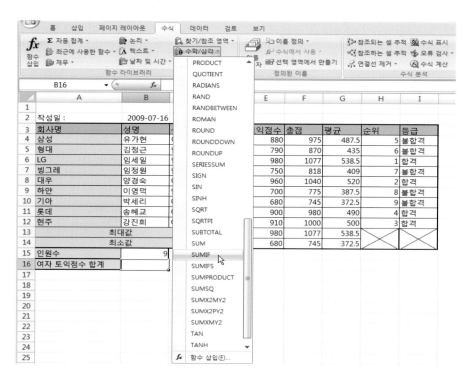

성별이 여자인, 토익점수 합계를 구하기 위해서는 Range에서는 성별의 범위인 C4:C12를 지정하고 Criteria에서는 해당 조건인 "여"를 입력하거나 해당 셀을 선택한다. 함수 인수 창에서는 "여"가 입력되어 있는 해당 C4 셀을 지정하였다. Sum_range는 실제 성별이 여자인 경우의 토익 점수 합계를 구하기 위해 토익 점수가 있는 E4:E12 범위를 지정하였다.

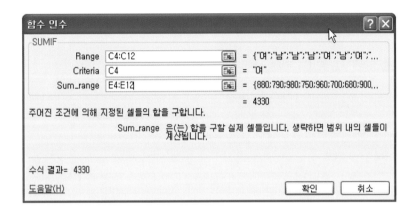

다음은 성별이 여자인, 토익점수 합계를 나타낸 것이다.

	A	B	C	D	E	F	G	H	I
1									
2	작성일 :	2009-07-16							
3	회사명	성명	성별	학교성적	토익점수	총점	평균	순위	등급
4	삼성	유가현	여	95	880	975	487.5	5	불합격
5	형대	김정근	남	80	790	870	435	6	불합격
6	LG	임세일	남	97	980	1077	538.5	1	합격
7	빙그레	임정원	남	68	750	818	409	7	불합격
8	대우	양경숙	여	80	960	1040	520	2	합격
9	하얀	이영덕	남	75	700	775	387.5	8	불합격
10	기아	박세리	여	65	680	745	372.5	9	불합격
11	롯데	송혜교	여	80	900	980	490	4	합격
12	현주	강진회	여	90	910	1000	500	3	합격
13	최대값			97	980	1077	538.5		
14	최소값			65	680	745	372.5		
15	인원수	9							
16	여자 토익점수 합계	4330							
17									

B16 = SUMIF(C4:C12,C4,E4:E12)

❸ 함수의 응용

1) 중첩 함수

함수의 응용에서는 2절에서 익힌 함수 활용을 이용하여 중첩 함수 및 고급 함수 기능을 익히고 이를 응용한다.

다음은 모든 팀의 경기 수, 승, 패, 무에 대한 평균을 소수점 이하 0자리로 구하기 위해 AVERAGE, ROUND 함수를 이용하여 구한다.

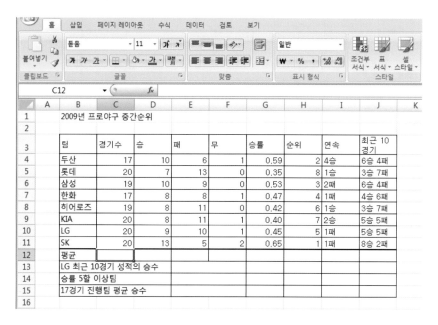

경기 수에 대한 평균을 먼저 구하기 위한 수식은 AVERAGE(C4:C11)이다. 그런데, 평균 함수에 대한 결과 값이 소수점이 발생한다면 소수점 이하 0자리로 변경하기 위한 ROUND 함수가 필요하다.

다음은 소수점 이하 0자리로 나타낸 ROUND 함수 인수 창을 나타낸 것이다. Number는 반올림하려는 수를 입력하거나 해당 셀을 지정하고 Num_digits는 소수점 아래의 자릿수를 지정한다.

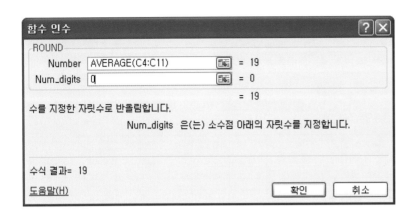

ROUND 함수를 이용하여 얻은 결과 값을 C12:F12 범위에 채우기 핸들을 이용하여 나타내었다.

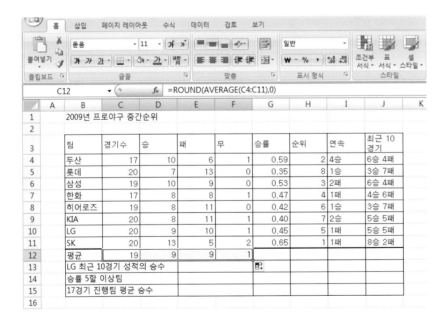

2) 찾기/참조 함수와 텍스트 함수

E13:F13 셀에는 LG 팀의 최근 10경기 성적의 승수를 구해서 결과 값 중 승수의 숫자 값만 추출하여 해당 셀에 나타낸다. LG 팀의 최근 10경기 성적을 찾기 위해서는 찾기/참조 함수에서 VLOOKUP 함수를 사용한다. 그리고 VLOOKUP 함수를 이용하여 찾은 결과 값에 대하여 승수 중 숫자 값만 추출하기 위해서는 텍스트 함수 중에서 LEFT 함수를 이용한다.

	A	B	C	D	E	F	G	H	I	J	K
1		2009년 프로야구 중간순위									
2											
3		팀	경기수	승	패	무	승률	순위	연속	최근 10 경기	
4		두산	17	10	6	1	0.59	2	4승	6승 4패	
5		롯데	20	7	13	0	0.35	8	1승	3승 7패	
6		삼성	19	10	9	0	0.53	3	2패	6승 4패	
7		한화	17	8	8	1	0.47	4	1패	4승 6패	
8		히어로즈	19	8	11	0	0.42	6	1승	3승 7패	
9		KIA	20	8	11	1	0.40	7	2승	5승 5패	
10		LG	20	9	10	1	0.45	5	1패	5승 5패	
11		SK	20	13	5	2	0.65	1	1패	8승 2패	
12		평균	19	9	9	1					
13		LG 최근 10경기 성적의 승수									
14		승률 5할 이상팀									
15		17경기 진행팀 평균 승수									
16											

찾기/참조 함수의 VLOOKUP 함수를 이용하여 LG 팀의 최근 10경기 성적을 출력한다. Lookup_value는 표의 첫 열에서 찾고자 하는 값으로 LG 팀이 있는 B10 셀을 선택한다. Table_array는 데이터를 검색하고 추출하려는 표의 영역을 지정하는 것으로 범위 참조나 범위 이름이 된다. Col_index_num은 Table_array에서 지정한 표의 영역인 B4:J11 내의 값을 추출할 열 번호를 지정한다. Range_lookup은 정확하게 일치하는 것을 찾고자 할 때는 숫자 0이나 false를 입력하고 비슷하게 일치하는 것을 찾으려면 true 또는 생략한다.

다음 그림은 VLOOKUP 함수를 이용하여 나온 결과 값 "5승 5패"를 나타내고 있다. 해당 셀에서 승수 중 숫자 값만 출력하기 위해서는 텍스트 함수 중 LEFT 함수를 이용한다.

LEFT 함수 인수의 Text는 추출하려는 문자가 들어 있는 텍스트 문자열을 지정하는 것으로 VLOOKUP 함수 수식을 입력한다. Num_chars는 왼쪽에서부터 추출할 문자 수를 지정하는 것으로 승수의 숫자 값만 추출하기 위해서 1을 입력한다. 만일 추출하고자 하는 값이 "5승" 이라면 Num-Chars는 2를 입력함으로써 왼쪽에서부터 두 문자를 추출한다.

LG 팀의 최근 10경기 성적의 승수를 구하기 위해서 VLOOKUP 함수와 LEFT 함수를 이용한 중첩 함수를 사용하였다.

3) COUNTIF 함수

COUNTIF 함수는 조건을 만족하는 항목의 수를 구하는 함수로써 통계 함수이다. E14:F14 셀에는 승률이 0.5 이상인 팀의 수를 구하여 나타낸다.

COUNTIF 함수 인수 창에는 두 개의 인수가 있다. Range는 조건에 맞는 셀의 수를 구하기 위한 셀 범위를 지정한다. Criteria는 셀 범위 중에서 승률이 5할 이상인 조건식을 입력한다.

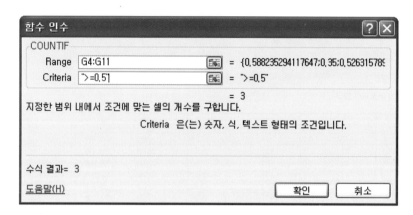

승률이 5할 이상인 팀의 개수를 COUNTIF 함수를 이용하여 E14:F14 셀에 입력하였다.

	A	B	C	D	E	F	G	H	I	J
1		2009년 프로야구 중간순위								
2										
3		팀	경기수	승	패	무	승률	순위	연속	최근 10 경기
4		두산	17	10	6	1	0.59	2	4승	6승 4패
5		롯데	20	7	13	0	0.35	8	1승	3승 7패
6		삼성	19	10	9	0	0.53	3	2패	6승 4패
7		한화	17	8	8	1	0.47	4	1패	4승 6패
8		히어로즈	19	8	11	0	0.42	6	1승	3승 7패
9		KIA	20	8	11	1	0.40	7	2승	5승 5패
10		LG	20	9	10	1	0.45	5	1패	5승 5패
11		SK	20	13	5	2	0.65	1	1패	8승 2패
12		평균	19	9	9	1				
13		LG 최근 10경기 성적의 승수			5					
14		승률 5할 이상팀			3					
15		17경기 진행팀 평균 승수								
16										

E14 셀 수식: =COUNTIF(G4:G11,">=0.5")

4) DAVERAGE 함수

DAVERAGE 함수는 데이터베이스나 목록에서 지정한 조건에 맞는 열의 평균을 구하는 함수이다. E15:F15 셀에는 17경기를 진행한 팀들의 평균 승수를 구한다.

DAVERAGE 함수는 함수 라이브러리 그룹에서 함수 삽입 마법사를 선택하거나
수식 입력줄의 fx를 눌러서 함수를 직접 찾아서 사용한다.

			홈	삽입	페이지 레이아웃	수식	데이터	검토	보기		

(리본 메뉴: 함수 삽입, 자동 합계, 최근에 사용한 함수, 재무, 논리, 텍스트, 날짜 및 시간, 찾기/참조 영역, 수학/삼각, 함수 추가 / 함수 라이브러리 / 이름 관리자, 이름 정의, 수식에서 사용, 선택 영역에서 만들기 / 정의된 이름 / 참조되는 셀 추적, 참조하는 셀 추적, 연결선 제거)

E15

	A	B	C	D	E	F	G	H	I	J
1		2009년 프로야구 중간순위								
2										
3		팀	경기수	승	패	무	승률	순위	연속	최근 10 경기
4		두산	17	10	6	1	0.59	2	4승	6승 4패
5		롯데	20	7	13	0	0.35	8	1승	3승 7패
6		삼성	19	10	9	0	0.53	3	2패	6승 4패
7		한화	17	8	8	1	0.47	4	1패	4승 6패
8		히어로즈	19	8	11	0	0.42	6	1승	3승 7패
9		KIA	20	8	11	1	0.40	7	2승	5승 5패
10		LG	20	9	10	1	0.45	5	1패	5승 5패
11		SK	20	13	5	2	0.65	1	1패	8승 2패
12		평균	19	9	9	1				
13		LG 최근 10경기 성적의 승수			5					
14		승률 5할 이상팀			3					
15		17경기 진행팀 평균 승수								
16										

DAVERAGE 함수 인수 창에서 Database는 데이터베이스이나 목록으로 지정할
셀 범위를 지정한다. Field는 데이터베이스에서 열의 위치를 나타내는 숫자나 따
옴표로 묶인 열 레이블이다. Critetia는 지정한 조건이 있는 셀 범위로써 경기수
가 17인 조건 영역을 나타낸다.

함수 인수

DAVERAGE
Database B3:J11   = {"팀","경기수","승","패","무","승률",...
Field   3   = 3
Criteria C3:C4   = C3:C4
                       = 9

지정한 조건에 맞는 데이터베이스나 목록에서 열의 평균을 구합니다.

Criteria 은(는) 지정한 조건이 있는 셀 범위입니다. 이 범위는 열 레이블과
조건 레이블 아래의 셀을 포함합니다.

수식 결과= 9

도움말(H)   확인   취소

다음은 현재까지 17경기만 진행된 팀의 평균 승수를 DAVERAGE 함수를 이용하
여 나타내었다.

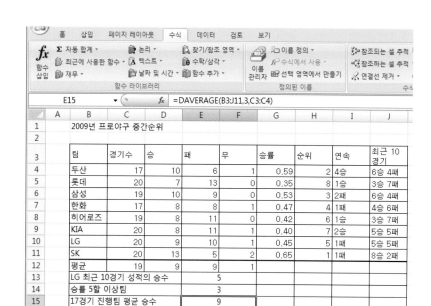

5) SUMIF 함수

SUMIF 함수는 조건에 맞는 셀의 합을 구하는 함수이다. 사용방법은 COUNTIF 함수와 비슷한데, 조건을 검사할 범위와 합계를 구할 범위를 따로 지정해야 하는 것이 다른 점이다.

다음의 예제는 학과 성적표 중에서 A학점을 받은 학생들만의 총점을 구하는 프로그램이다. SUMIF 함수는 함수 라이브러리 그룹에서 함수 삽입 마법사를 선택하거나 수식 입력줄의 fx를 눌러서 수학/삼각 함수에서 SUMIF 함수를 직접 찾아서 사용한다.

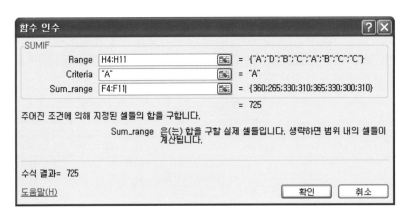

SUMIF 함수 인수 창에는 세 개의 인수가 있다. Range는 조건을 검사할 셀 범위를 지정한다. Criteria는 셀 범위 중에서 학점이 A인 조건을 입력한다. Sum_range는 합계를 구할 셀 범위이다. 여기서는 총점 범위인 F4:F11까지이다. 생략할 경우 Range에서 합계를 계산한다.

다음은 A학점인 학생들의 총점을 구한 결과이다.

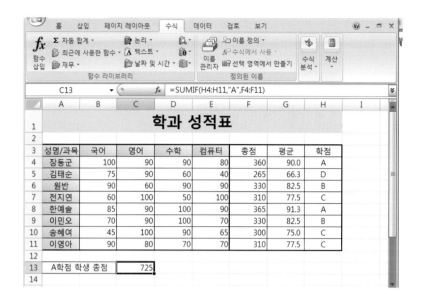

실습문제 ❶

다음 그림에서 보는 바와 같이 문서를 작성하시오.

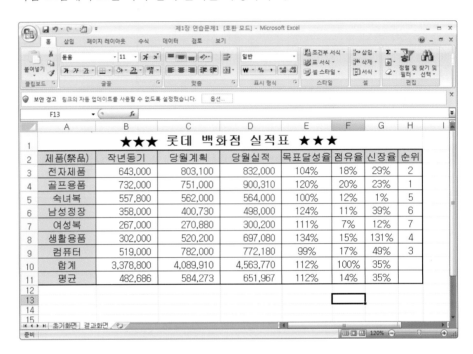

▶ **처리 조건**

- 롯데 백화점 실적표 : 굴림체, 18pt, 굵게
- 서식 : 굴림, 14pt
- 제목(A2:H2) : 황갈색, 배경2, 10% 더 어둡게
- 제품 타이틀(A2:A11) : 황록색, 강조 3, 60% 더 밝게
- 목표 달성율 : 당월실적 / 당월계획
- 점유율 : 당월실적 / 당월실적합계
- 신장율 : 당월실적 / 작년동기 – 1
- 순위 : 당월실적을 기준으로 내림차순
- 기타 서식은 출력화면과 동일하게 작성

실습문제 ❷

다음 그림에서 보는 바와 같이 문서를 작성하시오.

	A	B	C	D	E	F	G	H	I	J	K
1					과장승진시험						
2	2009-07-20 20:51										
3	사번	성명	상식	영어	전산	총점	평균	등수	1차평가	과락(or)	최종평가
4	1001	장동수	85	90	79	254		84.7	3	통과		합격
5	2002	김민수	68	70	86	224		74.7	8	불합격	과락	불합격
6	3002	서지영	78	83	95	256		85.3	2	통과		합격
7	2001	장동직	85	96	73	254		84.7	3	통과		합격
8	3010	정우주	69	71	88	228		76	6	불합격	과락	불합격
9	1010	민서현	88	83	69	240		80	5	통과	과락	불합격
10	1070	이서진	61	79	87	227		75.7	7	불합격	과락	불합격
11	3020	강보람	98	88	76	262		87.3	1	통과		합격
12											

▶ 처리 조건

- 총점 : 상식, 영어, 전산의 합계(SUM 함수 이용)
- 평균 : AVERAGE 함수와 ROUND 함수 사용
- 등수 : RANK 함수 사용
- 1차 평가 : 평균이 80점 이상이면 통과, 80점 미만이면 불합격
- 과락 : 상식, 영어, 전산 세 과목 중 단 한 과목이라도 70점 미만이면 과락(OR, IF 함수 사용)
- 최종평가 : 1차평가를 통과하고 과락이 없으면 합격 아니면 불합격
- 기타 서식은 출력화면과 동일하게 작성

쉽 게 풀 어 쓴 컴 퓨 터 활 용

실습문제 ❸

다음 그림에서 보는 바와 같이 문서를 작성하시오.

▶ 처리 조건

- 날짜 : 현재 날짜 입력(Today 함수 이용)
- 총 탑승 인원 : 카드, 일반의 합계(SUM 함수 이용)
- 요금총액 : 카드와 일반의 기본요금 이용하여 계산
- 평가 : 요금 총액이 300,000 이상 흑자, 150,000 이상 유지, 나머지 적자
  조건부 서식 이용하여 흑자-검정, 유지-녹색, 적자-빨강으로 표시
- 탑승 인원 및 요금 총 합계: SUM 함수 이용
- 하루 이용객 및 요금 평균 : AVERAGE 함수 이용
- 버스종류별 탑승 총 인원 : SUMIF 함수 이용
- 버스종류별 버스대수 : COUNTIF 함수 이용
- 각 버스종류별 탑승 인원 : SUMIF 함수 이용
- 기타 서식은 출력화면과 동일하게 작성

202

❶ 데이터 정렬

정렬은 워크시트에 입력된 데이터들을 특정한 순서에 따라 재배열하는 기능으로 오름차순 정렬과 내림차순 정렬이 있다. 오름차순 정렬은 숫자의 경우 작은 숫자에서 큰 숫자로, 영문자의 경우 A에서 Z로, 한글의 경우 가에서 하 순서로 배열된다. 내림차순은 오름차순의 반대로 배열이 된다. 정렬은 [홈] 탭 메뉴의 편집 그룹에 있다.

1) 텍스트 오름차순 정렬

셀 포인터를 A3 셀에 갖다놓고 편집 그룹의 정렬 및 필터 항목에서 텍스트 오름차순 정렬을 클릭하면 A열에 해당하는 성명 데이터 값을 오름차순으로 자동 정렬한다.

2) 텍스트 내림차순 정렬

셀 포인터를 C3 셀에 갖다놓고 편집 그룹의 정렬 및 필터 항목에서 숫자 내림차순 정렬을 클릭하면 C열에 해당하는 발표 점수 값을 내림차순으로 자동 정렬한다.

3) 사용자 지정 정렬

사용자 지정 정렬은 사용자가 지정한 순서대로 정렬하는 것으로 사용자 지정 목록을 등록한 후 정렬한다. 사용자 지정 정렬은 여러 항목에 대하여 동시에 정렬하고자 할 때 사용한다.

예를 들어서 총점에 대하여 내림차순으로 정렬하고 동일한 값이 나올 경우 출석 점수가 낮은 순으로 정렬을 한다. 출석 점수도 동일할 경우 기말고사에 대하여 오름차순으로 정렬을 한다.

정렬					? ☒
🔍 기준 추가(A)	✕ 기준 삭제(D)	🗐 기준 복사(C)	↑ ↓	옵션(O)...	☑ 내 데이터에 머리글 표시(H)

열	정렬 기준	정렬
정렬 기준	총점(100) ▾	값 ▾	내림차순 ▾
다음 기준	출석(10) ▾	값 ▾	오름차순 ▾
다음 기준	기말고사(50) ▾	값 ▾	오름차순 ▾

확인   취소

다음은 엑셀과 파워포인트의 총점별 내림차순, 출석별 오름차순, 기말고사별 오름차순으로 정렬하였다.

엑셀과 파워포인트

성명	출석(10)	발표(30)	중간고사(39)	기말고사(50)	총점(100)	순위	등급
조성민	7	29.1	30	37	75.1	1	A+
간문철	10	23.3	32	43	74.5	2	A+
강병진	10	29.5	31	38	73.9	3	A+
권스와	10	21.1	34	41	73.0	4	A+
권오성	10	27.7	34	35	72.6	5	A+
김귀현	10	20.7	35	39	71.9	6	A+
김근식	10	27.7	32	35	71.1	7	A+
김기현	7	29.5	30	29	68.9	8	A+
김동욱	10	23.3	33	35	68.9	9	AO
김성민	7	26.2	30	31	68.3	10	B+
김유택	10	29.4	29	32	67.5	11	B+
김은수	10	29.1	26	35	67.4	12	B+
김재형	10	29.1	31	30	67.2	13	B+
김지현	10	20.7	34	34	67.2	14	B+
김진섭	10	29.4	27	33	66.8	15	B+
김진용	7	22.7	32	30	66.7	16	B+
김태광	10	29.5	32	28	66.7	17	B+
김하나	10	21.1	33	34	66.7	18	B+
노미래	10	23.2	32	30	64.1	19	BO
박성연	10	25.3	30	29	63.1	20	BO
박성우	10	22.7	29	32	63.0	21	BO
박소영	10	29.4	30	25	62.7	22	BO
박지수	10	20.7	34	28	62.4	23	BO
박진만	10	21.1	31	27	59.5	24	C+
백승오	8	22.7	26	26	57.9	25	C+
안기택	9	22.7	29	22	56.0	26	CO
양은석	10	27.7	33	14	55.1	27	D+
연상모	7	25.3	25	16	51.9	28	D+
윤홍털	10	23.2	27	16	49.0	29	D+
이민형	7	23.2	22	17	49.0	30	DO
이빈희	10	23.3	22	18	46.9	31	DO
이태현	8	22.7	23	13	45.2	32	DO
임진호	10	26.2	30		40.5	33	F

❷ 필터와 부분합

1) 필터

필터는 사용자가 지정한 조건과 일치하는 데이터만 화면에 표시하고 나머지 행은 표시하지 않는 기능으로 자동 필터와 고급 필터가 있다. 자동 필터는 각 셀 범위나 표 열에 대해 한 번에 한 가지 유형만 적용할 수 있다. 셀 색이나 숫자 목록으로 각각 필터링을 할 수 있지만 두 조건을 동시에 만족하는 필터링은 할 수 없다. 다음은 자동 필터의 예제를 나타낸 것이다. 커서를 표 안에 갖다놓고 편집 그룹의 정렬 및 필터에서 필터를 선택하면 표의 타이틀 부분에 드롭 다운 버튼이 생성된다.

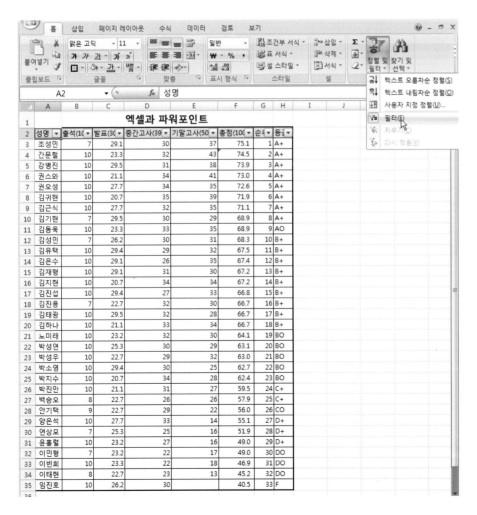

표 타이틀 부분에서 순위가 10위 이내인 학생만 필터링 하기 위해서는 순위의 드

롭다운 버튼을 눌러 적거나 같음을 클릭하면 사용자 지정 자동 필터 창이 생성된다. 이때 10을 입력하고 확인 버튼을 클릭한다.

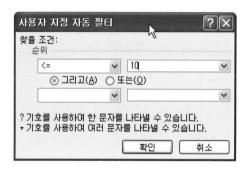

엑셀과 파워포인트 표에서는 순위가 10 이내인 학생들의 목록만 화면에 표시된다. 자동 필터를 해제하기 위해서는 정렬 및 필터에서 지우기를 클릭하면 모든 데이터가 표시된다.

고급 필터는 필드에 필터 조건을 여러 개 지정할 수 있으므로 복잡한 조건을 필터링 하고자 할 때 사용된다. 그리고 고급 필터는 필터의 결과를 다른 위치로 복사할 수도 있다. 고급 필터를 사용하기 위해서는 먼저 워크시트에 조건을 입력해야 한다. 조건은 한 필드에 여러 개의 조건을 지정할 수도 있고 두 개 이상의 필드를 AND나 OR로 결합해서 사용할 수도 있다. 조건을 같은 행에 작성하면 AND 연산

이 되고 서로 다른 행에 작성하면 OR 연산이 된다. 고급 필터는 데이터 탭 메뉴의
정렬 및 필터 그룹에 고급이 있다. 고급을 누르면 고급 필터 창이 나타난다. 현재
위치에 필터는 조건식을 수행한 결과 값이 기존 목록에서 수행되어 표시되고 다
른 장소에 복사는 조건식을 수행한 결과 값을 원하는 위치에 표시되도록 한다. 본
화면에서는 A40 셀에 결과 값이 표시되도록 하였다. 목록 범위는 필터링을 할 목
록을 지정하는 것이고 조건 범위는 목록 아래에 작성한 조건식을 나타낸 것이다.

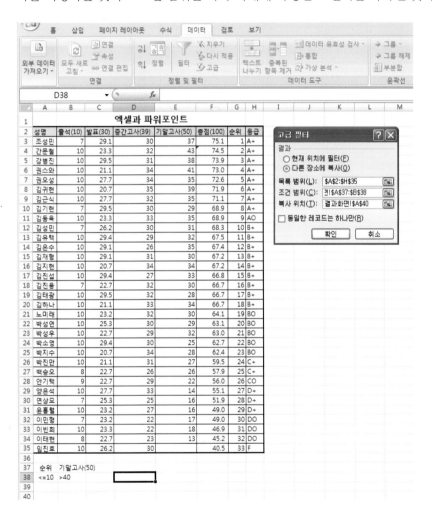

조건식은 순위가 10위 이내이고 기말고사 성적이 40점보다 큰 학생들을 필터링하
여 A40 셀에 나타낸다.

	홈	삽입	페이지 레이아웃	수식	데이터	검토	보기

외부 데이터 가져오기 · | 모두 새로 고침 · | 연결 속성 연결 편집 | 정렬 | 필터 | 지우기 다시 적용 고급 | 텍스트 나누기

연결 | 정렬 및 필터

D38

엑셀과 파워포인트

	A	B	C	D	E	F	G	H	I
2	성명	출석(10)	발표(30)	중간고사(39)	기말고사(50)	총점(100)	순위	등급	
3	조성민	7	29.1	30	37	75.1	1	A+	
4	간문철	10	23.3	32	43	74.5	2	A+	
5	강병진	10	29.5	31	38	73.9	3	A+	
6	권스와	10	21.1	34	41	73.0	4	A+	
7	권오성	10	27.7	34	35	72.6	5	A+	
8	김귀현	10	20.7	35	39	71.9	6	A+	
9	김근식	10	27.7	32	35	71.1	7	A+	
10	김기현	7	29.5	30	29	68.9	8	A+	
11	김동욱	10	23.3	33	35	68.9	9	AO	
12	김성민	7	26.2	30	31	68.3	10	B+	
13	김유택	10	29.4	29	32	67.5	11	B+	
14	김은수	10	29.1	26	35	67.4	12	B+	
15	김재형	10	29.1	31	30	67.2	13	B+	
16	김지현	10	20.7	34	34	67.2	14	B+	
17	김진섭	10	29.4	27	33	66.8	15	B+	
18	김진을	7	22.7	32	30	66.7	16	B+	
19	김태광	10	29.5	32	28	66.7	17	B+	
20	김하나	10	21.1	33	34	66.7	18	B+	
21	노미래	10	23.2	32	30	64.1	19	BO	
22	박성연	10	25.3	30	29	63.1	20	BO	
23	박성우	10	22.7	29	32	63.0	21	BO	
24	박소영	10	29.4	30	25	62.7	22	BO	
25	박지수	10	20.7	34	28	62.4	23	BO	
26	박진만	10	21.1	31	27	59.5	24	C+	
27	백승오	8	22.7	26	26	57.9	25	C+	
28	안기택	9	22.7	29	22	56.0	26	CO	
29	양은석	10	27.7	33	14	55.1	27	D+	
30	연상모	7	25.3	25	16	51.9	28	D+	
31	윤홍렬	10	23.2	27	16	49.0	29	D+	
32	이민형	7	23.2	22	17	49.0	30	DO	
33	이빈회	10	23.3	22	18	46.9	31	DO	
34	이태현	8	22.7	23	13	45.2	32	DO	
35	임진호	10	26.2	30		40.5	33	F	
36									
37	순위	기말고사(50)							
38	<=10	>40							
39									
40	성명	출석(10)	발표(30)	중간고사(39)	기말고사(50)	총점(100)	순위	등급	
41	간문철	10	23.3	32	43	74.5	2	A+	
42	권스와	10	21.1	34	41	73.0	4	A+	

고급 필터링에서 OR 조건은 조건식을 다른 행에 작성한다. 예를 들어서 순위가 10위 이내이거나 기말고사 성적이 40점보다 큰 학생들을 필터링하여 J20 셀에 나타낸 경우이다.

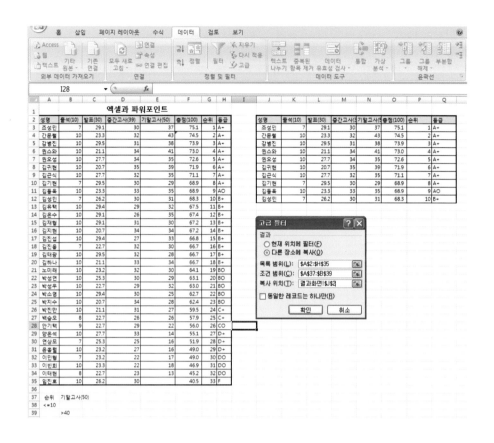

2) 부분합

부분합은 워크시트에 입력된 데이터들을 그룹별로 분류하고 해당 그룹별로 특정한 계산을 한다. 부분합을 작성할 때는 큰 그룹에 대한 부분합을 작성하고 다시두 번째 그룹에 대한 부분합을 작성한다. 두 번째 그룹에 대한 부분합을 작성할때는 부분합 대화상자에서 '새로운 값으로 대치' 옵션을 해제하고 작성해야 한다.부분합을 작성하고자 할 때는 먼저 정렬이 되어 있어야 한다. 다음은 2009년 프로야구 중간순위 목록을 나타낸 것이다.

'경기수'를 기준으로 오름차순으로 정렬을 한 후 '경기수'로 그룹화하여 승, 패, 무, 승률의 평균을 구하는 부분합을 나타낸 것이다. 부분합 대화상자에서 그룹화할 항목은 값을 구하는 기준이 되는 항목을 선택하는 것이다. 사용할 함수는 그룹화할 필드에 적용할 함수를 선택하는 것이다. 부분합 계산 항목은 함수를 적용해서 실제 계산할 필드를 선택하는 것이다.

경기수별 평균과 승, 패, 무, 승률에 대한 평균을 부분합으로 나타낸 것이다.

승, 패, 무, 승률의 평균을 부분합으로 구한 후 연속해서 승, 패, 무, 승률의 최댓값을 부분합으로 구하기 위해서는 새로운 값으로 대치를 해제한 후 부분합을 구한다. 부분합 대화상자에서 새로운 값으로 대치는 기존의 부분합 결과를 없애고 현재의 결과로 대치하는 것이다. 그룹 사이에서 페이지 나누기는 각 그룹 다음에 페이지가 나뉘도록 한다. 데이터 아래에 요약 표시는 부분합 결과를 표시할 위치를 선택하는 것이다.

그룹화된 경기수에 따른 승, 패, 무, 승률에 대한 평균과 최댓값을 부분합으로 나타낸 것이다.

1 2 3 4	A	B	C	D	E	F	G
1				2009년 프로야구 중간순위			
2							
3		팀	경기수	승	패	무	승률
4		두산	17	10	6	1	0.59
5		한화	17	8	8	1	0.47
6			17 최대값	10	8	1	0.59
7			17 평균	9	7	1	0.53
8		삼성	19	10	9	0	0.53
9		히어로즈	19	8	11	0	0.42
10			19 최대값	10	11	0	0.53
11			19 평균	9	10	0	0.47
12		롯데	20	7	13	0	0.35
13		KIA	20	8	11	1	0.40
14		LG	20	9	10	1	0.45
15		SK	20	13	5	2	0.65
16			20 최대값	13	13	2	0.65
17			20 평균	9.25	9.75	1	0.46
18			전체 최대값	13	13	2	0.65
19			전체 평균	9.125	9.125	0.75	0.48
20							

❸ 시나리오와 목표 값 찾기

1) 시나리오

시나리오는 워크시트에 입력된 데이터들에 대하여 다양한 상황과 변수에 따른 여러 가지 결과 값의 변화를 곧바로 계산 결과에 반영하여 예측하고 분석하는 기능이다. 셀 값의 변동에 대한 서로 다른 여러 시나리오를 만들어 변화하는 결과 값을 예측하기 위해 사용된다. 주가 분석, 이자율 분석, 손익 분석 등 다양한 상황에 따른 시나리오를 작성할 수 있다. 다음은 B2:H9 셀 범위에서 안타가 변동하는 경우 순위가 변동하는 시나리오를 작성하기 위한 것이다. 시나리오는 데이터 도구 그룹의 가상분석을 클릭한다.

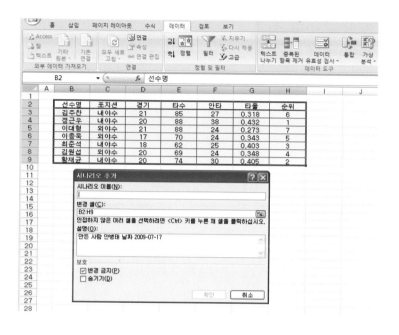

시나리오 이름은 "내야수 안타 3개 증가"로 하고 내야수의 안타만 3을 증가시켰을 때 가상 시나리오를 작성한다. 이어서 시나리오 이름을 "외야수 안타 3개 증가"로 하고 외야수의 안타만 3을 증가시켰을 때 가상 시나리오를 작성한다. 먼저, 내야수 안타 3개 증가 시나리오 편집 화면 및 변경 셀에 해당하는 값을 입력하였다.

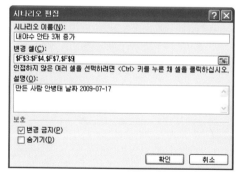
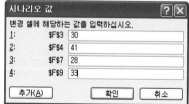

연속해서 추가 버튼을 눌러서 외야수 안타 3개 증가 시나리오를 추가하고 변경 셀에 해당하는 데이터 값을 변경한다.

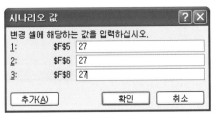

시나리오 요약 버튼을 클릭하면 내야수, 외야수 안타 3개 증가에 따른 순위의 가상 시나리오가 요약되어 나타난다.

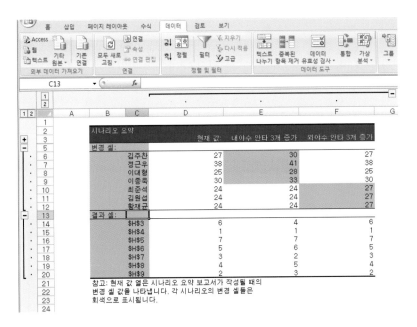

2) 목표값 찾기

목표값 찾기는 수식에서 원하는 결과(목표)값은 알고 있지만 그 결과 값을 계산하기 위해 필요한 입력 값을 모를 경우에 사용한다. 즉 수식이 사용된 셀에서 수식의 결과로 특정한 값을 얻기 위해서는 입력되는 변수가 어떻게 변해야 하는지 알아보는 기능이다. 목표값 찾기는 주어진 결과 값에 대해 하니의 입력 값만 변경할 수 있으며 결과 값은 입력 값을 참조하는 수식으로 작성되어야 한다.

EXCEL
엑셀

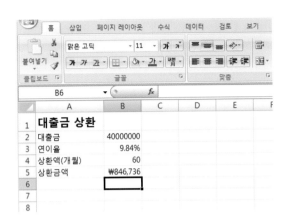

월 상환금액을 80만원으로 하려면 연이율을 어떻게 조정해야 되는지 목표값 찾기를 이용하여 알아보자. 목표값 찾기는 데이터 도구 그룹의 가상분석을 클릭하면 목표값 찾기가 있다. 목표값 찾기를 클릭하면 목표값 찾기 창이 나타난다. 수식 셀에는 상환 금액을 입력하고 찾는 값은 80만원을 입력한다. 값을 바꿀 셀은 실제 연이율을 입력함으로써 상환 금액 80만원에 대한 연이율이 목표값으로 나온다.

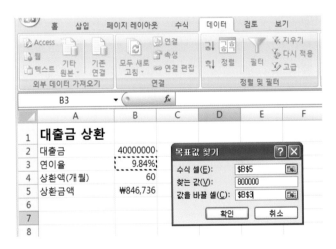

확인 버튼을 누르면 목표 값 찾기 상태 창이 나타나며 연이율은 9.84%에서 7.42%로 변경된다.

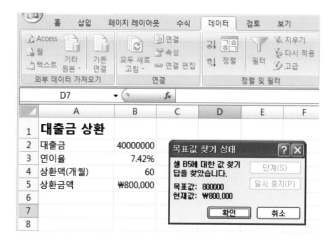

❹ 피벗 테이블

피벗 테이블은 워크시트에 입력된 많은 양의 데이터를 효율적으로 분석하고 요약하는 기능으로 2차원 평면 형태로 구성되어 있다. 그리고 여러 필드에 대한 그룹별 소계를 구하고 많은 양의 데이터를 한눈에 쉽게 파악해서 요약 및 분석이 가능하도록 한다. 이러한 피벗 테이블을 작성하려면 원본 데이터를 정의하고 피벗 테이블이 만들어질 통합 문서의 위치를 지정한 후 필드 레이아웃을 설정하면 된다. B2:S12를 이용하여 피벗 테이블을 작성한다. 피벗 테이블은 삽입 메뉴 탭의 표 그룹에 피벗 테이블을 클릭하여 피벗 테이블을 선택한다.

선수명	포지션	팀	경기	타수	득점	안타	2타	3타	홈런	타점	도루	볼넷	삼진	병살	타율	장타율	출루율
김주찬	1루수	롯데	21	85	10	27	5	1	3	7	1	2	11	1	0.318	0.506	0.348
정근우	2루수	SK	20	88	21	38	6	2	2	12	7	4	9	2	0.432	0.614	0.469
이대형	중견수	LG	21	88	11	24	0	0	1	6	4	5	12	1	0.273	0.307	0.309
이종욱	중견수	두산	17	70	12	24	1	4	1	7	9	6	6	0	0.343	0.486	0.395
최준석	1루수	두산	18	62	11	25	0	0	7	22	0	7	7	1	0.403	0.742	0.479
김원섭	중견수	KIA	20	69	9	24	1	2	1	7	2	7	10	3	0.348	0.493	0.416
황재균	3루수	히어로즈	20	74	19	30	10	0	4	11	6	9	13	0	0.405	0.703	0.459
김현수	좌익수	두산	18	66	15	28	6	2	4	16	2	11	14	1	0.424	0.758	0.5
최희섭	1루수	KIA	21	77	14	25	3	0	7	15	2	12	20	2	0.325	0.636	0.422
박재상	좌익수	SK	21	79	17	25	6	1	0	13	8	17	18	2	0.316	0.418	0.424

피벗 테이블 만들기 대화상자에서 표/범위는 원본 데이터 목록의 범위를 지정하
고 피벗 테이블 위치는 기존 워크시트의 B14 셀에 출력이 되도록 하였다.

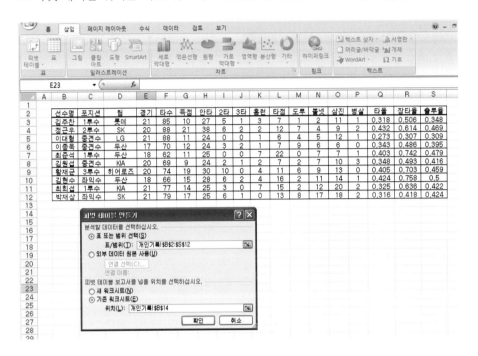

확인 버튼을 누르면 피벗 테이블의 필드 레이아웃 설정 창이 나타난다. 이때 피벗
테이블 필드 목록 창에서 레이아웃을 설정한다. 행 레이블에는 팀이 사용되고 열
레이블에는 선수명이 기준이 되도록 한다. 타율, 장타율, 출루율의 평균을 구하고
생성되는 Σ값을 행 레이블로 옮긴다.

선수명	포지션	팀	경기	타수	득점	안타	2타	3타	홈런	타점	도루
김주찬	1루수	롯데	21	85	10	27	5	1	3	7	1
정근우	2루수	SK	20	88	21	38	6	2	2	12	7
이대형	중견수	LG	21	88	11	24	0	0	1	6	4
이종욱	중견수	두산	17	70	12	24	3	2	1	7	9
최준석	1루수	두산	18	62	11	25	0	0	7	22	0
김원섭	중견수	KIA	20	69	9	24	2	1	2	7	2
황재균	3루수	히어로즈	20	74	19	30	10	0	4	11	6
김현수	좌익수	두산	18	66	15	29	6	2	4	16	2
최희섭	1루수	KIA	21	77	14	25	3	0	7	15	2
박재상	좌익수	SK	21	79	17	25	6	1	0	13	8

열 레이블

행 레이블	김원섭	김주찬	김현수	박재상	이대형	이종욱	정근우	최준석	최희섭	황재균	총합계
두산											
합계 : 타율			0.424			0.343		0.403			1.17
합계 : 장타율			0.758			0.486		0.742			1.986
합계 : 출루율			0.5			0.395		0.479			1.374
롯데											
합계 : 타율		0.318									0.318
합계 : 장타율		0.506									0.506
합계 : 출루율		0.348									0.348
히어로즈											
합계 : 타율										0.405	0.405
합계 : 장타율										0.703	0.703
합계 : 출루율										0.459	0.459
KIA											
합계 : 타율	0.348								0.325		0.673
합계 : 장타율	0.493								0.636		1.129
합계 : 출루율	0.416								0.422		0.838
LG											
합계 : 타율					0.273						0.273
합계 : 장타율					0.307						0.307
합계 : 출루율					0.309						0.309
SK											
합계 : 타율				0.316			0.432				0.748
합계 : 장타율				0.418			0.614				1.032
합계 : 출루율				0.424			0.469				0.893
전체 합계 : 타율	0.348	0.318	0.424	0.316	0.273	0.343	0.432	0.403	0.325	0.405	3.587
전체 합계 : 장타율	0.493	0.506	0.758	0.418	0.307	0.486	0.614	0.742	0.636	0.703	5.663
전체 합계 : 출루율	0.416	0.348	0.5	0.424	0.309	0.395	0.469	0.479	0.422	0.459	4.221

실습문제 ❶

다음 그림에서 보는 바와 같이 부분합을 작성하시오.

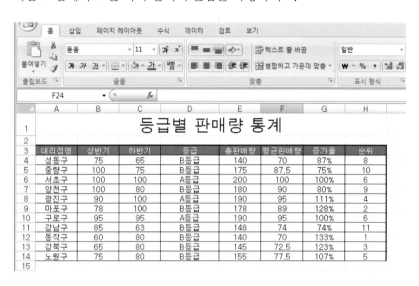

〈출력형태〉

▶ 처리 조건
- 데이터를 '등급' 기준 오름차순, '총판매량' 기준 내림차순으로 정렬.
- '등급'으로 그룹화하여 '총판매량', '평균판매량'의 최댓값을 구하는 부분합 작성.
- '등급'으로 그룹화하여 '총판매량', '평균판매량'의 최솟값을 구하는 부분합 작성. (새로운 값으로 대치하지 말 것)
- 최댓값과 최솟값 부분합의 순서 및 행의 그룹 수준은 《출력형태》와 다를 수 있음.
- 지시사항이 없는 경우는 《출력형태》와 동일하게 작성할 것.

실습문제 ②

다음 그림에서 보는 바와 같이 고급 필터를 작성하시오.

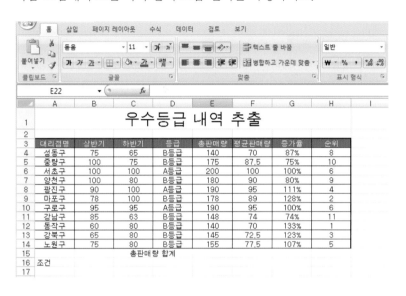

《 출력형태 》

	대리점명	상반기	하반기	등급	총판매량	평균판매량	증가율	순위
1	우수등급 내역 추출							
3	대리점명	상반기	하반기	등급	총판매량	평균판매량	증가율	순위
4	성동구	75	65	B등급	140	70	87%	8
5	중랑구	100	75	B등급	175	87.5	75%	10
6	서초구	100	100	A등급	200	100	100%	6
7	양천구	100	80	B등급	180	90	80%	9
8	광진구	90	100	A등급	190	95	111%	4
9	마포구	78	100	B등급	178	89	128%	2
10	구로구	95	95	A등급	190	95	100%	6
11	강남구	85	63	B등급	148	74	74%	11
12	동작구	60	80	B등급	140	70	133%	1
13	강북구	65	80	B등급	145	72.5	123%	3
14	노원구	75	80	B등급	155	77.5	107%	5
15				총판매량 합계				
16	조건							
17	FALSE							
19	대리점명	총판매량	평균판매량	증가율				
20	서초구	200	100	100%				
21	광진구	190	95	111%				
22	구로구	190	95	100%				

▶처리 조건

• '등급'이 A등급 이면서, '순위' 1위~6위 까지의 데이터를 대리점명, 총판매량, 평균판매량, 증가율 만 필터링할 것.
• 조건 위치 : 조건 함수는 [A17] 한 셀에 작성(AND 함수 이용)
• 결과 위치 : [A19]부터 출력
• 지시사항이 없는 경우는 《출력형태》와 동일하게 작성할 것.

실습문제 ❸

다음 그림에서 보는 바와 같이 시나리오를 작성하시오.

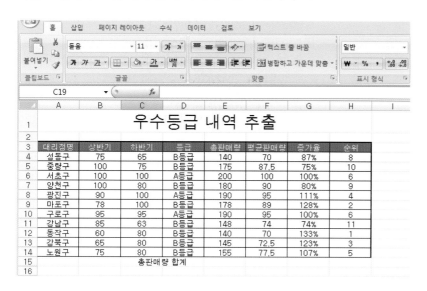

《 출력형태 – 시나리오 》

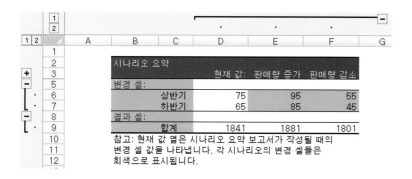

▶ 처리 조건

- '필터' 시트의 [A3:H14]를 이용하여 아래 조건에 맞게 작성할 것.
- [E15] : 총판매량의 합계를 구하시오.(SUM함수 이용)
- 완료된 '필터' 시트의 [A3:H15]를 이용하여 판매량 변동에 따라 총판매량의 합계가 변동하는 시나리오를 작성하고, 시트이름을 "시나리오"로 변경할 것.
- '성동구'의 상반기, 하반기 판매량만 변동
- 시나리오1 : 시나리오 이름은 "판매량 증가", 상반기(95), 하반기(85)로 설정
- 시나리오2 : 시나리오 이름은 "판매량 감소", 상반기(55), 하반기(45)로 설정
- 시나리오 요약 시트를 작성하시오. (단, 결과셀은 '총판매량 합계'로 지정)
- 셀이름 : 셀이름을 《출력형태 – 시나리오》와 동일하게 정의.

실습문제 ④

다음 그림에서 보는 바와 같이 피벗 테이블을 작성하시오.

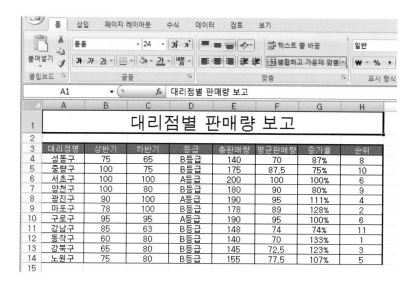

《 출력형태 》

▶ 처리 조건

• 위치 [A19]부터 작성

• 대리점명(보고서 필터), 등급(행 레이블), 순위(열 레이블)을 기준으로 하여 출력형태 와 동일할 것.

• 총판매량, 평균판매량의 합계

• 그룹 : 열 레이블(순위)에 그룹화 지정(시작:1, 끝:11, 단위:4)

• 피벗 테이블 옵션을 이용하여 아래 조건에 맞게 작성할 것.

• 레이아웃 및 서식 : 레이블이 있는 셀 병합 및 가운데 맞춤, 빈 셀은 "(공란)"으로 작성할 것.

• 요약 및 필터 : 행의 총합계 표시 제외.

• 표시 : 클래식 피벗 테이블 레이아웃 표시(눈금에서 필드 끌기 사용) 적용

• 지시사항이 없는 경우는 《출력형태》와 동일하게 작성할 것.

3.7   차트와 매크로

❶ 차트

차트는 데이터 목록 형태의 수치 자료를 일목요연하게 분석할 수 있는 여러 가지 그래프 형태로 시각화한 것으로 데이터를 비교 분석하는데 유용하다.

1) 차트 이해

메뉴 탭에는 차트 도구에 해당하는 디자인 탭, 레이아웃 탭, 서식 탭 메뉴가 생성된다. 디자인 탭에는 종류, 데이터, 차트 레이아웃, 차트 스타일 등의 그룹이 있으며 종류 그룹에는 차트 종류를 변경하거나 서식 파일로 저장 기능이 있다. 차트 종류를 변경하는 것은 기존의 차트 형태를 다른 형태로 변경한다. 차트 종류 그룹의 서식 파일로 저장은 현재 선택한 차트의 서식과 레이아웃을 서식 파일로 저장한다. 데이터 그룹의 행/열 전환은 차트에 나타나는 행과 열을 교대로 바꾸는 역할을 한다. 데이터 선택은 데이터 소스 대화상자에서 데이터를 편집하는 기능이다. 데이터 그룹의 데이터 새로 고침은 데이터 시트 상에서 데이터를 수정하면 파워포인트에서 차트 데이터에 다시 표시되도록 한다. 차트 레이아웃은 차트에 적용할 레이아웃을 적용한다. 차트 스타일은 차트 스타일을 선택한다.

종류 그룹의 차트 종류 변경을 클릭하면 차트 종류 변경 대화상자가 나타난다. 차트 종류 변경 대화상자에서는 기존의 차트 형태를 변경하고자 할 때 사용한다.

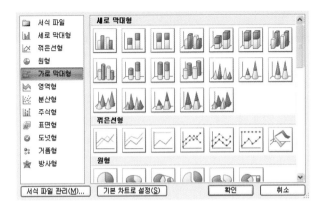

세로/가로 막대형 차트는 실적 비교, 직원 현황 분석 등에 사용된다.

꺾은 선형 차트는 주식 동향, 유가동향, 환율 변화 등에 사용된다.

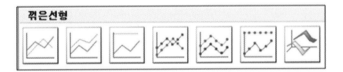

원형 차트는 시장 점유율, 설문 조사 결과, 투표 결과율 분석 등에 사용된다.

영역형 차트는 월별 판매 매출 현황, 연도별 자동차 판매 현황 등에 사용된다.

분산형 차트는 시간대별 예상 강수량과 실제 강수량 비교, 분기별 예상 강설량과 실제 강설량 비교 등에 사용된다.

주식형 차트는 주식 동향 등에 사용된다.

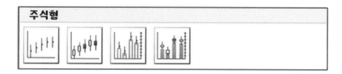

거품형 차트는 제품의 매출액과 시장 점유율, 어장 매출액과 어장 점유율 등에 사용된다.

방사형 차트는 신제품의 지역별 판매량과 소비자 만족도, 교재의 판매량과 학생 만족도 등에 사용된다.

차트 도구의 레이아웃 메뉴 탭은 현재 선택 영역, 삽입, 레이블, 축, 배경, 분석, 속성 그룹 등이 있다. 현재 선택 영역 그룹은 현재 선택되어 있는 차트 요소를 표시하며 원하는 차트 요소를 선택 후 선택 영역 서식을 클릭하면 해당 요소의 서식을 변경할 수 있다. 삽입 그룹에는 차트가 있는 슬라이드에 그림을 삽입할 수 있는 그림 기능, 도형을 삽입할 수 있는 도형 기능, 텍스트 상자를 삽입하는 기능 등이 있다.

레이블 그룹에는 차트 제목, 축 제목, 범례, 데이터 레이블, 데이터 표 기능이 있
다. 차트 제목은 차트의 제목을 변경하거나 추가할 수 있다. 축 제목은 가로 축과
세로 축의 제목을 추가하거나 삭제할 수 있고 축의 방향이나 회전도 지정한다. 범
례는 범례 형식을 지정한다. 데이터 레이블은 데이터 레이블의 위치를 선택하거
나 데이터 요소 위치를 지정한다. 데이터 표는 차트와 함께 데이터시트에 있는 데
이터를 표 형태로 표시한다.

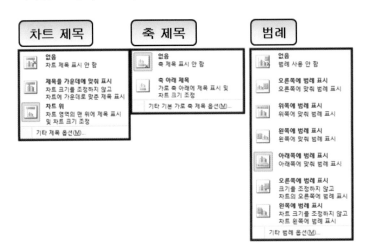

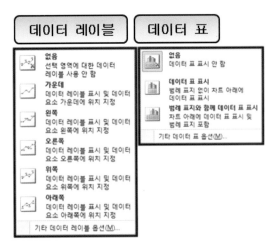

축 그룹에는 축, 눈금선 기능이 있다. 축은 가로 축과 세로 축에 대한 옵션을 선택하여 다양한 축 형태를 변경하고 눈금선은 가로 눈금선과 세로 눈금선에 대한 표시 기능을 한다.

축

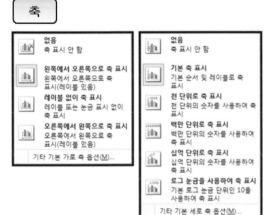

눈금선

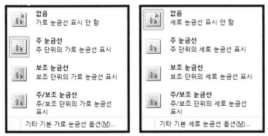

배경 그룹에는 그림 영역, 차트 옆면, 차트 밑면, 3차원 회전 기능 등이 있다. 그림 영역은 차트가 그려진 부분을 설정하고 차트 옆면은 3D 차트에서 차트 옆면의 형식을 표시한다. 차트 밑면은 3D 차트에서 차트 밑면의 형식을 표시하고 3차원 회전은 3D 차트에서 3차원 시작을 수정한다.

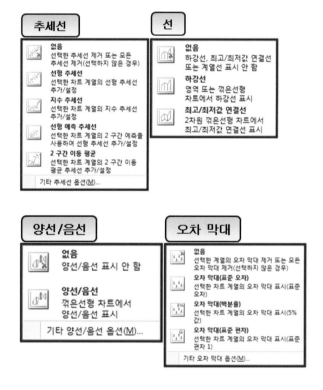

분석 그룹에는 추세선, 선, 양선/음선, 오차 막대 기능 등이 있다. 추세선은 차트에 추세선을 추가하는 기능으로 선의 색상이나 스타일을 다양하게 선택할 수 있다. 선 기능은 영역형 차트나 꺾은 선형 차트에서 하강선을 그리고자 할 때 사용한다. 양선/음선 기능은 0을 기준으로 양의 부분과 음의 부분을 차트로 표시한다. 오차 막대는 차트에 오류 막대를 삽입한다.

서식 탭 메뉴는 차트의 각 요소에 원하는 서식을 지정할 수 있으며 도형 스타일, WordArt 스타일, 정렬, 크기 그룹 등이 있다.

2) 차트 활용

2009년 개인기록표를 이용하여 "3차원 100% 기준 누적 가로 막대형" 차트를 작성한다. 차트를 작성하기 위해서는 삽입 메뉴 탭의 차트 그룹에서 설정한다. 차트를 작성할 데이터 영역은 B2:B12, E2:H12의 데이터를 이용한다. 차트 그룹의 가로 막대형 차트를 선택하기 전 데이터 목록에서는 미리 B2:B12, E2:H12 영역이 블록으로 지정되어 있어야한다. "3차원 100% 기준 가로 막대형" 차트를 선택하면 기본 차트가 생성된다.

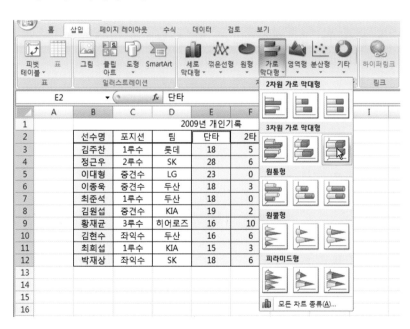

2009년 개인 기록표에서 차트의 레이아웃3을 이용하여 작성한다. 차트 레이아웃은 8까지 있으며 차트 레이아웃 그룹에서 레이아웃3을 지정한다.

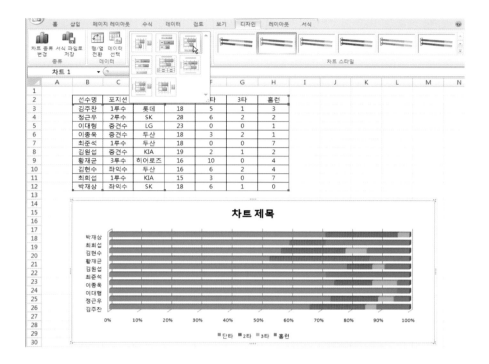

차트 스타일은 총 48가지 종류가 있으며 본 그래프에서는 스타일 34를 선택하여
사용한다.

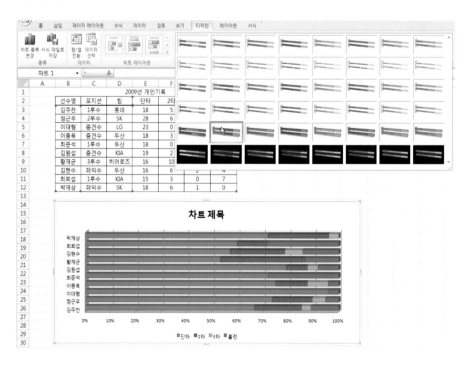

차트 제목은 "2009년 프로야구 개인기록"으로 작성하고 차트 제목에는 원근감 대각선 오른쪽 아래 형태의 그림자를 지정한다.

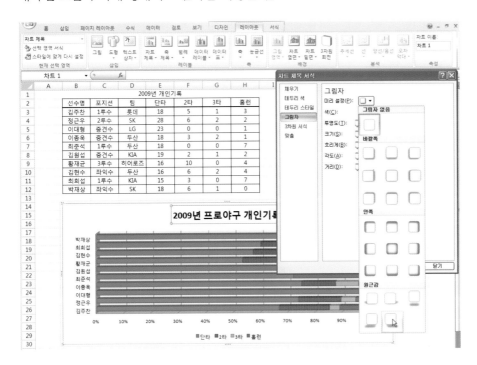

제목 서식에서는 채우기 색을 단색(빨강)으로 하고 범례 서식은 글꼴을 궁서체로 굵게 14pt로 지정한다.

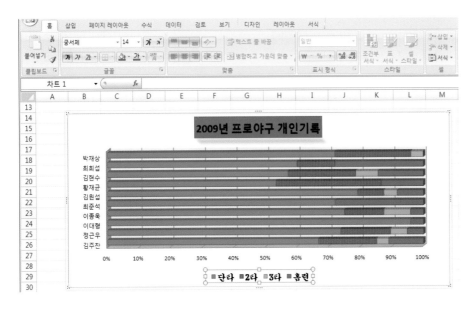

차트 영역 서식의 채우기 질감은 신문 용지로 지정한다. 차트 내부의 빈 공간에 마우스 오른쪽 버튼을 클릭하여 차트 영역 서식을 선택한다. 채우기의 그림 또는 질감에서 질감의 드롭 다운 버튼을 누르고 신문지를 선택한다.

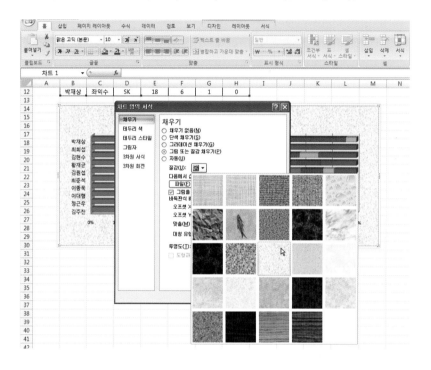

데이터 요소 서식에서 2타에는 채우기 질감을 캔버스로 한다. 데이터 요소 서식의 2타에만 채우기 적용하기 위해서는 그래프의 2타 부분에 마우스 왼쪽 버튼을 클릭하면 2타만 지정된다. 이때 마우스 오른쪽 버튼을 클릭하여 데이터 계열 서식 대화상자에서 적용한다.

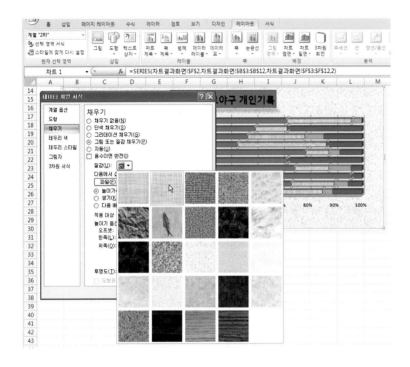

그래프의 데이터 레이블에 값을 표시하기 위해서는 레이아웃 탭의 레이블 그룹에서 데이터 레이블을 선택하여 표시를 클릭하면 그래프의 각 레이블에 값이 표시된다.

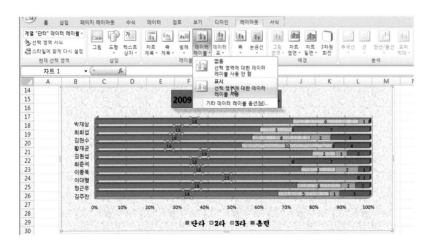

다음은 2009년 개인기록표를 이용한 "3차원 100% 기준 누적 가로 막대형" 차트를 나타낸 것이다.

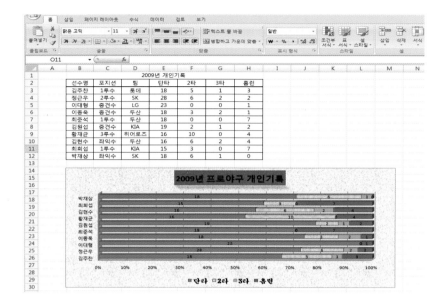

❷ 매크로

매크로는 일련의 명령어를 하나의 명령어로 결합하여 작업 시간을 단축하고 반복적인 명령을 자동화시켜 효율적인 작업이 가능하도록 한다. 매크로는 문제를 처리해 나가는 과정을 특정키에 기록해 두었다가 필요할 때마다 해당키를 누르거나 해당 도형을 클릭하여 기록해둔 처리 과정이 수행된다. 매크로는 보기 탭의 매크로 그룹에서 지정한다.

매크로를 작성하기 위해서는 반복될 작업에 대한 매크로 기록을 클릭하여 작업을 수행한다. 기록을 클릭하면 작업 수행에 대한 명령 작업들이 특정키에 저장된다. 다음은 B3:G11 영역에 가운데 맞춤, 테두리(윤곽선, 안쪽 모두 실선), B3:G3 영역은 채우기 색(노랑), B4:B11 영역에 채우기 색(바다색, 강조 5), 글꼴(흰색, 배경 1)을 표시하는 매크로를 작성한다. 매크로 이름은 정렬서식으로 하며 도형에는 타원을 만들고 타원에 "정렬서식"이라는 매크로가 지정되도록 한다. 먼저 매크로 기록을 클릭하면 매크로 기록 대화상자가 나타난다. 매크로 이름은 정렬서식으로 하고 바로가기 키는 단축키 기능으로 Ctrl + A를 눌러도 정렬서식과 동일한 매크

로 기능이 수행된다.

반복 작업이 완료된 후 매크로 기록 중지를 클릭하고 삽입 탭 메뉴의 일러스트레
이션 그룹에서 도형을 선택하여 타원을 생성하고 정렬서식이라는 매크로로 지정
한다. 타원에 마우스 오른쪽 버튼을 클릭하여 매크로 지정을 선택한다. 정렬서식
을 선택 후 확인 버튼을 누른다.

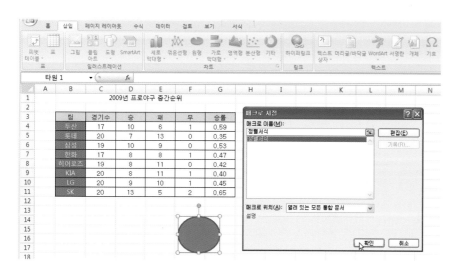

쉽게 풀어쓴 컴퓨터 활용

타원에 마우스를 올려놓으면 손가락으로 바뀐다. 이때 타원을 클릭하면 정렬서식
의 매크로가 적용된다.

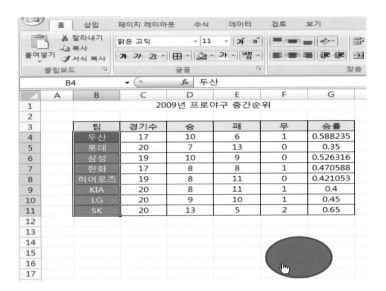

실습문제 ❶

다음 그림에서 보는 바와 같이 차트를 작성하시오.

	A	B	C	D	E	F
3	대리점명	상반기	하반기	등급	총판매량	평균판매량
4	성동구	75	65	B등급	140	70
5	중랑구	100	75	B등급	175	87.5
6	서초구	100	100	A등급	200	100
7	양천구	100	80	B등급	180	90
8	광진구	90	100	A등급	190	95
9	마포구	78	100	B등급	178	89
10	구로구	95	95	A등급	190	95
11	강남구	85	63	B등급	148	74
12	동작구	60	80	B등급	140	70
13	강북구	65	80	B등급	145	72.5
14	노원구	75	80	B등급	155	77.5
15						

《 출력형태 》

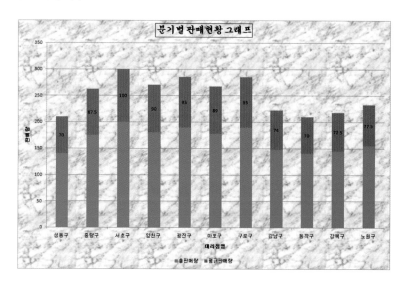

▶ 처리 조건

- 다음 데이터를 이용하여 '누적 세로 막대형' 차트를 작성할 것.
- 데이터 범위 : [A3:A14], [E3:F14]의 데이터를 이용하여 작성
- 차트 위치 : 새로운 시트에 작성하고, 시트명을 '차트'로 수정
- 차트 제목 : 차트 위("분기별 판매현황 그래프")
- 기본 가로축 제목 : 축 아래 제목("대리점명")
- 기본 세로축 제목 : 제목 회전("판매량")
- 범례 위치 : 아래쪽에 범례 표시
- 차트 영역 서식 : 그림 또는 질감 채우기(질감:흰색 대리석)
- 차트 영역 글꼴 : 돋움, 10pt
- 그림 영역 서식 : 채우기 없음
- 차트 제목 서식 : 테두리 색(실선, 검정), 궁서, 굵게, 18pt
- 평균 판매량 계열 : 데이터 레이블 추가
- 지시사항이 없는 경우는 《출력형태》와 동일하게 작성할 것.

실습문제 ❷

다음 그림에서 보는 바와 같이 매크로를 작성하시오.

	선수명	포지션	팀	경기수	득점	도움	파울
	김영후	공격수	강원	6	2	4	6
	최성국	공격수	광주	7	3	0	10
	고창현	미드필더	대전	6	3	1	6
	김치우	수비수	서울	7	2	0	6
	이호	미드필더	성남	6	2	1	18
	유병수	공격수	인천	6	3	1	11
	이천수	미드필더	전남	2	2	1	6
	이동국	공격수	전북	5	3	0	11

《 출력형태 》

2009년 프로야구 중간순위

팀	경기수	승	패	무	승률
두산	17	10	6	1	0.59
롯데	20	7	13	0	0.35
삼성	19	10	9	0	0.53
한화	17	8	8	1	0.47
히어로즈	19	8	11	0	0.42
KIA	20	8	11	1	0.40
LG	20	9	10	1	0.45
SK	20	13	5	2	0.65

정렬 서식

▶ 처리 조건

- "매크로" 시트의 [B3:G11] 영역은 가운데 맞춤, 테두리(윤곽선, 안쪽 모두 실선), [B3:G3] 영역은 채우기 색(노랑), [B4:B11] 영역에 채우기 색('바다색, 강조 5') 글꼴('흰색, 배경 1')을 표시하는 매크로를 생성.
- 매크로의 이름은 '정렬서식'으로 지정할 것.
- 도형 : 도넛을 이용하여 입력, 크기(높이(4)/너비(4)), 위치([F13:G21]), 채우기 단색(주황), 선(실선, '검정, 텍스트 1', 너비(1pt)), 텍스트("정렬 서식", 글꼴('검정, 텍스트 1'), 맞춤(가로 : 가운데, 세로 : 중간(가운데)))
- 매크로 지정 : 도형에 '정렬서식'이라는 매크로를 지정.
- 지시사항이 없는 경우는 《출력형태》와 동일하게 작성할 것.

3.8   인쇄와 페이지 레이아웃

❶ 머리글 및 바닥글

머리글 및 바닥글은 인쇄하고자 하는 각 페이지마다 페이지 번호, 날짜, 소제목 등을 작성하기 위한 구역이다. 머리글은 페이지의 상단 부분에 작성하며, 바닥글은 페이지의 하단 부분에 작성한다. 머리글 및 바닥글은 삽입 메뉴 탭의 텍스트 그룹에서 지정한다.

머리글에는 디자인 탭의 머리글/바닥글 요소 그룹에서 현재 날짜 명령을 클릭하면 머리글에 &[날짜]가 지정된다. 바닥글에는 디자인 탭의 머리글/바닥글 요소 그룹에서 페이지 번호를 클릭하면 바닥글에 &[페이지 번호]가 지정된다.

쉽 게 풀 어 쓴 컴 퓨 터 활 용

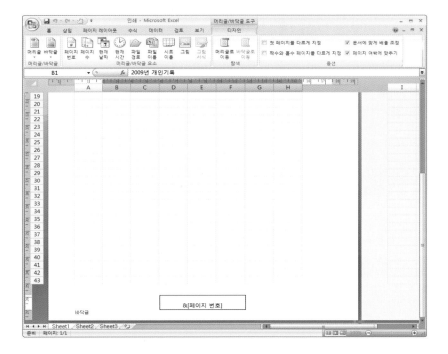

현재 페이지의 인쇄 미리보기를 통해 머리글 및 바닥글에 지정된 날짜와 시간을
확인한다.

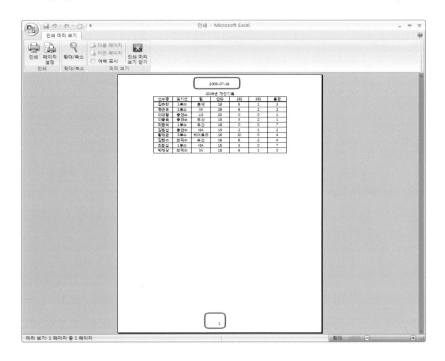

❷ 페이지 레이아웃 설정

페이지 레이아웃은 인쇄될 페이지에 나타나는 형식을 그대로 보여준다. 페이지 레이아웃 탭은 테마, 페이지 설정, 크기 조정, 시트 옵션, 정렬 그룹으로 구성된다.

페이지 설정 그룹에서 자세히를 클릭하면 페이지 설정 대화상자가 나타난다. 대화상자에서 페이지 탭은 용지 방향, 배율, 용지 크기, 인쇄 품질 해상도를 지정한다. 여백 탭은 인쇄될 유인물에 대한 상, 하, 좌, 우, 머리글, 바닥글 여백을 지정한다. 머리글/바닥글 탭에서는 머리글 및 바닥글에 대한 편집을 한다. 시트 탭에서는 인쇄 영역과 인쇄 제목, 인쇄에 대한 세부 속성들을 지정한다.

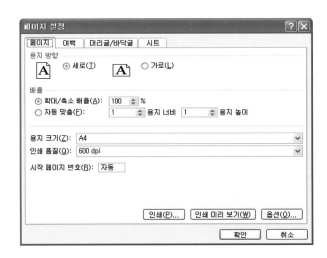

용지 방향을 가로로 지정하고 머리글 및 바닥글을 적용한 페이지를 인쇄 미리보기로 나타내었다.

❸ 인쇄

워크시트 문서를 작성하여 출력하고자 할 때 Office 단추에서 인쇄 버튼을 클릭하여 실행한다. 인쇄는 인쇄하기 전에 프린터, 인쇄 매수, 인쇄 범위 등의 옵션을 설정하고 빠른 인쇄는 아무런 설정 없이 바로 인쇄를 한다.

인쇄 미리보기는 인쇄하기 전에 인쇄될 문서를 미리 보여준다. 인쇄 대화상자에서 프린터는 컴퓨터에 설정되어 있는 프린터의 종류를 선택한다. 파일로 인쇄 체크 상자는 프린터로 인쇄되는 모양을 파일로 저장하는 것이고 인쇄 범위는 모두를 선택하여 첫 페이지에서 끝 페이지까지 인쇄를 하든 인쇄할 페이지를 선택하여 부분 인쇄를 한다. 인쇄 매수는 반복할 인쇄 매수를 지정하는 것이고 인쇄 대상은 해당 옵션 버튼을 선택하여 인쇄한다. 미리보기는 인쇄될 문서의 모양을 미리 본다.

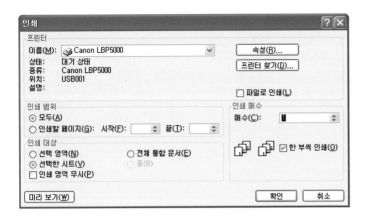

속성 버튼을 클릭하면 등록 정보 대화 상자가 나타난다. 등록 정보 대화 상자에는 페이지 설정, 마무리, 급지 장치, 인쇄 품질 탭 등으로 구성되어있다. 페이지 설정 탭은 페이지 크기, 출력 크기, 페이지 레이아웃 등 다양한 속성들이 있다. 마무리 탭은 제본을 하기 위한 제본용 여백 지정 기능 등을 비롯하여 마무리 기능 등이 있다. 급지 장치 탭에는 자동 및 수동 급지 장치와 용지 종류를 지정할 수 있다. 인쇄 품질 탭에는 컬러 모드 기능을 통해 컬러 인쇄 또는 흑백 인쇄를 선택할 수 있다.

실 전 기 출 문 제   1

【문제1】 "사원 성적표" 시트를 참조하여 다음 《처리조건》에 맞게 작업하시오.(50점)

《출력형태》

	A	B	C	D	E	F	G	H
1				전체 사원들의 성적				
2	작성일 :	2008-04-01						
3	회사명	성명	성별	학교성적	토익점수	총점	평균	순위
4	삼성	유가현	여	95	880	975	488	5
5	형대	김정근	남	80	790	870	435	6
6	LG	임세일	남	97	980	1,077	539	1
7	빙그레	임정원	남	68	750	818	409	7
8	대우	양경숙	여	80	960	1,040	520	2
9	하얀	이영덕	남	75	700	775	388	8
10	기아	박세리	여	65	680	745	373	9
11	롯데	송혜교	여	80	900	980	490	4
12	현주	강진희	여	90	910	1,000	500	3
13	항목별 남자의 합계			320	3,220	3,540	1,771	
14	항목별 여자의 평균			82	866	948	474	
15								

《처리조건》
※ Excel 옵션 : 기본설정 – 스크린 팁 스타일(스크린 팁 기능 설명 표시) 적용

▶ 1행의 행 높이를 '50.25'으로 설정하시오.
▶ 제목("전체 사원들의 성적") : 도형(위로 구부러진 리본)을 이용하여 입력하시오.
   – 도형서식 : 도형 채우기(주황, 강조6, 60% 더 밝게), 도형 윤곽선(주황, 강조
    6 / 두께 1/4pt) 텍스트 상자(텍스트 레이아웃 : 세로맞춤(중간))
   – 글꼴 : 굴림, 24pt, 굵게, 진한 빨강
▶ 셀서식을 아래 조건에 맞게 작성하시오.
   – 2행 : 글꼴(굴림, 11pt), 맞춤(가로:가운데, 세로:가운데)
   – 셀 스타일 [A3:H14] : 테마 셀 스타일(강조색4) 지정
   – 맞춤 [A3:H14] : 데이터 텍스트 맞춤(가로:가운데, 세로:가운데)
   – 표시형식 [D4:G14] : 쉼표 스타일 적용
▶ ① 총점 [F4:F12] : 학교성적, 토익점수 합계를 구하시오.(SUM 함수 이용)

▶ ② 평균 [G4:G12] : 학교성적, 토익점수의 평균을 구하시오.(ROUND, AVERAGE 함수 이용)

    – ROUND 함수를 이용하여 정수로 표시

▶ ③ 순위 [H4:H12] : 평균의 내림차순 순위를 구하시오.(RANK 함수 이용)

▶ ④ 항목별 남자의 합계 [D13:G13] : 각 항목별 남자의 합계를 구하시오.(SUMIF 함수 이용)

▶ ⑤ 항목별 여자의 평균 [D14:G14] : 각 항목별 여자의 평균을 구하시오.(DAVERAGE 함수 이용)

▶ 지시사항이 없는 경우는 《출력형태》와 동일하게 작성하시오.

【문제2】"부분합" 시트를 참조하여 다음《처리조건》에 맞게 작업하시오.(30점)

《출력형태》

《처리조건》

▶ 데이터를 '성별' 기준 오름차순, '총점' 기준 내림차순 정렬하시오.

▶ 아래 조건에 맞는 부분합을 작성하시오.

　– '성별'로 그룹화하여 '학교성적', '토익점수'의 합계를 구하는 부분합을 만
　드시오.

　– '성별'로 그룹화하여 '학교성적', '토익점수'의 평균을 구하는 부분합을 만
　드시오.(새로운 값으로 대치하지 말 것)

▶ 요약(합계)과 평균 부분합의 순서 및 행의 그룹 수준은《출력형태》와 다를 수
있음.

▶ 지시사항이 없는 경우는《출력형태》와 동일하게 작성하시오.

디지털정보활용능력 – 스프레드시트   [시험시간 : 40분]   3/6

【문제3】 "필터" 시트를 참조하여 다음《처리조건》에 맞도록 작업하시오.(60점)

[1] 고급 필터(30점)

《출력형태 – 고급필터》

	A	B	C	D	E	F	G	H
1			상위 10% 성적의 여성사원					
2								
3	회사명	성명	성별	학교성적	토익점수	총점	평균	순위
4	삼성	유가현	여	95	880	975	488	5
5	형대	김정근	남	80	790	870	435	6
6	LG	임세일	남	97	980	1,077	539	1
7	빙그레	임정원	남	68	750	818	409	7
8	대우	양경숙	여	80	960	1,040	520	2
9	하얀	이영덕	남	75	700	775	388	8
10	기아	박세리	여	65	680	745	373	9
11	롯데	송혜교	여	80	900	980	490	4
12	현주	강진희	여	90	910	1,000	500	3
13			학교성적 평균					
14	조건							
15	TRUE							
16								
17	성명	회사명	총점	평균				
18	유가현	삼성	975	488				
19	양경숙	대우	1,040	520				
20	송혜교	롯데	980	490				
21	강진희	현주	1,000	500				

《처리조건》
▶ [A3:H12]에 고급필터를 사용하여 아래 조건에 맞게 작성하시오.
　– '성별' 이 '여' 이면서, '총점' 이 900점 이상인 데이터를 성명, 회사명, 총점,
　　평균만 필터링하시오.
　– 조건 위치 : 조건 함수는 [A15] 한 셀에 작성(AND 함수 이용)
　– 결과 위치 : [A17]부터 출력
▶ 지시사항이 없는 경우는《출력형태–고급필터》와 동일하게 작성하시오.

[2] 시나리오(30점)

《출력형태 – 시나리오》

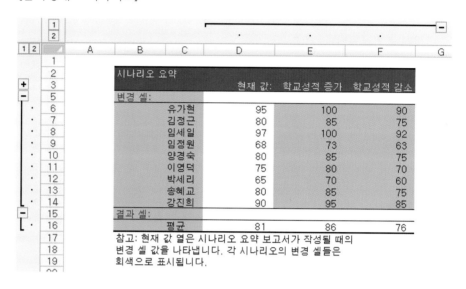

시나리오 요약			현재 값:	학교성적 증가	학교성적 감소
변경 셀:					
	유가현		95	100	90
	김정근		80	85	75
	임세일		97	100	92
	임정원		68	73	63
	양경숙		80	85	75
	이영덕		75	80	70
	박세리		65	70	60
	송혜교		80	85	75
	강진희		90	95	85
결과 셀:					
	평균		81	86	76

참고: 현재 값 열은 시나리오 요약 보고서가 작성될 때의
변경 셀 값을 나타냅니다. 각 시나리오의 변경 셀들은
회색으로 표시됩니다.

《처리조건》
▶ '필터' 시트의 [A3:H12]를 이용하여 아래 조건에 맞게 작성하시오.
  – [D13] : 학교성적의 평균을 구하시오.(AVERAGE 함수 이용)
▶ 완료된 '필터' 시트의 [A3:H13]을 이용하여 '학교성적'의 점수에 따라 평균이
  변동하는 시나리오를 작성하시오.
  – 시나리오1 : 시나리오 이름은 "학교성적 증가", 점수에 각각 5를 더한 값을
    설정(단, 100점을 초과할 경우 100점으로 설정)
  – 시나리오2 : 시나리오 이름은 "학교성적 감소", 점수에 각각 5를 뺀 값을 설정
  – 시나리오 요약 시트를 작성하시오.(단, 결과 셀은 '학교성적 평균'으로 지정)
  – 셀 이름 : 셀 이름을 《출력형태 – 시나리오》와 동일하게 정의
▶ 지시사항이 없는 경우는《출력형태 – 시나리오》와 동일하게 작성하시오.

【문제4】 "피벗테이블" 시트를 다음 《처리조건》에 맞게 작업하시오.(30점)

《출력형태》

	A	B	C	D	E	F	G
1			사원별 성적 보고				
2							
3	회사명	성명	성별	학교성적	토익점수		
4	삼성	유가현	여	95	880		
5	형대	김청근	남	80	790		
6	LG	임세일	남	97	980		
7	빙그레	임정원	남	68	750		
8	대우	양경숙	여	80	960		
9	하얀	이영덕	남	75	700		
10	기아	박세리	여	65	680		
11	롯데	송혜교	여	80	900		
12	현주	강진희	여	90	910		
13							
14							
15	성명	(모두) ▼					
16							
17		성별 ▼	남	값			
18					여		
19	회사명 ▼	합계 : 학교성적	합계 : 토익점수	합계 : 학교성적	합계 : 토익점수	전체 합계 : 학교성적	전체 합계 : 토익점수
20	기아	--	--	65	680	65	680
21	대우	--	--	80	960	80	960
22	롯데	--	--	80	900	80	900
23	빙그레	68	750	--	--	68	750
24	삼성	--	--	95	880	95	880
25	하얀	75	700	--	--	75	700
26	현주	--	--	90	910	90	910
27	형대	80	790	--	--	80	790
28	LG	97	980	--	--	97	980
29	총합계	320	3,220	410	4,330	730	7,550

《처리조건》

▶ [A3:E12]에 피벗 테이블을 사용하여 아래 조건에 맞게 작성하시오.
　　– 결과 위치 : [A17]부터 출력
▶ 성명(보고서 필터), 회사명(행 레이블), 성별(열 레이블)을 기준으로 하여 《출력형태》와 같이 구하시오.
　　– 학교성적, 토익점수의 합계
▶ 피벗 테이블 옵션을 이용하여 아래 조건에 맞게 작성하시오.
　　– 레이아웃 및 서식 : 레이블이 있는 셀 병합 및 가운데 맞춤, 빈 셀은 "--"으로 작성
　　– 표시 : 클래식 피벗 테이블 레이아웃 표시(눈금에서 필드 끌기 사용) 사용
　　– 모든 데이터는 가운데 정렬하고, 표시형식(쉼표 스타일) 적용
▶ 지시사항이 없는 경우는 《출력형태》와 동일하게 작성하시오.

【문제5】 "차트" 시트를 참조하여 다음《처리조건》에 맞게 작업하시오.(30점)

《출력형태》

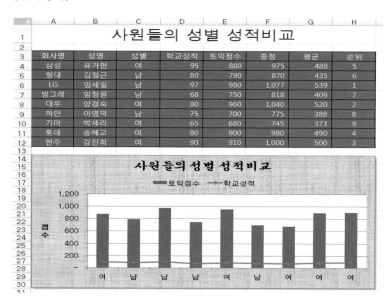

《처리조건》

▶ '차트' 시트의 데이터를 이용하여 '묶은 세로 막대형' 차트를 작성하시오.

  – 데이터 범위 : 현재 시트에 [C3:E12]의 데이터를 이용하여 작성

  – 차트 위치 : 현재 시트의 [A14:H30] 크기에 맞게 작성

  – 차트 제목 : 차트 위("사원들의 성별 성적비교")

  – 범례 위치 : 위쪽에 범례 표시

  – 기본 세로축 제목 : 세로 제목("점수")

  – 차트 영역 서식 : 채우기(그림 또는 질감 채우기:질감(파피루스)), 그림자(오
   프셋 대각선 오른쪽 아래)

  – 차트 영역 글꼴 : 돋움, 11pt

  – 그림 영역 서식 : 채우기(단색 채우기 : 흰색)

  – 차트 제목 글꼴 : 궁서, 굵게, 18pt

  – 학교성적 계열 : '표식이 있는 꺾은선형'으로 변경

▶ 지시사항이 없는 경우는《출력형태》와 동일하게 작성하시오.

기 출 문 제 풀 이

* 행 높이 50.25 지정은 1행에 마우스를 올려놓고 마우스 오른쪽 버튼 클릭하여
  행높이 설정 후 데이터 값 입력.

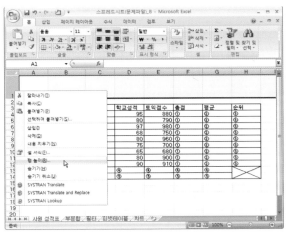

* 삽입 – 도형 – 위로 구부러진 리본 선택.
* 서식 – 도형 채우기 – 주황, 강조6, 60% 더 밝게 지정.
* 서식 – 도형 윤곽선 – 주황, 강조6 지정.
* 서식 – 도형 윤곽선 – 두께 1/4 pt 지정.
* 선택된 도형에서 마우스 오른쪽 버튼 클릭하여 도형 서식 선택.
* 텍스트 상자 선택하여 세로 맞춤 중간 지정.

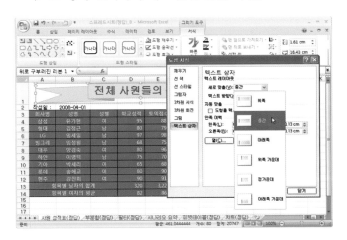

쉽 게 풀 어 쓴 컴 퓨 터 활 용

* 홈 탭에서 글꼴 속성(굴림, 24pt, 굵게, 진한 빨강) 지정.
* 2행 마우스 왼쪽 버튼 클릭하여 블록 지정 후 홈 탭의 글꼴 및 맞춤 그룹에서 가
  로:가운데, 세로:가운데 지정.

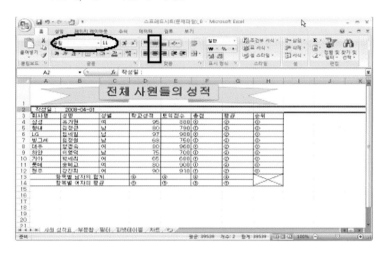

* A3:H14 ==〉 테마 셀 스타일 강조색 4는 홈 − 스타일 − 셀 스타일에서 지정.

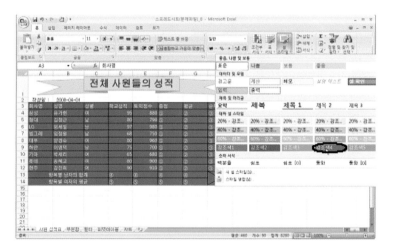

* A3:H14 ==〉 홈 − 맞춤 − 가로 : 가운데, 세로 : 가운데 지정.
* D4:G14 블록 지정 후 홈 − 표시 형식 − 쉼표 적용.

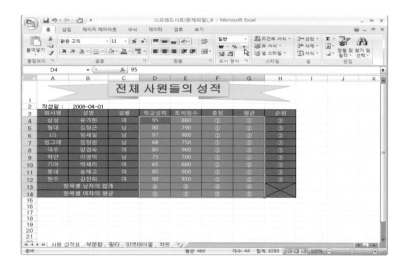

* F4 셀 선택 후 홈 – 편집 – 합계 함수 클릭 선택. F4 셀을 선택 후 채우기 핸들을 이용하여 F12 셀까지 드래그.

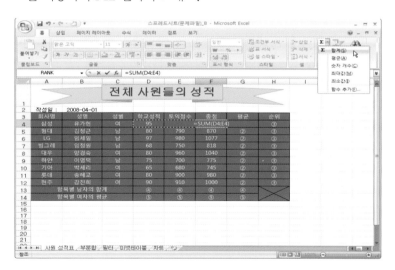

* G4:G12 평균 : ROUND(AVERAGE(D4:E4),0)

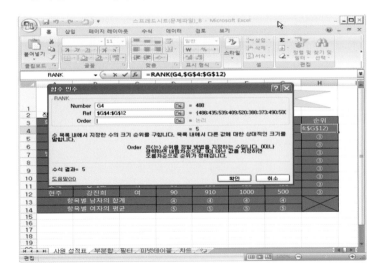

* H4:12 ==〉 RANK 함수 이용

* 함수 삽입 fx를 클릭하면 함수 마법사 창이 나타남.

* RANK 함수 선택하면 함수 인수 대화상자가 나타남.

* Number는 순위를 구하기 위한 데이터 값이 있는 셀 주소.

* Ref는 순위를 구하기 위한 전체 영역 지정($G$4:$G$12).

* 참조 영역은 절대 주소로 지정하여 채우기 핸들을 하더라도 셀 주소가 바뀌지 않도록 주의할 것.

* Order는 0이나 비워두면 내림차순으로 순위를 구하고 그 외 값이 들어가면 오름차순으로 순위가 지정.

EXCEL
엑셀

* 항목별 남자의 합계는 SUMIF 함수를 이용.
* Range는 성별의 항목을 지정.
* 절대 주소를 사용함으로써 차후 채우기 핸들을 하더라도 바뀌지 않음.
* Criteria는 남자의 합계를 구하므로 남자에 해당하는 셀 주소를 입력.
* 합계를 구하고자 하는 영역은 D4:D12이므로 해당 영역을 입력.
* 채우기 핸들을 이용하여 드래그.

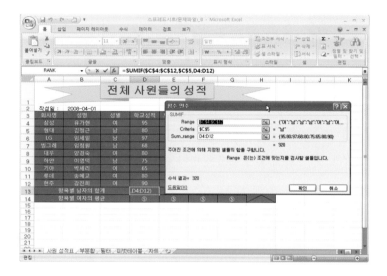

* 항목별 여자의 평균은 D14 셀에 셀을 올려두고 함수 인수창을 이용하여 DAVERAGE 함수를 호출한다.
* Database 영역은 $A$3:$G$12까지 데이터가 있는 전체 영역으로 차후 채우기 핸들을 하더라도 지정된 블록이 변형되지 않도록 절대주소로 지정한다.
* Field는 데이터베이스 전체 영역 중 평균을 구하기 때문에 학교성적에 해당하는 4 필드를 지정한다.
* Criteria는 여자의 평균을 구하므로 성별이 여자인 $C$3:$C$4를 지정한다.

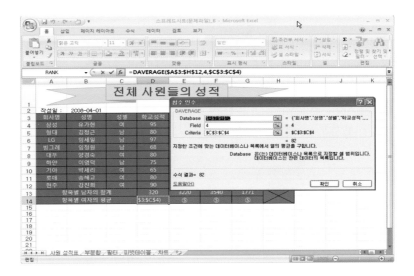

* 항목별 여자의 평균을 구한 후 채우기 핸들을 한다.

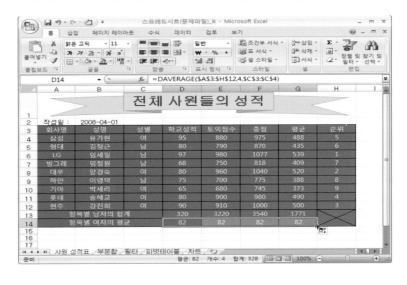

문제 2

* 홈 – 편집 – 정렬 및 필터에서 사용자 지정 정렬을 선택하여 성별 기준 오름차
  순, 총점 기준 내림차순을 정렬한다.

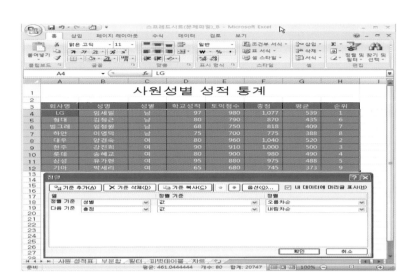

* 데이터 – 윤곽선 – 부분합 선택하면 부분합 지정을 위한 대화상자 나타남.
* 그룹화할 항목은 성별로 지정하고 사용할 함수는 합계로 지정한다.
* 부분합으로 계산할 항목은 학교 성적과 토익 점수 체크 지정.
* 확인 버튼을 클릭하여 부분합을 구한다.

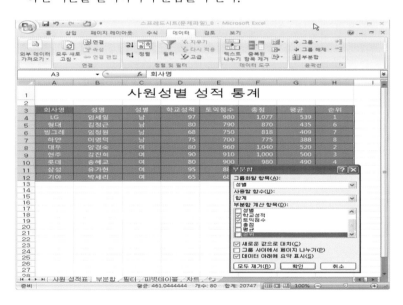

* 두 번째 부분합은 평균을 구하기 위한 부분합으로 데이터 – 윤곽선 – 부분합
  선택하여 사용할 함수를 평균으로 설정한다. 주의할 것은 부분합 대화상자에서
  새로운 값으로 대치를 해제해야 한다.

쉽 게 풀 어 쓴 컴 퓨 터 활 용

* 확인 버튼을 클릭하면 최종 부분합 결과화면이 나온다.

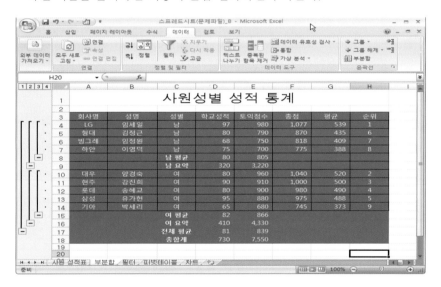

문제 3

1. 고급필터

* '성별'이 '여'이면서, '총점'이 900점 이상인 조건은 AND(C4="여",F4>=900).

266

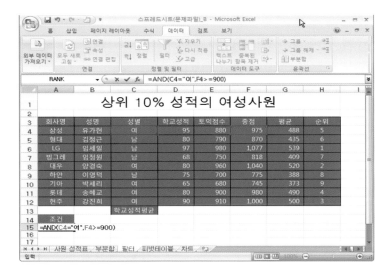

* 데이터 – 정렬 및 필터 – 고급 선택.

* 목록 범위는 A3:H12 영역 지정.

* 조건 범위는 A15 셀 선택.

* 복사 위치는 A17 셀 선택.

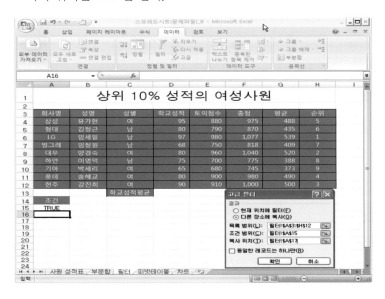

* 확인 버튼 클릭.

* 고급필터 결과화면

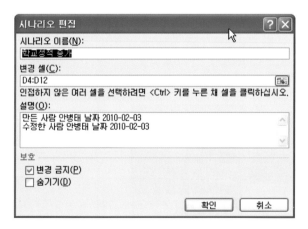

2. 시나리오

* D13 셀은 =AVERAGE(D4:D12) 이용.

* 데이터 – 데이터 도구 – 가상 분석 – 시나리오 관리자 선택 후 추가 버튼 클릭

* 시나리오 이름은 학교성적 증가, 변경 셀은 D4:D12, 확인 클릭

* 확인 버튼 클릭하면 변경 셀에 대한 증가된 값 입력.

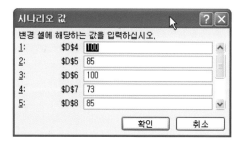

* 확인 후 추가 버튼 클릭.

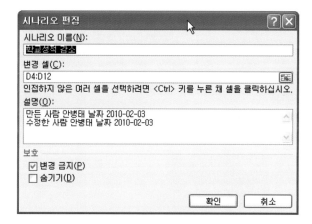

* 확인 후 시나리오 값을 5씩 감소하여 입력.
* 시나리오 관리자에서 요약 버튼 클릭.

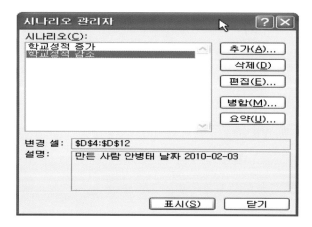

* 시나리오 요약 대화상자에서 결과 셀은 학교성적인 D13 셀로 지정.

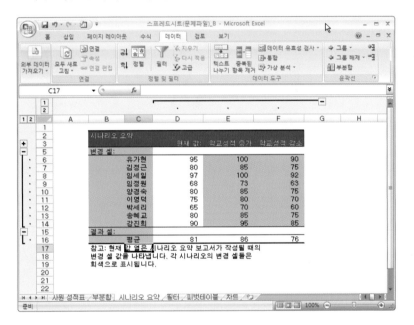

* 확인 버튼 클릭 후 결과 화면.

문제 4

* 삽입 – 피벗 테이블 선택
* 표/범위는 A3:E12 지정.
* 기존 워크시트 체크 후 A17 셀 지정.

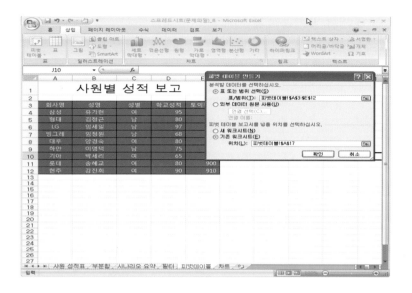

* 성명을 마우스 왼쪽 버튼으로 드래그하여 보고서 필터에 입력.

* 회사명은 행 레이블로 드래그 입력.

* 성별은 열 레이블로 드래그 입력.

* 학교성적, 토익점수를 드래그하여 값에 입력.

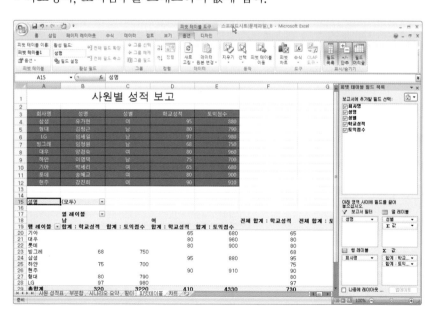

* 피벗 테이블 옵션은 옵션 – 피벗 테이블 – 옵션 드롭 버튼 클릭하면 피벗 테이
  블 옵션 대화상자 나타남.

* 레이블이 있는 셀 병합 및 가운데 맞춤 체크

* 빈 줄 표시에 "--" 작성.

* 표시 탭에서 클래식 피벗 테이블 레이아웃 표시 체크

* 피벗 테이블 전체 블록 지정 후 홈 탭에서 가운데 정렬하고 쉼표 스타일 적용.

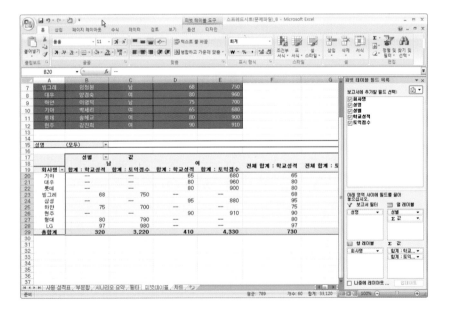

EXCEL 엑셀 03

문제 5

* 차트를 작성하기 위한 영역인 C3:E12 영역을 지정 후 삽입 – 차트를 선택하여 묶은 세로 막대형 차트를 지정.
* Alt 키를 누른 상태에서 차트 크기를 A14:H30 크기에 맞추어 작성한다.

* 레이아웃 – 차트 제목 – 차트 위 선택 후 차트 제목 입력.
* 레이아웃 – 범례 – 위쪽에 범례 표시 클릭.
* 레이아웃 – 축 제목 – 기본 세로 축 제목 – 세로 제목 선택 후 점수 입력.
* 차트 영역 서식을 클릭하여 그림 또는 질감 채우기에서 파피루스 선택.

273

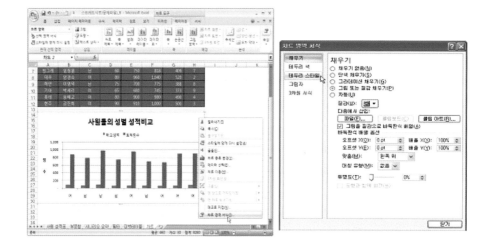

* 차트 영역 서식 대화상자에서 그림자 선택하여 오프셋 대각선 오른쪽 아래 지정.

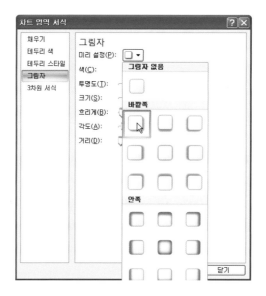

* 차트 영역 글꼴은 홈 탭에서 글꼴 속성 변경.
* 그림 영역 서식은 그림 영역에서 마우스 오른쪽 버튼 클릭하여 대화상자에서
지정.

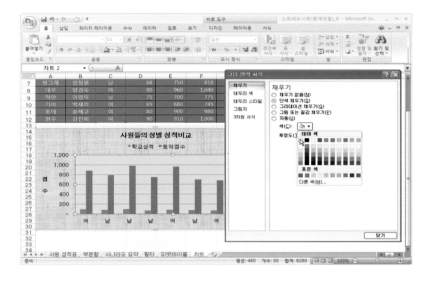

* 차트 제목 영역 지정하여 홈 탭에서 글꼴 속성 지정.
* 학교 성적 계열 영역 지정후 마우스 오른쪽 버튼 클릭하여 계열 차트 종류 변경.
* 꺾은선형 – 표식이 있는 꺾은선형 지정.
* 차트 결과화면.

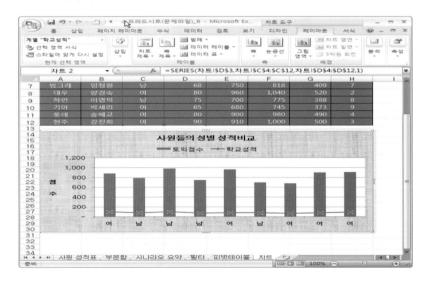

쉽게 풀어쓴 컴퓨터 활용

04

파워포인트

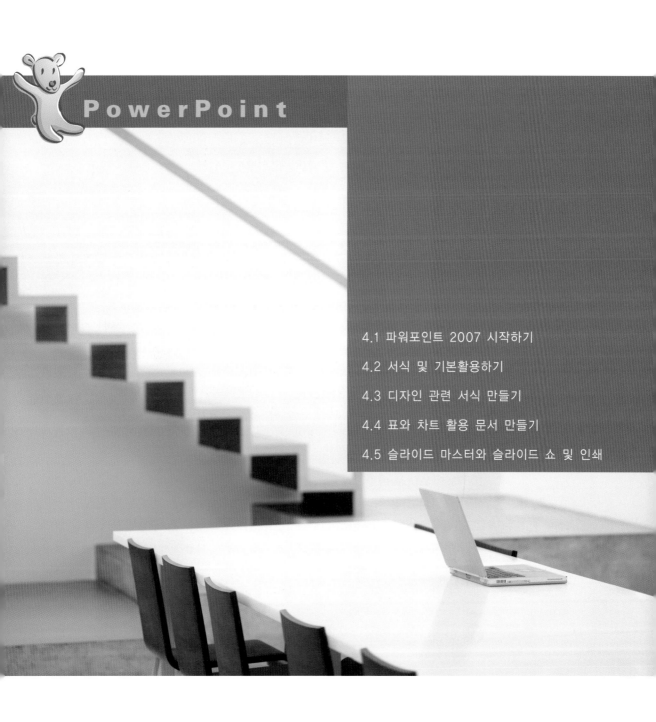

PowerPoint

04 CHAPTER 파워포인트

4.1   파워포인트 2007 시작하기

❶ 파워포인트 개요

정식 명칭은 마이크로소프트(MS) 오피스 파워포인트이다. 여러 사람 앞에서 자신의 생각을 발표하거나 공동 작업을 할 때 시각적 보조 자료로 활용할 수 있도록 프레젠테이션(Presentation)을 도와주는 소프트웨어이다.

프레젠테이션(Presentation)이란 '소개 · 발표 · 표현 · 제출'을 뜻하는 용어로, 많은 사람에게 효과적으로 메시지를 전달하고자 할 때 사용한다. 즉 프레젠테이션을 효과적으로 작성 · 발표하고, 공동 작업을 하는 데 도움을 주는 도구들의 모임이 파워포인트이며, 가장 큰 기능은 프레젠테이션을 위한 자료를 만드는 데 있다. 보고회 · 세미나 · 화상교육 등을 할 때 파워포인트를 이용해 만든 화면을 대형 화면이나 빔 프로젝트를 사용해 스크린에 띄워 사용할 경우, 프레젠테이션의 효과를 높일 수 있는 것이 장점이다.

1987년에 Apple 매킨토시용으로 1.0 버전이 출시되었고, 1990년 처음으로 윈도용이 도입되었다. 그 후 2002년 XP 오피스 파워포인트를 거쳐 현재 최신 버전은 2006년 출시된 파워포인트 2007이다. 파워포인트에는 팀 구성원끼리 작업 영역을 공유하고 공동으로 작업할 수 있는 기능, 다른 사용자가 볼 수 없도록 전달 · 복사 · 인쇄하지 못하게 하는 기능, 효과적인 발표를 할 수 있도록 도와주는 그래픽 · 애니메이션 · 멀티미디어 기능 등 다양한 기능이 포함되어 있다.

❷ 파워포인트 2007 실행과 종료

1) 파워포인트 2007 실행

파워포인트 2007은 ❶ [시작]-[모든 프로그램]-[Microsoft Office] 메뉴의 [Microsoft Office PowerPoint 2007] 클릭하거나, ❷ 바탕 화면의 「Microsoft

Office PowerPoint 2007」단축 아이콘()을 더블클릭하면 새로운 문서가 열리면서 실행된다. 또한 **3** 확장자가 *.pptx 인 파워포인트 파일을 더블클릭하면 기존에 저장된 문서가 열리면서 실행된다. 이때 오피스 버튼을 눌러 새로운 문서로 실행한다.

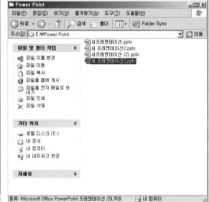

● 파워포인트 2007 실행

• [시작]-[모든 프로그램]-[Microsoft Office] 메뉴의 [Microsoft Office PowerPoint 2007] 클릭
• 바탕 화면의 「Microsoft Office PowerPoint 2007」 아이콘 더블클릭
• 확장자가 *.pptx인 파워포인트 파일 더블클릭

2) 파워포인트 2007 종료

편집 중인 파워포인트 2007 통합 문서를 저장한 후 **1** 오피스 버튼(🔘) 클릭 후 [PowerPoint 끝내기]를 선택하거나, **2** 제목 표시줄의 종료[✕] 버튼을 클릭해 파워포인트 2007을 종료할 수 있다. 편집 중인 문서는 **3** 오피스 버튼(🔘) 클릭 후 [닫기]를 선택하여 문서를 닫을 수 있다.

● 파워포인트 2007 종료
• 파워포인트 2007 종료 – 오피스 버튼( ) 클릭 후 [PowerPoint 끝내기] 클릭
            – 종료( ) 버튼 클릭
• 파워포인트 2007 문서닫기 : 오피스 버튼( ) 클릭 후 [닫기] 클릭

❸ 새 프레젠테이션 만들기

파워포인트 2007이 실행되면 새로운 프레젠테이션 파일이 아래그림 왼쪽과 같이 만들어지며, 이 상태에서 작업을 시작한다. 그리고 작업 중 새로운 프레젠테이션 파일을 만들려면 아래그림 오른쪽과 같이 오피스 버튼( )을 클릭하고 [새로 만들기]를 선택한다.

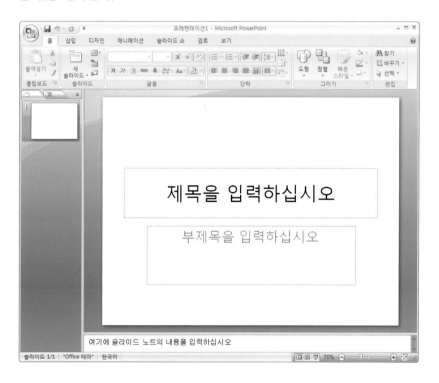

[새 프레젠테이션] 대화상자에서는 「새 프레젠테이션」, 「설치된 서식파일」, 「설치된 테마」 등을 이용해 새 프레젠테이션을 만들 수 있다.

쉽게 풀어쓴 컴퓨터 활용

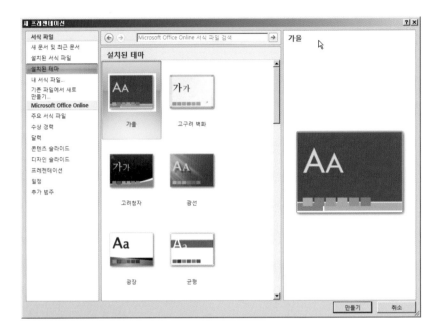

❹ 파워포인트 2007의 화면 구성

파워포인트 2007을 실행하면 다음의 화면으로 실행된다. 주요기능에 따라 개요
및 슬라이드 창과 기본메뉴, 슬라이드 편집 창, 슬라이드 노트 창 등의 영역으로
나뉜다.

282

① 오피스 버튼 : 파워포인트 2007의 메뉴를 볼 수 있다.

② 빠른 실행 도구모음 : 자주 자용하는 기능을 빠르게 실행하도록 모아 놓은 도구 모음. 빠른 실행 도구모음을 사용하면 자주 사용하는 도구에 신속하게 액세스 할 수 있다.

③ 빠른 실행 도구모음 사용자 지정 : 빠른 실행 도구모음에 명령을 추가할 수 있다.

④ 리본 메뉴 : 기존 버전에서의 메뉴와 도구 모음이 바뀐 것으로, 각 탭을 클릭하면 작업 내용에 따라 실행할 수 있는 명령 버튼이 나타나고, 명령 버튼은 기능 별 그룹으로 구분된다.

⑤ 명령 그룹 : 리본 메뉴의 각 탭에는 파워포인트 2007에서 사용하는 명령들이 있는데 기능별로 그룹을 지어 놓고 있다. 그룹에 표시되는 명령 이외에 추가 명령은 각 그룹의 추가 옵션버튼을 누르면 된다.

⑥ 슬라이드 및 개요 탭 : [슬라이드] 탭과 [개요] 탭으로 구분되어 있다. [슬라이드] 탭을 선택하면 각 슬라이드를 작은 그림으로 표시하고, [개요] 탭을 선택하면 각 슬라이드의 제목 상자와 텍스트 상자에 입력한 내용이 표시된다.

⑦ 슬라이드 창 : 각 슬라이드의 내용을 입력하고 수정하는 곳이다.

⑧ **상태표시줄** : 현재 작업 중인 슬라이드 번호, 테마, 언어 등이 표시된다.

⑨ **슬라이드 노트** : 슬라이드 내용에 대한 부연 설명을 입력하는 곳이다.

⑩ **화면보기** : 파워포인트 작업내용에 따라 화면보기를 간편하게 전환할 수 있다.

    ㉠   ㉡   ㉢

- ㉠ **기본보기** : 슬라이드에 내용을 입력하고 수정할 때 사용한다. 화면에 개요 및 슬라이드창, 슬라이드 창, 슬라이드 노트 창이 모두 표시된다.

- ㉡ **여러 슬라이드 보기** : 파일안의 모든 슬라이드가 표시된다. 이동, 복사, 삭제 등을 쉽게 작업할 수 있다.

- ㉢ **슬라이드 쇼** : 현재 작업 중인 슬라이드로부터 슬라이드 쇼가 시작된다.

⑪ **슬라이드 확대/축소 도구** : 슬라이드의 확대/축소 비율을 조절하거나 슬라이드 막대를 움직여 슬라이드 창에 표시된 슬라이드 크기를 조절한다.

⑫ **창 크기 맞춤 도구** : 현재 슬라이드 창에 맞게 슬라이드 크기를 자동 조절한다.

❺ 파워포인트 2007의 보기 개요

파워포인트 2007에는 기본보기, 여러 슬라이드 보기, 슬라이드 노트 보기, 슬라이드 쇼 보기 등 네 가지 주요 보기가 있다.

이전 버전의 파워포인트에서 보기 메뉴로 알려진 항목은 파워포인트 2007에서는 보기 탭이다. 보기 탭은 리본 메뉴에 있다.

1) 기본보기

기본보기는 프레젠테이션을 작성하고 디자인할 때 사용하는 주 편집 보기이다. 이 보기에는 네 가지 작업 영역이 있다. 왼쪽에는 개요 및 슬라이드 창, 가운데는 편집 창, 아래에는 슬라이드 노트 창을 표시한다. [보기] 탭에서 기본(▥)을 클릭하거나 화면보기 도구모음에서 기본보기(▥)를 클릭한다.

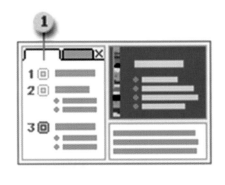 

① 개요 탭 : 이 영역은 내용 작성을 시작하기에 적합한 곳이다. 아이디어를 구상하고 발표 방법을 계획하고 슬라이드와 텍스트를 이동할 수 있다. 개요 탭은 슬라이드 텍스트를 개요 형식으로 보여준다.

② 슬라이드 탭 : 이 영역은 편집하는 동안 프레젠테이션의 슬라이드를 축소판 그림으로 보기에 적합한 곳이다. 축소판 그림을 사용하면 쉽게 프레젠테이션을 탐색하고 디자인 변경 결과를 확인할 수 있다. 또한 슬라이드를 쉽게 다시 정렬하거나 추가 또는 삭제할 수 있다.

③ 슬라이드 창 : 파워포인트 창의 오른쪽 위 구역에 있는 슬라이드 창에는 현재 슬라이드가 크게 표시된다. 이 창에 현재 슬라이드가 표시되어 있는 동안 텍스트를 추가하고 그림, 표, SmartArt 그래픽, 차트, 그리기 개체, 텍스트 상자, 동영상, 소리, 하이퍼링크 및 애니메이션을 삽입할 수 있다.

④ 슬라이드 노트 창 : 슬라이드 창 아래에 있는 슬라이드 노트 창에서는 현재 슬라이드와 관련된 노트를 입력할 수 있다. 나중에 이 노트를 인쇄하여 발표할 때 참고할 수 있다. 또한 노트를 인쇄하여 청중에게 나누어 줄 수도 있고 청중에게 보내거나 웹페이지에 게시하는 프레젠테이션에 노트를 포함할 수도 있다.

※ 슬라이드 탭과 개요 탭 간에 전환할 수 있다. 슬라이드 탭과 개요 탭은 창이 너무 작아지면 기호로 표시된다. 개요 탭이나 슬라이드 탭의 표시를 변경하려면 개요 또는 슬라이드 탭 표시 또는 숨기기를 참고한다.

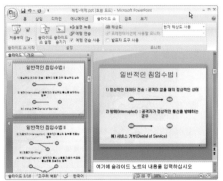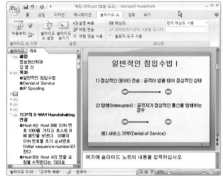

2) 여러 슬라이드 보기

여러 슬라이드 보기는 슬라이드를 축소판 그림 형태로 표시하는 보기이다. 파일에 있는 슬라이드를 한 화면에 보여주기 때문에 전체 슬라이드를 한꺼번에 훑어보기에 적합하고, 슬라이드 위치 변경이나 삭제 등을 쉽게 할 수 있다. [보기] 탭에서 여러 슬라이드( )를 클릭하거나 화면보기 도구모음에서 여러 슬라이드보기( )를 클릭한다.

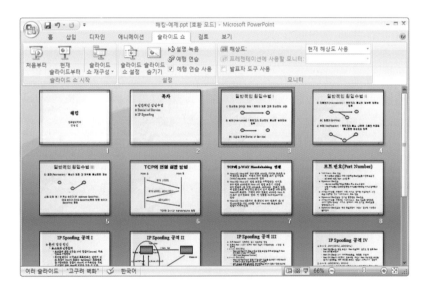

3) 슬라이드 노트 보기

기본 보기에서 슬라이드 창 바로 아래에 있는 슬라이드 노트 창에 노트를 입력할 수 있다. 파워포인트로 작성된 프레젠테이션은 청중에게 전달할 내용을 정리한 것이고, 슬라이드 노트는 발표자가 발표시에 청중들에게는 보이지 않고 발표자에게만 보이므로 이를 이용해서 발표할 내용을 정리해두면 편리하다. 청중에게는 노트를 숨긴 채로 노트를 보면서 프레젠테이션을 할 때는 발표자 도구를 사용하여 모니터 두 대로 프레젠테이션을 진행한다. [보기] 탭에서 슬라이드 노트()를 클릭한다.

4) 슬라이드 쇼 보기

슬라이드 쇼 보기는 실제 프레젠테이션처럼 전체 화면으로 표시된다. 이 보기에서는 청중이 보는 것과 동일한 프레젠테이션을 보게 된다. 그래픽, 타이밍, 동영상, 애니메이션 효과 및 전환 효과가 실제 프레젠테이션에서 어떻게 보이는지 확인할 수 있다.

[슬라이드 쇼]탭에서 처음부터(🎬)를 클릭하거나, 키보드의 F5를 누르면 첫 번째 슬라이드부터 실행된다. 그러나 수십 장의 슬라이드 중에서 특정한 부분부터 시작을 원한다면 슬라이드를 선택한 후 [슬라이드 쇼]탭에서 현재슬라이드부터 (🖥️)를 클릭하거나, 화면도구모음에서 슬라이드 쇼(🖵)를 클릭한다.

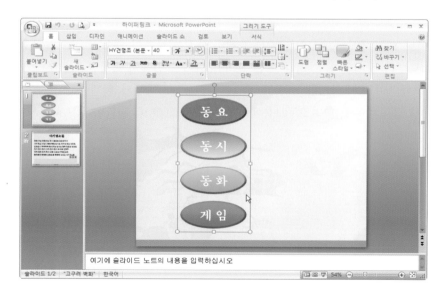

❻ 리본 메뉴 이용하기

파워포인트 2007에서 가장 눈에 띄는 부분이다. 리본 메뉴는 파워포인트 이전
버전에서 메뉴와 도구모음을 통했던 작업과정을 좀 더 간단하게 축소해 놓은 것
이다.

1) 리본 메뉴

이전 버전에서 메뉴를 이용해서 텍스트 서식을 바꾸려면 메뉴에서 텍스트 관련
명령을 찾아야 하고, 그림 서식을 바꾸려면 다시 메뉴에서 그림 서식과 관련된 명
령을 찾아야 한다. 그러나 리본 메뉴에서는 사용자가 어떤 개체를 선택하느냐에
따라 리본 탭이 자동으로 선택되어 사용자가 작업하기 편하게 된다.

PowerPoint
파워포인트

예를 들어, 텍스트 상자 안에 마우스 포인터를 갖다 놓으면 글꼴 서식을 수정할 수 있는 리본 메뉴가 활성화되고, 그림을 더블클릭하면 그림과 관련된 서식을 수정할 수 있는 리본 메뉴가 활성화된다. 이외에도 표나 차트를 더블클릭하면 [디자인]탭이 활성화되면서 표 도구나 차트 도구가 나타나고, 도형을 더블클릭하면 도형 서식도구가 나타난다.

2) 리본 메뉴의 구성

리본 메뉴는 여러 개의 탭으로 이루어져 있고, 각 탭은 세부 작업을 설정하는 그룹으로 구성되어 있다. 각 그룹은 해당 작업을 위한 단추와 옵션으로 이루어져 있다.

리본 메뉴 탭의 기본 8개 중에서 어디서든 더블클릭하면 리본 메뉴가 최소화되면서 화면상에서 리본 탭이 사라지기 때문에 슬라이드 작업 창을 넓게 사용할 수 있다. 필요한 경우 리본 메뉴 탭을 클릭하면 슬라이드 편집 창을 가리면서 메뉴가 표시되고, 사용하지 않는 경우엔 화면에서 리본 메뉴가 사라진다. 이는 작업표시줄에서 자동 숨김과 같은 효과를 보여준다. 리본 메뉴 탭을 화면에 표시하려면 리

289

본 메뉴 탭을 다시 더블클릭하면 된다.

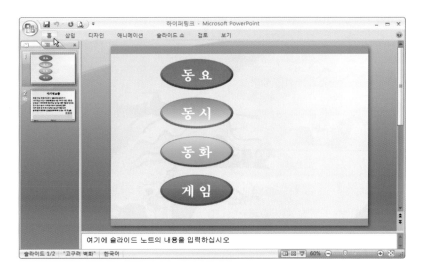

리본 메뉴에 있는 단추들은 단추라기보다는 갤러리처럼 되어있다. 단추를 클릭해서 옵션을 선택하는 것이 아니라, 한눈에 옵션들을 펼쳐놓고 원하는 것을 고르는 형태이기 때문이다.

예를 들어 슬라이드의 배경 효과를 바꾸기 위해 단추를 클릭해서 각각 적용하는 것이 아니라 효과의 기본제공 갤러리에서 마음에 드는 스타일만 선택하면 된다. 이때 스타일 위로 마우스 포인터를 가져가면 그 스타일이 적용되었을 때의 모습이 슬라이드 창에 나타나므로, 선택했다가 어울리지 않아 취소하고 다른 스타일을 선택하는 등의 과정을 생략하게 된다.

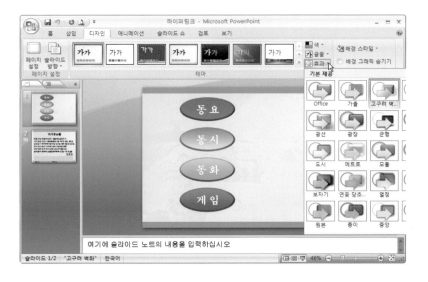

갤러리들은 리본 메뉴 안에서 한 줄씩 넘겨가면서 볼 수도 있지만 확장해서 볼 수 있다. 갤러리 오른쪽에 있는 세 개의 화살표 중에서 가장 아래의 자세히(▾)를 클릭하면 갤러리 축소 모음을 한눈에 볼 수 있다.

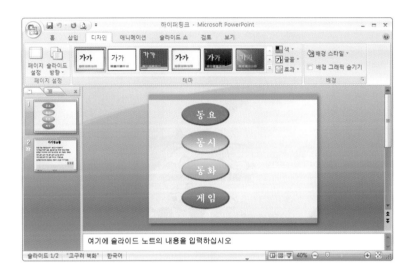

리본 메뉴의 도구 외에 좀 더 자세히 옵션을 선택하고 싶다면, 리본 메뉴에서 각 세부작업을 그룹별로 나누어 관리하고 있는 그룹 이름 옆에 있는 대화상자 열기(▫)를 클릭하면 대화상자 열린다. 이때 원하는 옵션을 선택해서 작업하면 된다.

쉽게 풀어쓴 컴퓨터 활용

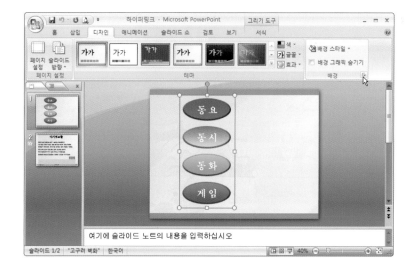

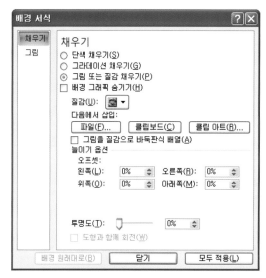

3) 리본 메뉴와 단축키

컴퓨터로 작업을 할 때 마우스와 키보드를 번갈아 사용하게 되는데, 보통은 키보드로 작업진행 중엔 계속해서 키보드로 작업하는 것이 편리하고 빠른 방법임을 알게 된다. 일반적으로 단축키를 이용하게 되면 키보드와 마우스를 번갈아 사용하지 않고 키보드로 작업할 수 있다.

리본 메뉴에서 단축키를 이용할 수 있는데, 모두 기억하기 힘들다면 키보드의 Alt 키를 눌러본다. 리본 위에 단축키들이 표시된다. 원하는 탭을 선택한 후에 Alt 키를 누르면 각 그룹에 해당하는 단축키가 표시된다. 또한 그룹을 열면 각 단추에 대한 단축키도 표시된다. 즉, 가장 상위 단계에서 하위 단계로 내려갈 때마다 계속 해당되는 단축키들이 표시된다.

다음에서 보여지는 것처럼 [홈]타입 아래에 있는 Ⓗ키를 넣으면 [홈]탭이 열리고, [홈]탭에 있는 단추나 옵션의 단축키가 표시된다. 여기에서 [새 슬라이드]인 Ⓘ키를 누르면, 다시 그 안에서 사용할 수 있는 단축키들이 표시된다.

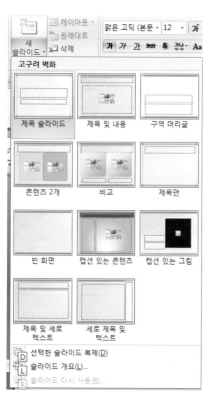

실습문제 ❶

다음의 슬라이드를 완성한다.

편의점이란 무엇인가?

- 편의점은 주로 역 주변/도로변 등 이용하기 편리한 곳에 입지하여 장시간 영업을 하며, 점포에 따라서는 연중무휴 24시간 영업체제로 생필품을 판매하는 점포도 있다.
- 맞벌이부부·독신자 등 비교적 목적구매 성향이 두드러진 고객을 겨냥하여 미국에서 시작되었다.
- 고객은 시간과 편의성에 대한 대한 기회보상으로 30%의 프리미엄가격을 수용한다.

▶ 처리 조건
- 슬라이드 레이아웃 : 제목 및 내용
- 제목 : 맑은 고딕(제목), 44pt
- 본문 : 굴림, 30pt

실습문제 ❷

[실습문제 1]의 슬라이드를 이용하여 다음을 완성한다.

편의점이란 무엇인가?

- 편의점은 주로 역 주변/도로변 등 이용하기 편리한 곳에 입지하여 장시간 영업을 하며, 점포에 따라서는 연중무휴 24시간 영업체제로 생필품을 판매하는 점포도 있다.
- 맞벌이부부·독신자 등 비교적 목적구매 성향이 두드러진 고객을 겨냥하여 미국에서 시작되었다.
- 고객은 시간과 편의성에 대한 대한 기회보상으로 30%의 프리미엄가격을 수용한다.

▶ 처리 조건
- 디자인 테마 : 태양 이용

4.2 서식 및 기본활용하기

다음의 실습을 통해 서식의 입력과 글머리 및 슬라이드 레이아웃의 변경 등에 대해 실습하고자 한다.

❶ 슬라이드 다루기

1) 새 슬라이드 삽입하기

먼저 파워포인트를 실행한다.

① 기본적으로 제목을 입력하는 슬라이드가 나오게 된다. 이때 다음과 같이 입력한다.

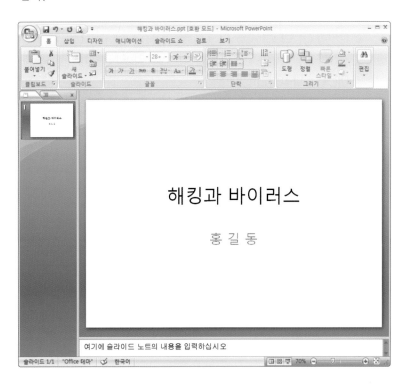

② [홈]-[슬라이드]-[새 슬라이드]를 클릭한다. 이때 새 슬라이드를 삽입하고자 하는 곳을 미리 선택한 후 슬라이드를 만들어야 한다. 기본적으로는 맨 마지막에 추가되도록 되어있다.

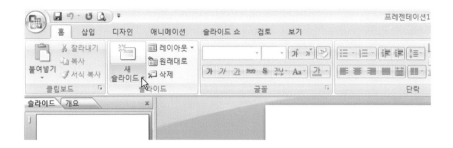

③ 새 슬라이드 버튼을 클릭하면 아래와 같은 선택 창이 나온다. 이때 작성하고자
하는 형식의 슬라이드를 선택해서 클릭한다.

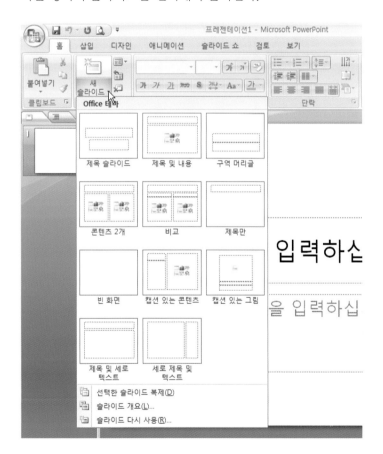

간단한 다른 방법도 있다. 화면 왼쪽의 슬라이드 창 공간에서 마우스 오른쪽 버튼
을 누르면 단축메뉴가 뜬다. 이 메뉴들 중 새 슬라이드를 누르는 방법이다.

쉽 게 풀 어 쓴 컴 퓨 터 활 용

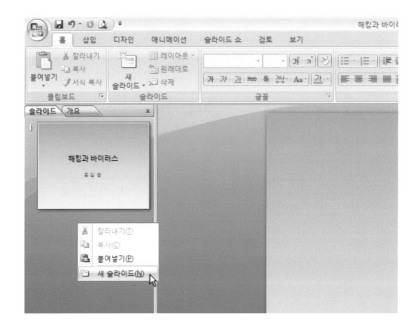

2) 슬라이드 삭제하기

먼저, 기본보기 상태 또는 여러 슬라이드보기 상태일 때 삭제하고자 하는 슬라이드를 선택한다.

① [홈]-[슬라이드]-[삭제] 클릭한다.

② 키보드의 Delete 키를 누른다.

3) 슬라이드 복사하기 및 붙여하기

① [슬라이드] 탭에서 복사할 슬라이드를 선택하고 마우스의 오른쪽 버튼을 클릭
한다. 단축메뉴에서 [복사]를 선택한다.

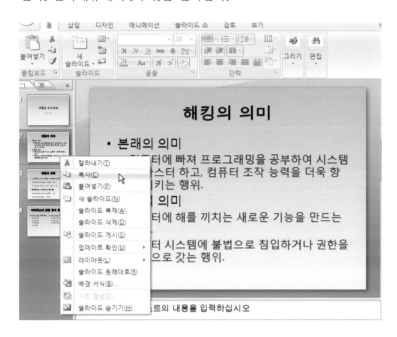

② [슬라이드] 탭에서 붙여놓고 싶은 위치에 마우스 포인트를 위치하고 마우스의
오른쪽 버튼을 클릭한 후, 단축메뉴에서 [붙여넣기]를 선택한다.

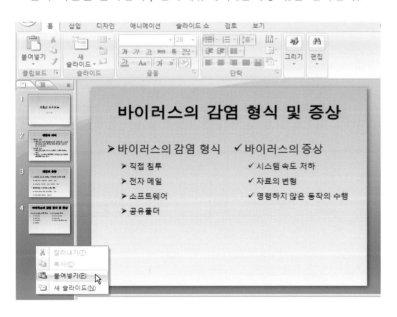

Tip | 단축키 이용 방법

이동하고자 하는 슬라이드를 복사한 후(Ctrl+C) 원하는 위치에 마우스 포인터를 클릭하고 붙여넣기(Ctrl+V)를 해도 된다.

4) 슬라이드 위치 이동

내용 전개에 따라 슬라이드의 위치를 옮길 수 있다. 슬라이드를 이동할 때에는 「기본보기」상태에서도 가능하지만 한번에 볼 수 있는 슬라이드 개수가 적기 때문에 여러 슬라이드를 한눈에 볼 수 있는 「여러 슬라이드 보기」로 바꾸어 작업하면 쉬워진다.

이동하고 싶은 슬라이드를 클릭한 후 원하는 위치까지 끌어 옮기는데 슬라이드와 슬라이드 사이의 원하는 위치에 세로선이 나타나는 순간 마우스 버튼에서 손을 떼면 된다.

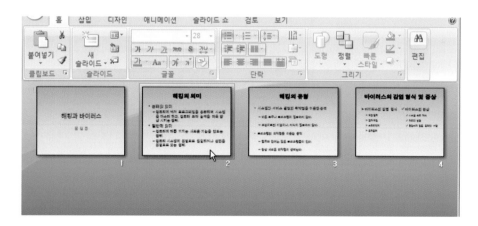

Tip │ 단축키 이용 방법

이동하고자 하는 슬라이드를 오려낸 후(Ctrl+X) 원하는 위치에 마우스 포인터를 클릭하고 붙여
넣기(Ctrl+V)해도 된다.

❷ 프레젠테이션 저장하기

새 프레젠테이션을 만들었다면 필요한 내용을 작성한 후 파일로 저장 할 수 있다.

1) 저장하기

프레젠테이션을 만든 후 한번도 저장하지 않았다면 오피스단추(🔘)를 클릭한 후
[저장]을 선택하거나 Ctrl+S 키를 누르면 현재 열려있는 프레젠테이션을 저장할
수 있다. 이때 저장되는 파일은 파워포인트 2007에서만 열 수 있다.

저장하고자 하는 폴더를 확인 후에 파일이름을 입력하고 [저장]을 누르면 저장된
다. 저장된 파일이름은 파워포인트 화면의 제목표시줄에 표시된다.

다른 이름으로 저장 대화상자 이미지

저장 위치(I):	예제
내 최근 문서	
바탕 화면	
내 문서	
내 컴퓨터	
내 네트워크 환경	

파일 이름(N): 해킹과 바이러스
파일 형식(T): PowerPoint 프레젠테이션

도구(L)   저장(S)   취소

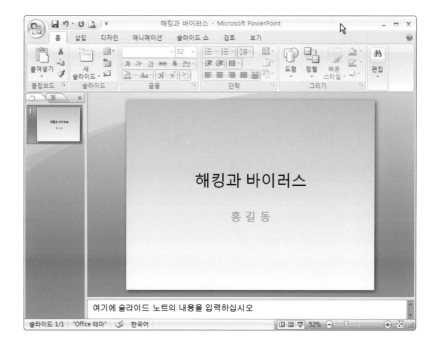

2) 다른 이름으로 저장하기

파일을 저장할 때 여러 가지 형태의 파일로 저장할 수 있는데 오피스단추()를 클릭한 후 [다른 이름으로 저장] 위에 마우스포인터를 올려놓으면 저장할 수 있는 여러 파일형식이 나타난다.

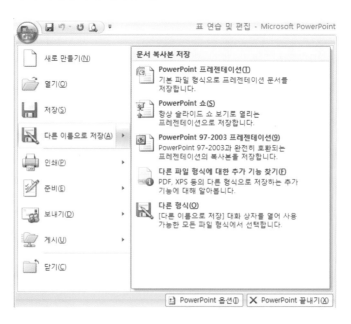

① **PowerPoint 프레젠테이션** : 파일을 저장할 때 아무런 옵션도 선택하지 않거나, 「파워포인트 프레젠테이션」옵션을 선택할 경우 파워포인트 2007에서만 열 수 있는 파일로 저장된다. 이 파일의 확장자는 .pptx 이다.

② **PowerPoint 쇼** : 나중에 슬라이드를 편집할 필요 없이 발표를 위한 쇼 형태로 저장할 때 선택하는 옵션이다. 이 형식으로 저장된 파일의 확장자는 .pps 이다.

③ **PowerPoint 97~2003 프레젠테이션** : 파워포인트 2007에서 작성했더라도 이전 버전(97~2003)에서도 편집가능한 상태로 저장하려고 할 때 선택하는 옵션이다. 파워포인트 2007에서는 파워포인트 95이전 버전은 지원하지 않는다. 이 형식으로 저장된 파일의 확장자는 .ppt 이다.

④ **다른 파일 형식에 대한 추가 기능 찾기** : PDF나 XPS 파일형식에 대한 도움말 정보를 보여준다.

⑤ **다른 형식** : 여기에서 설명한 이외의 파일 형식을 선택하려면 이 옵션을 선택한 후 파일 저장 대화상자의 「파일 형식」 항목에서 원하는 형식을 선택하면 된다.

❸ 레이아웃 이용과 텍스트 상자

레이아웃은 파워포인트를 시작했을 때 보여지는 기본 레이아웃으로 시작된다. 기본 레이아웃은 상단의 박스에 제목을, 하단의 박스에 부제목을 입력하는 것으로 시작된다.

이후에 새 슬라이드를 삽입하거나 다른 모양의 틀을 사용하고자 한다면 [홈]-[슬라이드]-[레이아웃]을 선택하면 바꿀 수 있는 형태의 레이아웃들이 나타난다. 이 중 작성하고자 하는 형태의 레이아웃을 선택하여 작성한다.

1) 레이아웃을 이용하여 입력하기

[홈]-[슬라이드]-[새 슬라이드]-[제목 및 내용]을 선택하여 다음의 내용을 입력한다. 이처럼 레이아웃을 이용하여 슬라이드를 작성하는 것이 편하게 작업하는 방법 중의 하나이다.

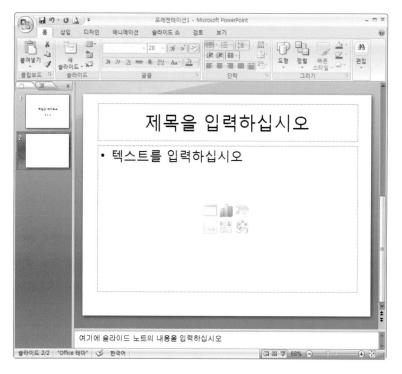

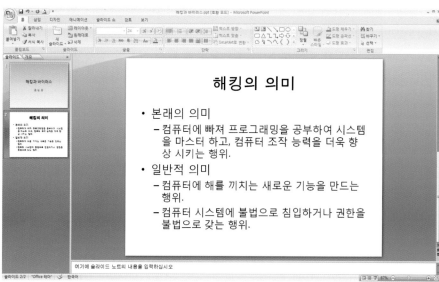

2) 텍스트 상자 만들기

다른 방법으로 텍스트 상자를 이용하여 작업할 수 있다. 텍스트 상자는 파워포인트 내용을 구성하는 기본단위의 하나로 사용하고 있다.

① [삽입]-[텍스트 상자] 또는 [홈]-[그리기]-[텍스트 상자]를 선택한다.

② 텍스트 상자를 원하는 위치에 마우스를 이동시키고 왼쪽 버튼을 클릭한 상태
에서 원하는 크기만큼 드래그하면 텍스트 상자가 만들어진다.

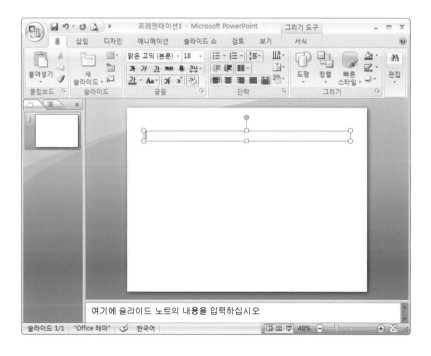

이때 텍스트 상자의 가로는 원하는 형태로 크기조절이 가능하지만, 세로는 한 줄 입력할 수 있도록 만들어진다.

- 가로 텍스트 상자 – 일반적으로 사용하는 형태로 텍스트가 좌에서 우로 입력된다.
- 세로 텍스트 상자 – 근대 이전의 서체를 표현하거나, 상호 및 제목 등을 표현하는 특별용도로 텍스트가 위에서 아래로 입력된다.

3) 텍스트 상자 수정하기

수정하고자 하는 텍스트 내용 부분에 마우스를 클릭하면 텍스트 상자의 테두리가 보인다.

이때 텍스트 상자 테두리에 8개의 점들이 나타나는데, 이들을 조절점이라 부른 다. 이들 조절점이 보이는 것은 선택을 했다는 의미로 이동, 수정, 삭제 등이 가 능하다. 따라서 마우스 포인터를 조절점에 두면 상황에 맞게 크기를 재조정할 수 있다.

다음처럼 텍스트 상자를 만들어 입력하고 크기를 조정해 볼 수 있다.

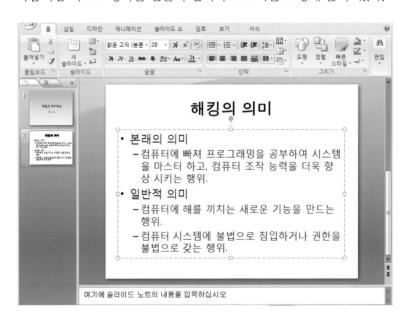

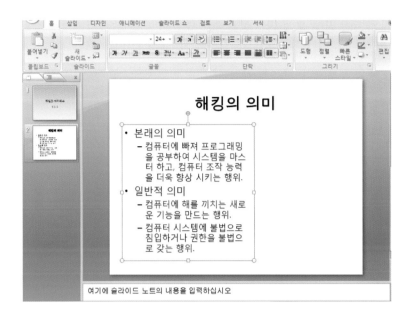

텍스트 상자를 원하는 방향으로 이동하고자 할 때에는 텍스트 상자 테두리의 선 부분에 마우스를 가져가면 십자모양의 화살표(⊹)가 생긴다. 그 상태에서 왼쪽 버튼을 클릭하고 원하는 곳으로 이동하면 텍스트 상자가 이동된다. 혹시 텍스트 크기가 텍스트 상자를 벗어나면 글꼴 크기를 조정하면 된다.

4) 텍스트 상자 삭제하기

① 삭제하고자 하는 텍스트 상자를 선택한 후 Delete 키를 누른다. 여기에서 텍스트 상자를 선택할 때에는 텍스트 상자의 점선 부분에 마우스를 클릭하거나, Esc 키를 누르면 실선으로 변하면서 텍스트 상자 전체가 설정된 것과 같다.

② 텍스트 상자의 테두리 부분에 마우스를 대고 오른쪽 버튼을 클릭하면 텍스트 상자와 관련하여 단축메뉴들이 나타난다. 그 상태에서 [잘라내기]를 선택하면 텍스트 상자를 삭제할 수 있다.

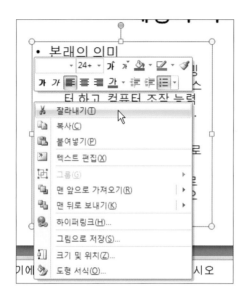

❹ 글꼴 변화

파워포인트 2007에서 기본적으로 주어지는 글꼴만으로 작성된 문서는 단조로움을 피할 수 없다. 그러나 단조로움을 피하기 위해 많은 글꼴을 이용하면 오히려 통일성이 없어 혼란스러워 보일 수도 있을 것이다. 따라서 상황에 맞게 변화를 주어 단조로움도 피하고 혼란스러움도 피하는 보기 좋은 문서를 작성해야 한다.

1) 글꼴 삽입 및 수정

글자모양을 바꾸는 방법은 기본적으로 다른 윈도우 프로그램들과 동일하다. 수정하고자 하는 부분이나 새로 글을 입력하고자하는 곳을 선택하면 [홈]-[글꼴] 부분이 활성화된다.

글꼴 삽입과 수정에서도 이전의 텍스트 상자 전체를 선택한 것과 동일한 방법으로 전체선택 후에 작업을 하면 텍스트 상자 안의 모든 글꼴들이 한번에 수정되거나 삭제되는 것을 볼 수 있다. 그러나 부분적인 수정과 삭제를 원한다면 원하는 영역을 선택 후에 조절한다.

Tip | 글꼴 그룹

[글꼴]그룹에 포함되어있는 메뉴를 통해 글꼴, 크기, 색상 및 스타일 등을 수정할 수 있다.

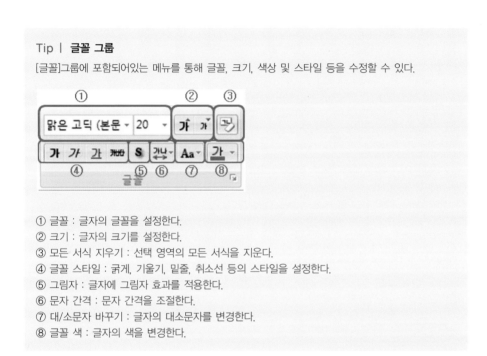

① 글꼴 : 글자의 글꼴을 설정한다.
② 크기 : 글자의 크기를 설정한다.
③ 모든 서식 지우기 : 선택 영역의 모든 서식을 지운다.
④ 글꼴 스타일 : 굵게, 기울기, 밑줄, 취소선 등의 스타일을 설정한다.
⑤ 그림자 : 글자에 그림자 효과를 적용한다.
⑥ 문자 간격 : 문자 간격을 조절한다.
⑦ 대/소문자 바꾸기 : 글자의 대소문자를 변경한다.
⑧ 글꼴 색 : 글자의 색을 변경한다.

2) 글꼴 대화상자

글꼴 그룹의 오른쪽 아래 화살표를 클릭하면 글꼴 대화상자가 나타난다. 이 글꼴 대화상자에서 영어 및 한글의 글꼴, 글꼴 스타일, 크기, 글꼴 색 및 취소선, 이중 취소선, 첨자 등의 효과를 지정할 수 있다.

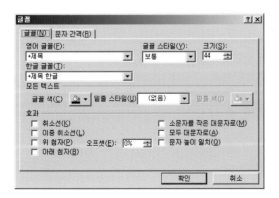

❺ 문단 서식 설정

1) 문단 서식 변경

① 변경하고자 하는 문단을 마우스로 드래그하여 선택하거나, 글을 적기 전에 해당하는 위치를 마우스로 클릭한다.

② [홈]-[단락] 메뉴를 통해 원하는 대로 문단의 모양을 조절한다.

Tip | 단락 그룹

① 글머리기호 : 단락 앞에 글머리를 삽입하여 꾸며주는 역할을 한다. 앞에 있는 메뉴를 통해 글머리기호나 도형을 집어넣고, 뒤에 있는 메뉴를 통해서는 순서가 있는 숫자(1,2,3 등)나 글자(가,나, 다 등)를 넣을 수 있다.
② 목록수준 줄임 : 들여쓰기 수준을 낮춘다.
③ 목록수준 늘임 : 들여쓰기 수준을 높인다.
④ 줄 간격 : 사용할 줄 간격을 지정한다.
⑤ 텍스트 왼쪽 맞춤 : 텍스트를 왼쪽에 맞춘다.
⑥ 텍스트 가운데 맞춤 : 텍스트를 가운데에 맞춘다.
⑦ 텍스트 오른쪽 맞춤 : 텍스트를 오른쪽에 맞춘다.
⑧ 양쪽 맞춤 : 단어 사이에 공간을 삽입하여 텍스트의 양쪽을 맞춘다.
⑨ 균등 분할 : 단어 사이에 공간을 삽입하여 양쪽의 여백에 단락을 맞춘다.
⑩ 단 : 텍스트를 둘 이상의 열로 나눈다.
⑪ 텍스트 방향 : 텍스트를 원하는 방향으로 회전한다.
⑫ 텍스트 맞춤 : 텍스트 상자 내에서 텍스트가 정렬되는 방법을 변경한다.
⑬ SmartArt로 변환 : 텍스트를 SmartArt로 변환한다.

다음의 예제는 본문 글의 글꼴 크기와 줄 간격의 조절 전과 조절 후를 보여준다.

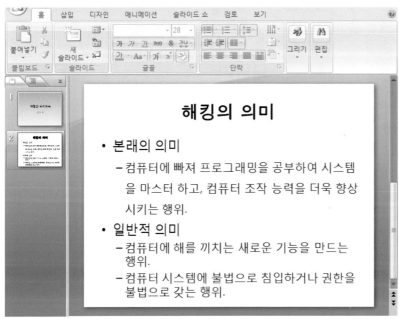

▲ 본문 글 입력

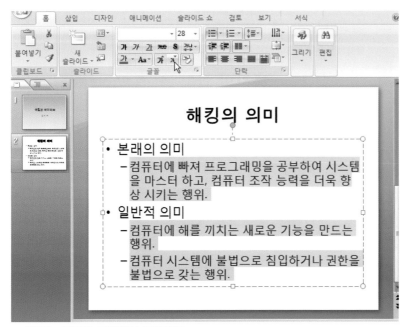

▲ 원하는 문단을 지정하여 글꼴변경

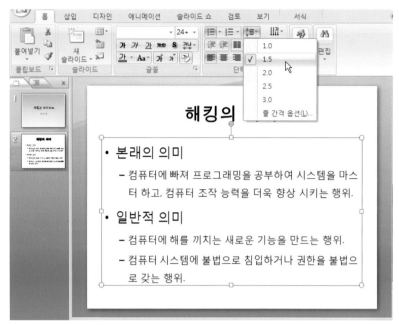

▲ 본문의 텍스트 상자를 선택한 후 줄 간격 설정

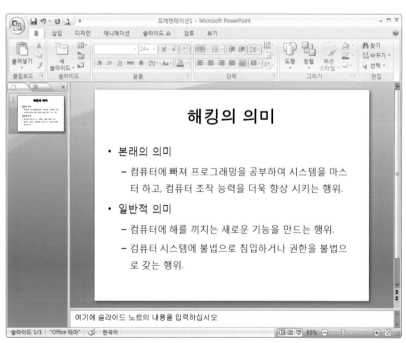

▲ 본문 글의 줄 간격 조절 후

파워포인트

❻ 글머리 기호 항목 체계 구성

글머리 기호는 동등한 역할을 하는 글들을 보기 좋게 정렬할 때, 번호매기기는 중요도에 따른 글들을 질서 정연하게 나열할 때 사용한다.
글머리 기호나 번호 매기기는 주어진 기본적인 모양이 있으며, 사용자가 추가적으로 새로운 기호나 번호를 만들어 삽입할 수도 있다.

1) 글머리 기호 항목 변경하기

① 글머리 기호로 바꾸고자 하는 문단을 선택하거나, 글을 입력하기 전에 글머리 기호를 적을 곳에 마우스를 클릭한다.

② [홈]-[단락]-[글머리 기호] 메뉴를 선택한다.

③ 원하는 모양을 골라 클릭한다.

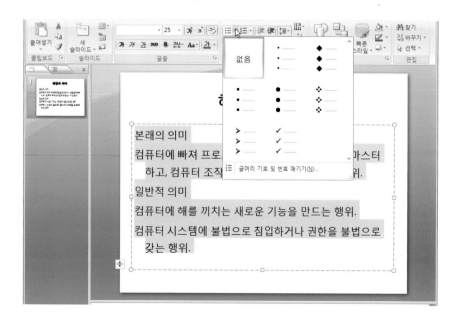

313

④ 글머리 기호의 가장 아래에 있는 [글머리 기호 및 번호 매기기]를 클릭하면 기
본적으로 주어지는 것은 물론, 글머리 기호의 색깔과 크기, 그림을 사용자가
직접 지정할 수 있다.

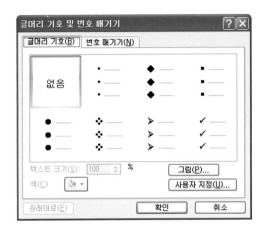

⑤ 작성하는 문서에 따라 글머리 기호의 목록수준을 조절해야 한다. [홈]-[단락]-
[글머리 기호]-[목록수준 늘림]으로 글머리 기호의 목록수준을 조절하여 예제
의 결과를 보여준다.

다음 슬라이드는 목록수준을 조절해야 하는 부분을 드래그로 영역 설정하여 [목
록수준 늘림]으로 글머리기호의 목록수준을 조절하여 완성한다.

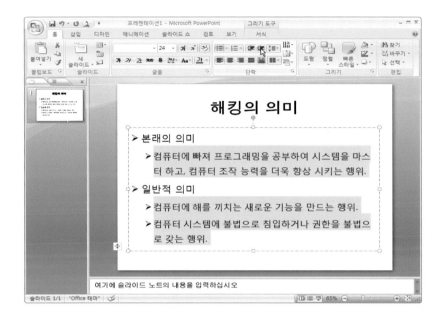

2) 글머리 기호를 그림으로 표시하기

글머리 기호로 사용하기 위해 만들어 둔 그림이 있거나, 기본으로 주어진 그림이
아닌 다른 아이콘을 글머리 기호로 사용할 수 있다.

① 글머리 기호로 바꾸고자 하는 문단을 선택하거나, 글을 입력하기 전에 글머리
　기호를 적을 곳에 마우스를 클릭한다.

② [홈]–[단락]–[글머리 기호] 메뉴를 선택한다.

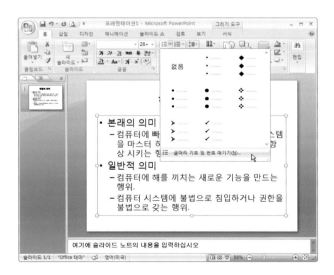

③ [글머리 기호 및 번호 매기기]를 선택하고 [그림]을 선택한다.

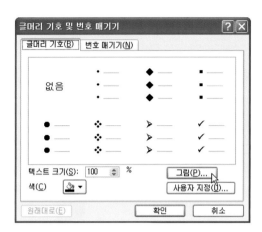

④ [그림 글머리 기호] 대화상자에서 원하는 그림을 선택하고, [확인]을 클릭하면
　글머리 기호가 그림으로 바뀐 것을 확인할 수 있다.

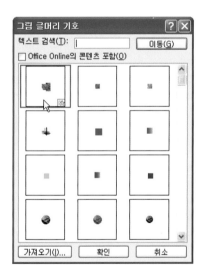

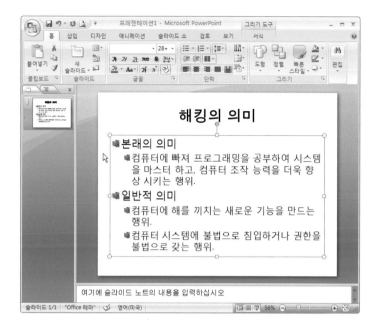

❼ 슬라이드 배경 서식

슬라이드 배경 서식을 바꾸기 위해 변경하고자 하는 슬라이드에서 마우스 오른쪽
버튼을 클릭한다. 그리고 배경서식을 선택하게 되면 배경서식의 옵션이 나오게
된다.

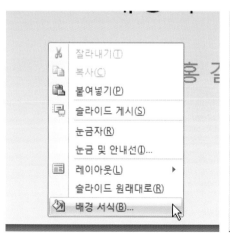 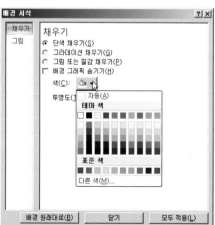

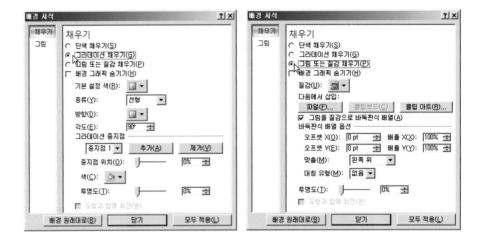

사용자가 원하는 옵션을 통해 슬라이드를 완성한다.

실습 예제 : 텍스트 입력 및 서식 조절하기

다음의 예제를 완성하기 위해, 새 슬라이드를 추가하고, 텍스트를 입력하는 방법을 알아본다. 이후에 글자 크기나 글자간격, 글머리 기호 등의 서식을 적용해보고 배경서식도 적용해본다.

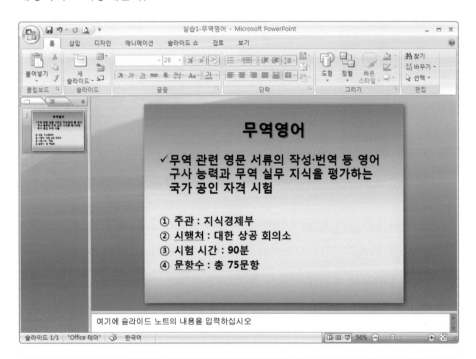

▶ **작업할 내용**

① 새 슬라이드 추가하기
② 개체 틀에 텍스트 입력하기
③ 글자 크기 조절하기
④ 진하게 바꾸기
⑤ 줄 간격 조절하기
⑥ 글머리 기호 수정하기
⑦ 배경서식 적용하기

① **새 슬라이드 추가하기** : 파워포인트를 처음 실행한 상태에서의 첫 화면은 [제목 슬라이드]의 레이아웃이 적용될 것이고, 작업 중인 상태에서는 [홈]-[새 슬라이드] 선택한다.

② [제목 및 내용] 레이아웃이 적용된 슬라이드를 선택한다.

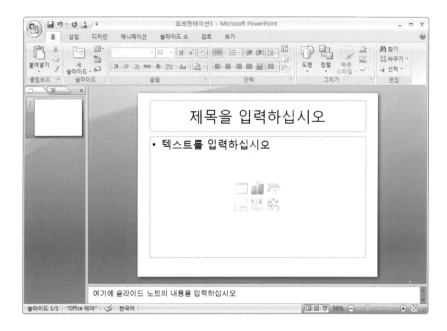

③ 개체 틀에 텍스트 입력하기 :「제목을 입력하십시오」라는 텍스트 부문에는 「무역영어」를 입력한다. 바로 아래의 본문 텍스트 개체를 클릭한 후 다음과 같이 입력한다.

무역 관련 영문 서류의 작성·번역 등 영어구사 능력과 무역 실무 지식을 평가하는 국가공인 자격 시험

주관 : 지식경제부
시행처 : 대한 상공 회의소
시험 시간 : 90분
문항수 : 총 75문항

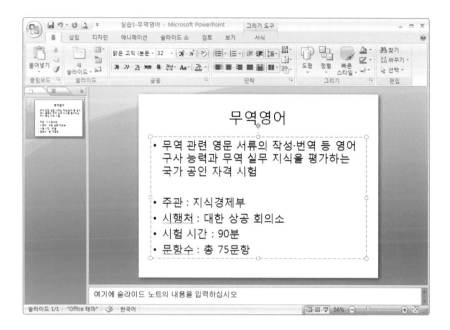

④ 글자 크기 조절하기 : 주관 ~ 문항수 까지의 텍스트 크기를 선택한 후, 글꼴 크
기 작게(가)를 클릭하면 선택한 부분이 한 단계 글꼴 크기가 작아진다.

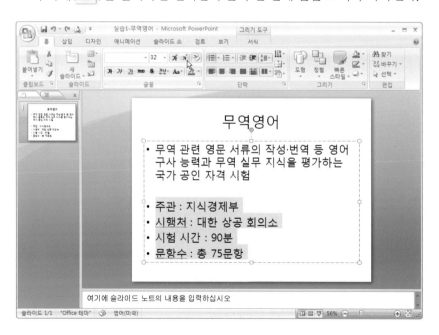

⑤ **진하게 바꾸기** : 텍스트 개체 틀 내부에 마우스 포인터를 갖다놓고 Esc키를 누르면 개체 틀 전체가 선택된다. 이때 [홈]탭에서 진하게(**가**)를 눌러 글자를 진하게 바꾼다.

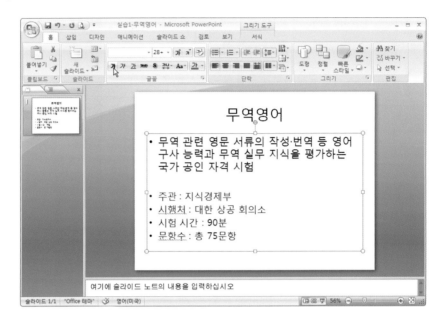

⑥ **줄 간격 조절하기** : 텍스트 개체 틀이 선택된 상태에서 줄 간격( )을 클릭한 후 1.5를 선택해서 내용을 좀 더 보기 편하게 정리한다.

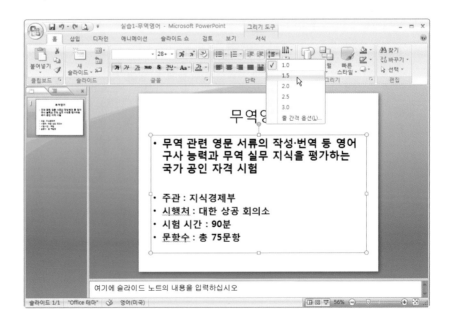

⑦ 목록 만들기 : 내용 설명과 주관 ~ 문항 수를 목록으로 정리한다. 내용부분에 마우스 포인터를 두고 글머리에서 변환하고, 밑에 있는 내용을 설정하여 번호 매기기를 선택한다.

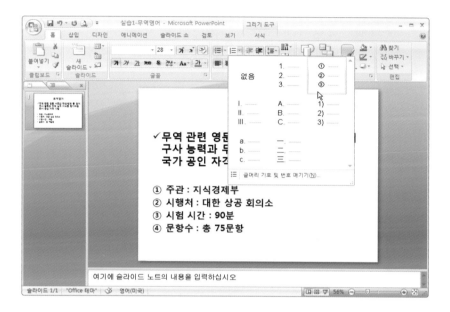

⑧ 배경 서식 설정하기 : 슬라이드 위에서 오른쪽 버튼을 클릭한 후 배경서식을 선택한다. 배경서식 대화상자가 나오면 그라데이션을 선택한 후 원하는 배경을 선택하여 편집한다.

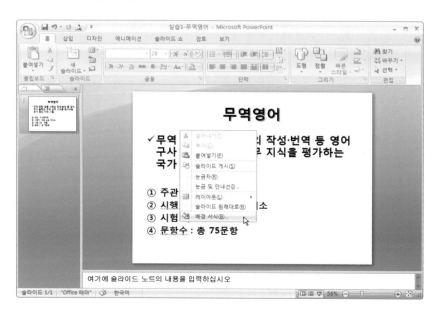

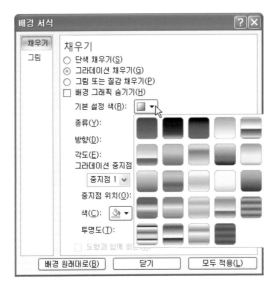

⑨ 슬라이드를 완성한다.

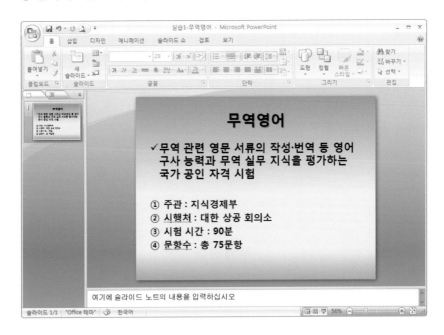

실습문제 ❶

다음의 슬라이드를 텍스트와 배경 서식 등을 활용하여 완성한다.

『제10회 금요정기라이딩』 윤중로 벗꽃 축제

1. 일시 : 2008년 4월 11일 금요일 늦은 8시
2. 모이는 곳 : 자출사 공원
3. 코스소개 및 거리 : 여의도 윤중로 까지 편도 30여키로 조금 넘습니다.
4. 소요시간 4시간 정도 예상.
5. 자전거를 사랑하시는 모든 분의 참석을 바랍니다. 미성년자는 부모님 허락 꼭 받아 오세요.
6. 헬멧, 장갑, 라이트 안전장구는 반드시 챙겨주시기 바랍니다. 속도보다 안전을 최우선으로 합니다. 안전사고 시 책임은 본인에게 있으니 절대 안전 주의 라이딩 바랍니다
7. 대표자 연락처 : 010-1234-5678

▶ 처리 조건
• 슬라이드 레이아웃 : 제목 및 내용
• 제목 : 휴먼옛체, 32pt, 자주, 강조 4, 40% 더밝게
• 본문 : HY 엽서, 18pt
• 번호매기기 이용
• 배경 서식 : 그라데이션 채우기 이용

실습문제 ❷

글머리 기호와 목록 수준을 활용하여 다음의 슬라이드를 완성한다.

바이러스의 분류

❖ 피해 정도에 따른 분류

   ❖ 양성 바이러스

   ❖ 악성 바이러스

▤ 감염부위에 따른 분류

   ▤ 부트 바이러스

   ▤ 파일 바이러스

   ▤ 부트/파일 바이러스

   ▤ 매크로 바이러스

   ▤ 스크립트 바이러스

▶ 처리 조건
- 슬라이드 레이아웃 : 콘텐츠 2개
- 제목 : 휴먼옛체, 44pt
- 본문 : 맑은고딕(본문) 24, 20pt
- 글머리 기호 이용
- 목록 수준 조절
- 줄 간격 지정 : 2.0
- 배경 서식 : 그림 또는 질감 채우기 이용, 분홍 박엽지

실습문제 ❸

다음의 슬라이드를 완성한다.

전 자 제 품 목 록

가전제품

- @ TV
- @ 선풍기
- @ 에어컨
- @ 오디오

기타 전자기기

- @ 컴퓨터
- @ 노트북
- @ MP3
- @ 휴대폰

▶ 처리 조건
- 슬라이드 레이아웃 : 비교
- 제목 및 텍스트 도형 채우기
- 글머리 기호 이용 : 그림 이용
- 줄 간격 지정 : 2.0

4.3 디자인 관련 서식 만들기

❶ 테마 이용하기

테마는 프레젠테이션 디자인의 모양과 느낌을 결정하는 요소이다. 처음 만들 때 부터 테마를 선택하면 슬라이드의 모든 내용이 어떻게 나타날 것인지 미리 볼 수 있으므로 편리하다.

1) 테마 선택하기

① [디자인] 탭을 클릭한다.

② 테마 축소판 그림 위에 포인터를 놓는다. 그림에 표시된 테마는 흐름이라고 한 다. 이 탭의 테마그룹에는 갤러리가 표시되고, 각 테마의 스크린 팁에는 테마 이름이 표시된다. 테마를 통해 슬라이드와 슬라이드 요소에 배경 디자인, 개체 틀 레이아웃, 색 및 글꼴 스타일을 적용할 수 있다.

③ 슬라이드에 임시 미리보기가 나타난다. 처음부터 테마를 선택하면 나중에 추 가할 차트나 표 등의 항목에 어떤 테마 색이 적용될지를 바로 알 수 있다. 테마 를 적용하기 전에 효과를 미리 보면 마음에 들지 않는 경우 실행을 취소하는 단계를 거치지 않아도 된다.

④ 원하는 테마가 나오면 클릭하는 것으로 테마를 적용시킬 수 있다. 테마가 적용 되었을 때에는 테마 내에 내장되어있는 글꼴이 테마를 등록함과 동시에 자동 적용되므로 글꼴도 함께 참고하는 것이 좋다.

2) 테마 수정하기

테마를 약간 수정해 보면 더 흥미로울 것이다. 디자인 탭에는 테마를 수정하려는 경우에 사용할 수 있는 다른 갤러리도 있다. 갤러리의 선택 항목 위에 마우스 포인터를 놓으면 슬라이드에서 해당 항목이 적용된 모양을 미리 볼 수 있다.

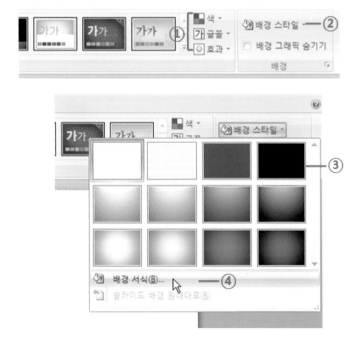

① 디자인 탭의 색, 글꼴 및 효과 갤러리를 사용한다.
② 다른 배경 스타일을 표시한다. 이때 선택 항목에는 현재 테마 색이 적용되어
   있다.
③ 축소판 그림을 가리켜서 다른 배경을 미리 본다.
④ 사진과 같이 고유한 배경을 적용하려면 배경 서식을 클릭한다.

Tip | 테마 수정하기
① 색 : 사용할 수 있는 각 테마에는 일련의 색이 사용되어 있다. 하지만 원하는 테마 색을 선택하거나 기존 색을 수정할 수도 있다.
② 글꼴 : 슬라이드에 적용할 글꼴을 선택한다. 각 글꼴에는 제목 텍스트용 글꼴과 본문 텍스트용 글꼴이 포함되어 있다.
③ 효과 : 네온, 부드러운 가장자리, 3차원 모양 등 도형에 사용할 수 있는 다양한 시각적 효과이다.
④ 배경 스타일 : 현재 테마 색의 범위 내에서 테마 배경을 미묘하게 변경한다. 그림에는 배경 스타일의 샘플이 나와 있다.

3) 슬라이드 레이아웃 결정하기

슬라이드를 삽입할 때 자동으로 레이아웃이 적용되는 슬라이드를 삽입할 수 있다. 또한 슬라이드를 삽입하기 전에 레이아웃을 선택할 수 있다.

① [홈]-[슬라이드]-[새 슬라이드] 선택한다.

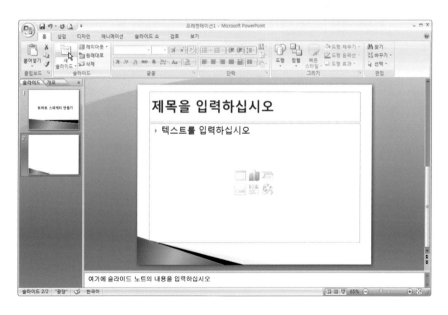

② 기본 레이아웃 슬라이드가 추가된다.

③ 새 슬라이드를 누르기 전에 아래로 화살표를 누르면, 원하는 레이아웃의 슬라이드를 삽입할 수 있다.

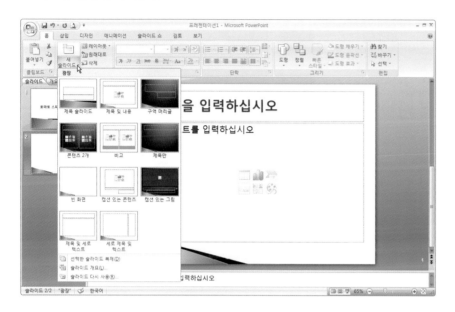

2 그림 이용하기

시청각 효과를 통한 정보 전달을 목적으로 하는 것이 프레젠테이션이다. 따라서 눈에 보이는 사진이나 클립아트 등의 그림을 삽입함으로써 집중도를 높일 수 있다.
두 번째 슬라이드에 그림이나 사진을 그림 개체로서 삽입하고 편집해 본다.

1) 그림 삽입하기

① [홈]-[새 슬라이드]-[레이아웃]에서 콘텐츠 2개를 선택한다.

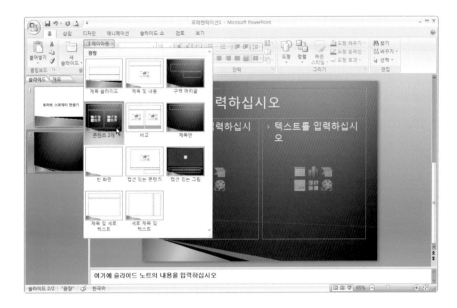

② 제목에 "만드는 법"이라고 입력한다.

③ 왼쪽의 콘텐츠 박스에 다음과 같이 입력한다.

팬에 올리브 오일을 두르고 마늘을 넣어 볶다가 다진 청량고추를 넣어 볶는다.

마늘 볶을 때 너무 살짝 볶으면 나중에 마늘 맛만 날수 있으니까 조심 하세요.

다진 마늘을 볶아야 냄새가 덜해요.

홀 토마토를 다진 후 끓이다가 버터를 넣고 화이트 와인을 넣어 향이 날아갈 때 까지 졸여준다.

그냥 토마토도 십자로 칼 집내어 한번 데친 후 껍질을 벗겨 쓰면 된다.

홀 토마토를 쓰지 않고 토마토 몇 덩어리와 와인을 넣어 끓여주면 더 깊은 맛이 나요.

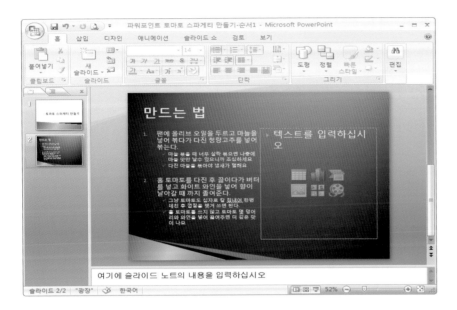

④ [삽입]-[그림]을 선택하거나, 오른쪽 콘텐츠에서 그림(　)을 선택한다.

⑤ 원하는 그림을 선택한 후 [삽입]을 누른다.

⑥ 그림 크기 조절 핸들을 이용하여 알맞은 크기로 그림을 조절한다.

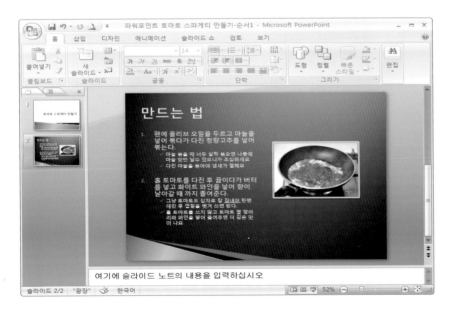

2) 그림 편집하기

그림도구 추가메뉴에는 그림 개체를 편집할 수 있는 기능이 있다. 추가메뉴인 [그림도구]-[서식]에는 그림에 맞는 메뉴가 나타난다. 또한 [조정], [그림 스타일]의 메뉴와 함께 [정렬], [크기]의 메뉴가 나타난다.

① 삽입한 사진을 선택한 후, [그림 도구]-[서식]-[그림 모형]-[사각형]에서 「한쪽 모서리가 잘린 사각형」을 선택한다.

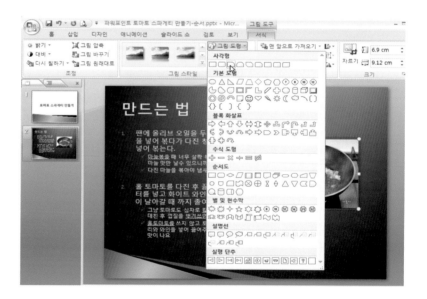

② [그림 스타일]에서 「회전, 흰색」을 선택한다. 이때 ①에서 선택한 「한쪽 모서리 가 잘린 사각형」은 자동으로 삭제된다.(중복 적용이 되지 않는다.)

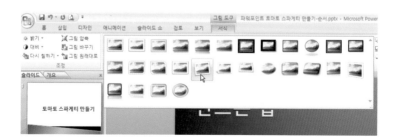

③ 테마가 적용된 그림에 [조정]-[다시 칠하기]-[컬러 모드]에서 원하는 것을 선
택하여 그림에 효과를 준다.

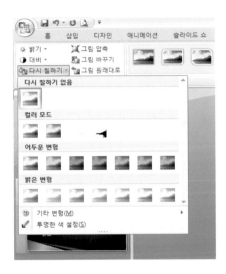

Tip | [추가메뉴]-[그리기 도구]-[그림 스타일 옵션]과 [추가메뉴]-[그리기 도구]-[조정]의 메뉴

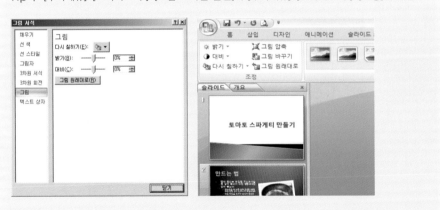

① 그림 서식의 대화상자는 그림에 할 수 있는 모든 옵션이 지정되어있어 한번에 편집하기가 편리
하다.
② [추가메뉴]-[그리기 도구]-[조정]
– 밝기 : 이미지의 밝기를 늘리거나 줄인다.
– 대비 : 이미지의 밝기를 늘리거나 줄인다.
– 다시 칠하기 : 세피아 톤이나 회색조와 같은 스타일을 주는 기능이다.
– 그림 압축 : 문서에서 그림을 축소하여 크기를 줄인다.
– 그림 바꾸기 : 현재 그림의 서식과 모양을 유지하면서 다른 그림으로 바꾼다.
– 그림 원래대로 : 이 그림에 대해 변경한 모든 사항을 무시하고 원본으로 돌아간다.

❸ 사진 앨범 만들기

사진 앨범 기능을 이용하여 개인용 사진이나 업무용 사진을 쉽게 정리하고 보여
줄 수 있다. 단순하게 사진만 나열하는 것이 아니라 편집에 따라 시선을 끌 수 있
는 슬라이드 전환, 다양한 테마를 적용할 수 있고, 사진마다 캡션을 넣을 수 있다.

1) 새 사진 앨범 만들기

앨범으로 만들 사진이 준비되면 언제든지 만들 수 있다. 사진의 크기는 일정하게
하는 것이 좋다.

[삽입]탭의 [일러스트레이션] 그룹에 있는 사진앨범( )에서 [새 사진 앨범]을
선택하면 사진을 삽입하고 간단한 편집을 할 수 있는 사진 앨범 대화상자가 나
타난다.

① 파일/디스크 : 클릭하여 추가할 사진을 선택한다. Shift 키나 Ctrl 키를 이용하여
   한꺼번에 여러 파일을 선택할 수 있다.
② 앨범에서 그림 위치 : 앨범에 삽입될 사진들이 나열된다. 목록에서 사진 이름

을 선택한 후 ↑↓ 를 눌러 사진의 위치를 바꿀 수 있고, [제거] 단추를 눌러 목록에서 제거할 수도 있다.

③ 미리보기 : ②앨범의 그림 위치에서 사진이름을 클릭하면 이곳에 표시된다. 미리보기 창 아래의 도구들을 이용하여 간단하게 사진을 편집할 수 있다.

   : 사진을 회전시킨다.

   : 사진의 대비를 조절한다.

   : 사진의 밝기를 조절한다.

④ 텍스트 삽입 : 슬라이드에 텍스트를 넣으려고 할 때 [새 텍스트 상자]를 클릭한다.

⑤ 그림 옵션 :
   • 모든 그림 아래에 캡션 넣기 : 그림마다 바로 아래에 간단한 캡션을 넣는다.
   • 모든 그림을 흑백으로 : 앨범 안의 모든 사진을 흑백으로 표시한다.

⑥ 그림 레이아웃 : 슬라이드에 표시할 사진 개수를 표시한다. 「슬라이드 맞춤」과 「그림 1개」는 모두 슬라이드 한 장에 한 장의 그림을 표시하지만, 「그림 1개」를 선택하면 슬라이드에 여백을 두고 그림을 표시한다.

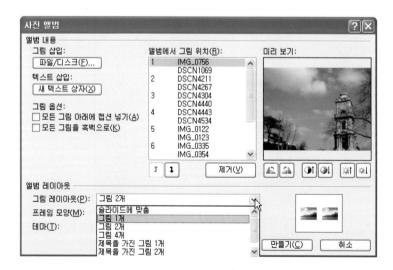

⑦ 프레임 모양 : 사진의 프레임 모양을 선택할 수 있다. 목록을 펼친 후 항목을 선택하면 오른쪽에 작은 그림으로 표시되므로 작은 그림을 확인하면서 원하는

프레임을 선택한다.

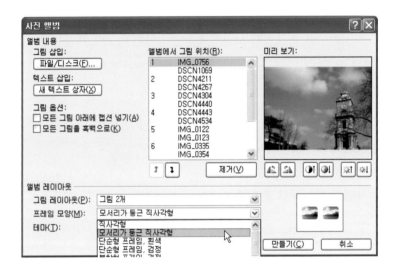

⑧ 테마 : [찾아보기]를 클릭하면 마이크로소프트 오피스의 테마를 선택할 수 있
는 폴더가 열린다. 원하는 테마를 선택한다.

다음은 슬라이드당 2개의 그림이 표시되도록 하고 프레임 모양은 모서리가 둥근
직사각형, 테마는 Aspect를 선택하여 완성된 사진 앨범이다.

2) 사진 앨범 편집하기

현재 사진 앨범이 열려있을 경우 [삽입]-[일러스트레이션] 그룹에 있는 사진앨범
( )에서 [사진 앨범 편집]을 선택하면 사진 앨범 편집 대화상자가 나타난다.

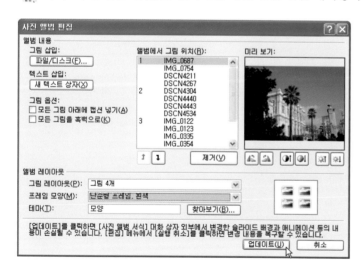

필요한 항목을 수정한 후 [업데이트]를 클릭하면 사진 앨범을 수정할 수 있다.

❹ 클립아트 이용하기

클립아트는 파워포인트에서 제공하는 기본적인 사진 및 그림 이미지, 동영상, 사운드 등을 말한다. 프레젠테이션 할 때 적절한 클립아트의 삽입은 전달하고자하는 내용을 좀 더 효과적이고 간결하게 표현할 수 있다.

1) 클립아트 삽입

① [삽입]–[클립아트]를 클릭하거나, 슬라이드 삽입시 보이는 레이아웃화면에서 클립아트(▦)를 클릭한다.

② 클립아트 도구 상자가 나타나면 검색 대상에 파스타를 입력하고 이동을 클릭한다.

③ 원하는 클립아트를 선택하여 슬라이드에서 클릭한다.

④ 입력한 클립아트의 크기조절 핸들을 이용하여 적당한 크기로 조절한다.

⑤ 클립아트 또한 그림속성을 지니고 있기 때문에, [그림도구]-[서식]의 추가 메뉴가 생성된다. 원하는 대로 효과를 준다.

Tip | 클립아트 검색

- 검색대상 : 검색어 입력란
- 검색위치 : Clip Organizer가 구분한 내 모음, Office 모음, 웹 모음이 있다.
- 검색할 형식 : 클립아트, 사진, 동영상, 소리 및 모든 유형을 선택할 수 있다.

❺ 도형 이용하기

도형을 이용하여 프레젠테이션을 만들어 본다. 파워포인트에서 도형을 삽입하는
방법은 [홈]-[그리기]-[도형]을 클릭하거나, [삽입]-[일러스트레이션]-[도형]을 클
릭하면 된다.
도형에는 선, 사각형, 기본도형, 블록 화살표, 수식도형, 순서도, 별 및 현수막, 설
명선 및 실행단추를 제공한다.

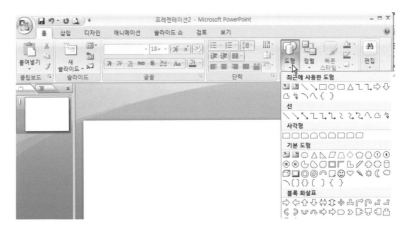

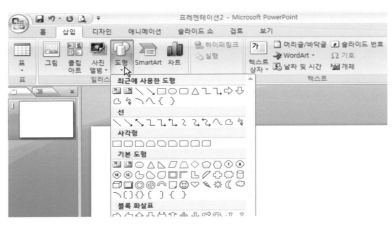

1) 도형 삽입하기

도형을 삽입하여 다음의 슬라이드를 완성한다.

① 슬라이드를 삽입한다.
② 슬라이드의 레이아웃을 빈 화면으로 선택한다.

③ 워드아트를 이용하여 「측정 척도의 형태」를 입력한 후 적당한 효과를 준다.

④ [홈]-[그리기]-[도형]을 클릭하거나, [삽입]-[일러스트레이션]-[도형]을 클릭하여 원하는 도형을 선택한다.

⑤ 원형을 선택하여 그린다.

⑥ 도형에 글을 삽입하기 위해 선택된 도형에서 오른쪽 버튼을 누르고 [텍스트 편집]을 선택하여 글을 입력한다.

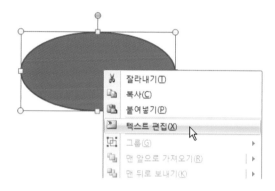

⑦ 첫 번째 도형에 동요, 이어서 동시, 동화, 게임의 4개의 도형을 완성한다. 물론 첫 번째 도형에서 텍스트의 편집(크기, 글자체, 색 등)을 완성하여 복사하면 빠르게 완성할 수 있다.

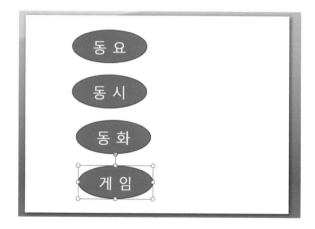

2) 도형 편집하기

단순하게 원형으로 완성된 슬라이드를 사용자가 편리하게 편집할 수 있도록 해본다. 복사를 통해 간단히 만들긴 하였으나 완전한 정렬이 되어있지 않다. 따라서 보다 편리하게 정렬하기 위해서는 마치 하나의 도형인 것처럼 선택한 후에 작업해야 한다.

① 도형 4개를 모두 선택한다. 방법은 첫 번째 도형을 클릭한 후 나머지 도형들은
키보드 왼쪽의 [Shift] 또는 [Ctrl]을 누른 상태에서 클릭하면 모두 선택된다. 또
다른 방법은 도형 근처에서 박스를 그리듯이 드래그하면 모두 선택되어진다.

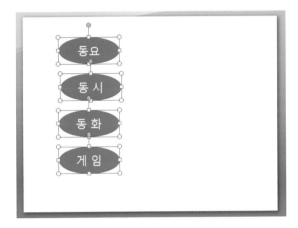

② 모두 선택한 다음에는 [홈]-[정렬]-[맞춤]을 이용하여 도형을 일정하게 정렬
한다.

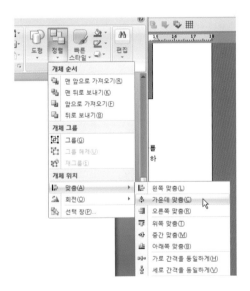

예제의 도형은 세로로 놓여있기 때문에 왼쪽, 가운데, 오른쪽 맞춤 중에 선택하게
되면 시작점이 일정하게 정렬된다.

③ 시작점은 일정하게 정리되었으나 도형들 간의 간격은 일정하게 정리되지 않았
　다. 이들도 정리하는 방법은 [홈]-[정렬]-[맞춤]-[세로 간격을 동일하게]를 선
　택하면 일정한 간격을 유지하게 된다.

④ 이후에 이들 도형을 함께 작업해야 할 일들이 많아진다면 이들을 하나로 묶어
　서 작업하면 쉬워진다. 이를 그룹이라 한다. 그룹은 묶고자하는 도형을 선택한
　후 선택된 도형에서 오른쪽 버튼을 눌러 [그룹]을 선택한다. 그룹이 형성되면
　도형 각각의 조절점들이 커다란 도형처럼 하나의 조절점으로 묶여지게 된다.

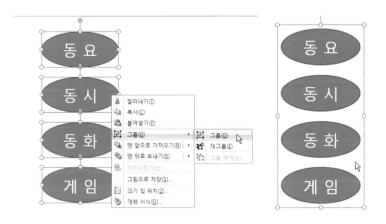

⑤ 도형을 조금 더 편집하고자 한다면 선택한 도형에서 오른쪽 버튼을 눌러 개체
　서식을 선택하여 각각의 스타일을 편집할 수 있다.

이상의 것들을 포함하여 임의로 편집이 적용된 결과이다.

❻ 워드아트 이용하기

일반적인 텍스트는 도형처럼 채우기 효과, 그림자 스타일, 3차원 스타일 등과 같
은 화려한 효과를 적용하기는 어렵다. 내용으로 채워지는 부분에서는 화려한 효
과를 필요로 하지 않는다. 그러나 제목 텍스트만큼은 화려하고 멋지게 편집할 수
있다면 더 좋은 효과를 볼 수 있을 것이다. 이때 이용되는 것이 워드아트라 할 수
있다. 워드아트는 텍스트를 도형처럼 편집하고 디자인할 수 있다.

1) 워드아트 삽입

① [삽입]-[텍스트]-[WordArt]를 선택한다.

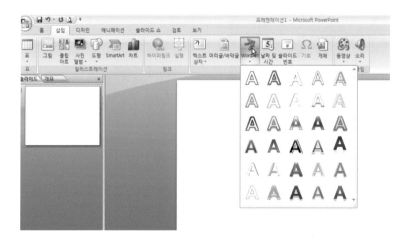

② 원하는 워드아트를 선택하면 기본적으로 슬라이드 중앙에 [텍스트를 입력하십
시오.]라고 표시된다. 이때 「직장인 선호 직업조사」를 입력한다.

③ 입력된 워드아트는 도형과 같이 인식되며 [그리기 도구] 추가 메뉴가 생긴다.

Tip | [추가 메뉴]-[그리기 도구]

삽입한 개체에 그림, 도형 등 그리기에 관한 속성이 존재하면 그리기 도구 추가메뉴가 생성된다.
[그리기 도구]-[서식]에는 도형삽입, 도형스타일, WordArt 스타일, 정렬, 크기 설정 탭이 존재하며,
각 탭마다 추가적인 옵션을 지정하고자 할 때에는 오른쪽 아래의 화살 버튼을 클릭한다.

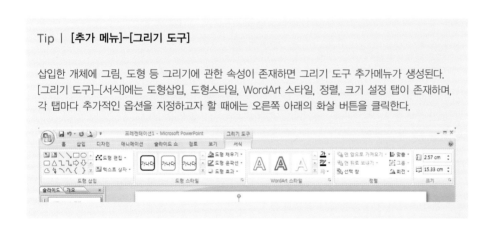

2) 워드아트 속성 변경

삽입된 워드아트에 새로운 속성을 추가하거나 변경 또는 삭제할 수 있다. 다음의
예제처럼 워드아트의 입력과 함께 속성을 변경하여 완성해본다.

① 슬라이드에 워드아트를 삽입한 후, 「직장인 선호 직업조사」를 입력한다.

② [도형스타일]−[미세효과−강조 5]를 선택한다.

③ [WordArt 스타일]−[텍스트효과]−[입체효과]−[각지게]를 선택한다.

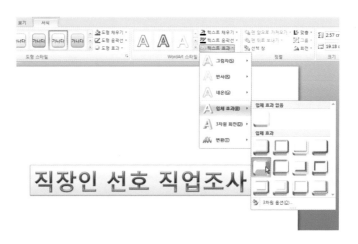

❼ SmartArt 그래픽 이용하기

다이어그램이란 텍스트를 포함한 간단한 도형이나 기호들을 이용하여 대상들 간의 관계를 간략히 표현한 것이다. 파워포인트 2007에서 SmartArt 그래픽은 여러 레이아웃에서 원하는 옵션을 선택하여 빠르고 쉽게 만들 수 있는 정보의 시각적 표현으로, 메시지나 아이디어를 효과적으로 전달할 수 있다.

SmartArt는 그래픽 목록과 프로세스 다이어그램, 벤 다이어그램, 조직도와 같은 좀 더 복잡한 그래픽을 지원해준다.

1) 프로세스형 다이어그램 만들기

① [삽입]-[SmartArt]를 클릭하거나, 슬라이드 삽입시 보이는 레이아웃화면에서
SmartArt(▤)를 클릭한다.

② SmartArt 그래픽 선택 대화상자에서 [프로세스형]-[기본 갈매기형 수장 프로
세스형]을 선택한다.

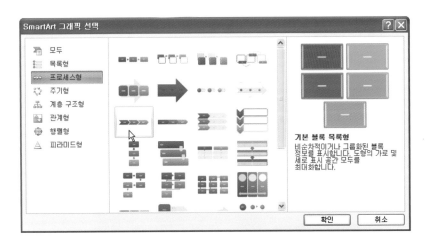

③ 추가메뉴로 SmartArt 도구상자가 나오며, [디자인]과 [서식]탭으로 나뉘어
진다.

2) 프로세스형 다이어그램 편집

① 상담서비스 절차에 맞게 글상자들을 편집한다.
② 도형추가를 하여 상담서비스 절차를 완료한다.
③ 레이아웃을 「연속 블록 프로세스형」으로 변경한다.

④ 색 변경을 통해서 색을 변경시킨다.

⑤ 스타일을 적용시켜 입체감을 준다

⑥ 워드아트를 이용하여 상단에 「상담서비스 절차」의 문구를 넣는다.

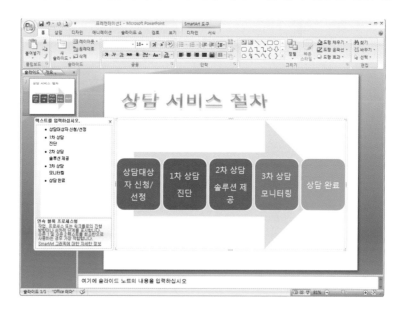

Tip | SmartArt 그래픽 종류

- 목록형 : 차례 및 목록을 표시할 때 쓰인다.
- 프로세스형 : 흐름도 및 프로세스 순서를 그릴 때 쓰인다.
- 주기형 : 일정한 주기로 반복되는 형상을 표현한다.
- 계층 구조형 : 계층관계를 나타낼 때 쓰인다.
- 관계형 : 과녁이나 결과, 서로 인과관계를 지닌 경우에 쓰인다.
- 행렬형 : 개별 구성원들이 모두 같은 위치에 속할 때 행렬을 쓴다.
- 피라미드형 : 단계적으로 진행되는 구조적인 모습을 나타낸다.

Tip | SmartArt 도구상자

SmartArt를 사용하여 다이어그램을 삽입하면 추가메뉴로 SmartArt 도구가 생긴다. 해당메뉴에는 「그래픽 만들기」, 「레이아웃」, 「SmartArt 스타일」, 「그래픽 원래대로」 탭이 나타난다.

① 그래픽 만들기
- 도형추가 : 다이어그램 앞/뒤/옆 등에 도형을 추가한다.
- 글머리 기호 추가 : 해당 다이어그램이 글머리 기호 추가 기능을 지원해야 활성화됨
- 레이아웃 : 해당 다이어그램이 레이아웃 기능을 지원해야 활성화됨
- 좌우 전환 : 다이어그램의 위치를 좌/우 전환시킨다.
- ←/→ : 다이어그램을 왼쪽/오른쪽으로 이동시킨다.
- 텍스트 창 : 계층구조로 된 텍스트 창을 보여주거나 감춘다.

② 레이아웃
　기본 레이아웃을 바꾸는 기능이다.

③ SmartArt 스타일
- 색 변경 : 다이어그램의 색을 변경한다.
- 효과 테마 : 다이어그램 전반적인 효과 테마를 입힌다.

④ 그래픽 원래대로
　적용된 그래픽 효과를 삭제하고 원래대로 돌린다.

실습문제 ❶

다음과 같이 도형과 클립아트를 이용하여 완성한다.

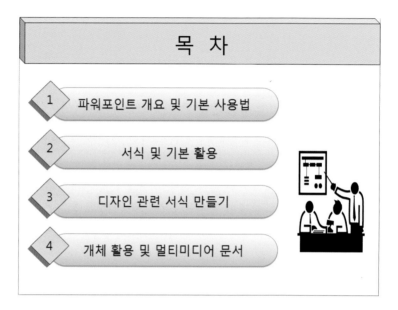

▶ 처리 조건
• 제목: 기본 도형 이용
• 도형 이용하여 본문 완성
• 클립아트 삽입

실습문제 ②

다음의 고객서비스 조직도를 완성한다.

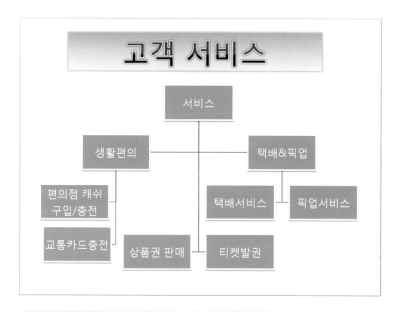

▶ 처리 조건
• 제목 : 워드아트
• SmartArt 계층구조형의 조직도 이용
• SmartArt 스타일 활용

실습문제 ❸

SmartArt를 이용하여 마케팅 전략을 완성한다.

▶ 처리 조건
- 제목 : 워드아트
- SmartArt 프로세스형의 톱니바퀴형 이용
- SmartArt 스타일 활용
- 화살표와 「성공」도형 이용
- 배경 서식 이용

실습문제 ④

도형과 디자인 테마를 활용하여 제품 유형의 분류 및 특징을 완성한다.

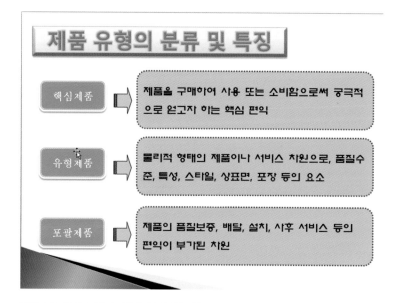

▶ 처리 조건
• 제목 : 워드아트
• 도형 이용
• 디자인 테마 광장 활용
• 그리기도구 서식 활용

4.4 표와 차트 활용 문서 만들기

❶ 표 활용하기

프레젠테이션하는데 있어 표를 이용하면 해당 내용을 한눈에 알아 볼 수 있기 때문에 더욱 효과적으로 전달할 수 있다.

1) 표 삽입

① 표를 삽입하기 위해 [삽입]-[표]를 클릭하거나, 슬라이드 삽입 시 보이는 레이아웃화면에서 표(🔲)를 클릭한다.

② 먼저 [삽입]-[표]를 클릭하게 되면 원하는 표의 행과 열을 드래그로 지정하여 표를 삽입하게 된다. 다른 방법으로 슬라이드 내의 [표] 아이콘을 클릭하거나, [삽입]-[표]-[표 삽입]을 클릭하게 되면 표 삽입 대화상자가 나타난다. 이때 원하는 행과 열의 개수를 지정하면 표가 삽입된다.

③ 4열 5행의 표를 설정하면 다음과 같이 표가 삽입된다. 아래와 같이 데이터를 입력한다.

단기연수 & 체험여행 프로그램

프로그램	기간	프로그램 목적	대상
자유여행	1주	관광	제한 없음
뉴욕 관광	4주	취업 영주권 & 여행	사업 준비자
LA 관광	10주	직업교육	취업 준비자
English	10주	취미생활	어학연수

2) 표 편집

삽입한 표를 선택하면 [표 도구] 메뉴가 생성된다. [표 도구] 메뉴는 [디자인] 탭과 [레이아웃] 탭으로 나뉘어진다.

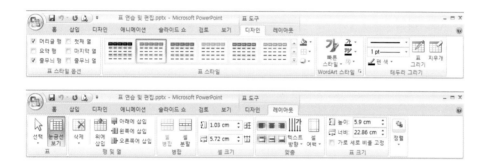

① 표의 조절점에 맞추어 원하는 크기를 조절한다.
② [레이아웃]-[맞춤]에서 표 안의 글들을 정렬한다.
③ 행이나 열을 삽입하고자 할 경우에는 [레이아웃]-[행 및 열]의 메뉴에서 정한다.
④ [표 스타일]을 원하는 것으로 정하고 [테두리] 및 [효과] 등을 지정하여 입체감 있는 표로 완성한다.

② 차트 활용하기

1) 차트 삽입

① 차트를 삽입하기 위해 [삽입]-[차트]를 클릭하거나, 슬라이드 삽입 시 보이는 레이아웃화면에서 차트( )를 클릭한다.

② 차트 삽입 대화상자가 나타나면 삽입하고자 하는 차트의 모양을 결정한다. 본 예제인 「직장인 선호 직업조사」에 대한 차트를 완성하기 위해 세로막대형의 첫 번째인 '묶은 세로 막대형' 을 선택한다.

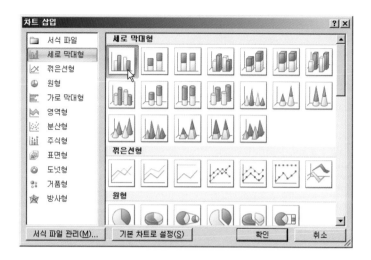

③ 차트 삽입 대화상자에서 [확인]을 클릭하면 다음과 같은 엑셀창이 함께 나온
다. 이렇게 생성된 테이블에 값을 입력하고 행과 열을 설정하면, 바로 파워포
인트에 삽입되는 차트의 데이터를 적용시킬 수 있다.

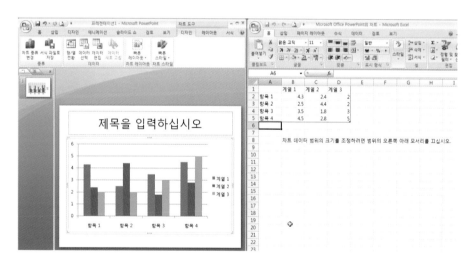

④ 생성된 엑셀에는 임의의 데이터가 입력되어 있다. 이미 입력되어 있는 데이터
는 신경쓰지 않아도 된다. 이미 표시되어 있지만, 「차트 데이터 범위의 크기를
조정하려면 범위의 오른쪽 아래 모서리를 끄십시오.」라고 표시되어 있으니 임
의로 설정하여 다음의 데이터를 입력한다.

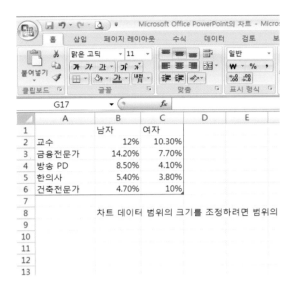

⑤ 입력된 데이터는 바로 차트에 적용되어 파워포인트에 삽입된다.

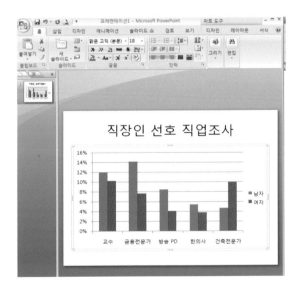

2) 차트 편집

차트를 삽입한 후 [차트]를 선택하면 [차트 도구] 메뉴가 생긴다. [차트 도구] 메뉴는 [디자인], [레이아웃], [서식] 탭으로 나뉘어져 있다.

① 먼저 [디자인] 탭은 차트 종류, 데이터, 차트 레이아웃, 차트 스타일 등의 메뉴로 나뉘어진다.

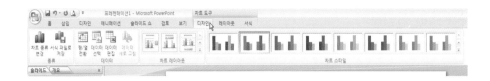

② [레이아웃] 탭은 현재 선택 영역, 삽입, 레이블, 축, 배경, 분석 등의 메뉴로 세분화되어 있다.

③ [서식] 탭은 현재 선택 영역, 도형 스타일, WordArt 스타일, 정렬, 크기 등의 메뉴로 세분화되어 있다.

④ 예제의 차트 편집은 [디자인]-[차트레이아웃], [레이아웃]-[레이블]-[차트제목], [서식]-[도형스타일] 등의 편집을 거쳐 다음의 결과를 보여준다.

❸ 소리 삽입하기

그림뿐만이 아니라 멀티미디어의 기본인 사운드도 파워포인트에서 응용하여 사용할 수 있다.

1) 직접 소리파일 입력

① 소리를 삽입하기 위해 [삽입]-[소리]를 클릭하거나, 슬라이드 삽입 시 보이는 레이아웃화면에서 미디어클립(🎦)을 클릭한다.
② [삽입]-[소리]를 클릭하여 먼저 [소리 파일]을 선택한다.

③ 소리 삽입의 대화상자가 나오면 원하는 소리파일을 클릭하여 선택한다.
④ 클릭하면 「슬라이드 쇼 실행 시 소리를 어떻게 시작하시겠습니까?」라는 대화상자가 나온다.

　일반적으로 [자동실행]을 클릭하여 슬라이드 쇼를 실행하면 바로 소리나 동영상이 재생되도록 하는 기능이다. 반면에 [클릭하여 실행]을 선택하면 클릭할 때 소리나 동영상이 재생된다.
⑤ 슬라이드에는 소리 개체가 삽입된 표식이 나타난다.

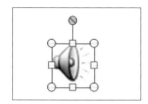

⑥ 편집 중에 소리를 듣고 싶으면 해당 아이콘을 더블클릭한다.

2) Clip Organizer를 이용한 소리 삽입

프레젠테이션 중에 청중의 이목을 집중시키고자 할 때에 Clip Organizer 소리를
삽입하여 슬라이드에 오디오 파일이나 특수한 소리 효과를 직접 삽입할 수 있다.

① [삽입]-[소리]를 클릭하여 Clip Organizer 소리를 선택한다.

② 클립아트 대화상자가 나오면 검색할 형식 난에 소리가 체크되어 있다. 원하는
   검색 대상을 입력한다.

③ 원하는 소리를 클릭하면 슬라이드에 입력이 되면서 「슬라이드 쇼 실행 시 소리를 어떻게 시작하시겠습니까?」라는 대화상자가 나온다. 원하는 방법을 선택한다.

④ 슬라이드에 소리가 삽입된 표식이 나타난다.

⑤ 편집 중에 소리를 듣고 싶으면 해당 아이콘을 더블클릭하거나 [소리도구]-[재생]-[미리보기]를 실행한다.

Tip | 이외에 [CD 오디오 삽입] 및 [소리 녹음]의 기능이 있다. 이는 CD 음을 추가하거나 직접 녹음하여 들려줄 때 좋은 방법이다.

3) 소리개체 그림 바꾸기

소리를 입력하였을 경우 기본적으로 나오는 소리개체를 다른 그림으로 변경하여 자연스럽게 하고 싶을 때 하는 과정이다.

① 소리개체를 선택한 후 오른쪽 버튼을 클릭하여 [그림 바꾸기]를 선택한다.

② 원하는 그림을 선택하면 개체 그림이 변경된다.
③ 크기와 위치 등을 원하는 대로 변경한다. 이때 이전에 선택한 사양 그대로 실행된다.

4) [옵션설정]–[소리 도구]

소리 도구 상자에는 재생, 소리 옵션. 정렬 및 크기 등의 그룹이 있다.

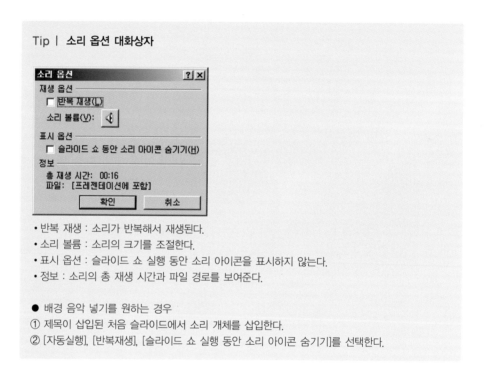

Tip | 소리 옵션 대화상자

- 반복 재생 : 소리가 반복해서 재생된다.
- 소리 볼륨 : 소리의 크기를 조절한다.
- 표시 옵션 : 슬라이드 쇼 실행 동안 소리 아이콘을 표시하지 않는다.
- 정보 : 소리의 총 재생 시간과 파일 경로를 보여준다.

● 배경 음악 넣기를 원하는 경우
① 제목이 삽입된 처음 슬라이드에서 소리 개체를 삽입한다.
② [자동실행], [반복재생], [슬라이드 쇼 실행 동안 소리 아이콘 숨기기]를 선택한다.

❹ 동영상 삽입하기

소리파일과 비슷하게 동영상도 삽입할 수 있다.

1) 동영상 삽입

① 소리를 삽입하기 위해 [삽입]–[동영상]을 클릭하거나, 슬라이드 삽입 시 보이
   는 레이아웃화면에서 미디어클립( )을 클릭한다.
② [삽입]–[동영상]을 클릭하여 먼저 [동영상 파일]을 선택한다.

③ 동영상 삽입의 대화상자가 나오면 원하는 동영상 파일을 클릭하여 선택한다.

④ 클릭하면 슬라이드에 동영상 크기가 표시되면서,「슬라이드 쇼 실행 시 동영상을 어떻게 시작하시겠습니까?」라는 대화상자가 나온다.

일반적으로 [자동실행]을 클릭하여 슬라이드 쇼를 실행하면 바로 소리나 동영상이 재생되도록 하는 기능이다. 반면에 [클릭하여 실행]을 선택하면 클릭할 때 소리나 동영상이 재생된다.

⑤ 동영상 크기를 상황에 맞게 조절한다.

⑥ 편집 중에 동영상을 실행하고 싶으면 동영상 위치에서 더블클릭하거나 [동영상 도구]-[재생]-[미리보기]를 실행한다.

2) Clip Organizer를 이용한 동영상 삽입

프레젠테이션 중에 동영상이라 하기에는 조금 부족하지만 Clip Organizer의 가벼운 동영상을 삽입하여 이용할 수 있다.

① [삽입]-[동영상]를 클릭하여 [Clip Organizer 동영상]을 선택한다.

② 클립아트 대화상자가 나오면 검색할 형식 난에 동영상이 체크되어 있다. 원하
　는 검색 대상을 입력한다.

③ 원하는 동영상 클릭하면 슬라이드에 클립아트와 같이 입력된다.

④ 슬라이드 쇼 실행 시 동영상이 자동실행된다.

Tip | 동영상 옵션

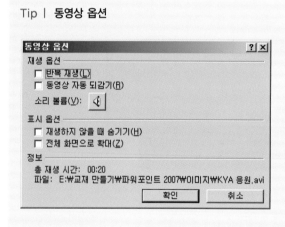

• 반복 재생 : 동영상을 반복해서 재생한다.

• 동영상 자동 되감기 : 재생이 끝나면 동영상을 처음 화면으로 되감는다.

• 소리 볼륨 : 동영상의 소리크기를 조절한다.

• 재생하지 않을 때 숨기기 : 동영상이 재생 중이 아닐 때 표시하지 않는다.

• 전체 화면으로 확대 : 동영상 재생 시 전체 화면으로 표시한다.

• 정보 : 동영상의 총 재생 시간과 파일 경로를 보여준다.

실습문제

다음의 뮤지컬 라인업과 관련된 표를 완성해본다.

2009년 6월 ~ 9월 뮤지컬 라인업

월	작품	일시	공연장
6월	스프링 어웨이크닝	5월 12일 ~ 6월 14일	두산 아트센터
	바람의 나라	6월 11일 ~ 6월 29일	예술의 전당
7월	맘마미아	7월 ~ 미정	국립극장
	브로드웨이 42번가	7월 ~ 8월	LG아트센터
	노트르담 드 파리	7월 ~ 8월	국립극장
8월	도주앙	7월 4일 ~ 8월 22일	충무 아트 홀
	피노키오 (내한)	8월 7일 ~ 8월 23일	예술의 전당
	노트르담 드 파리	8월 23일 ~ 9월 13일	성남아트센터
	지킬앤하이드 (내한)	8월 25일 ~ 9월 20일	세종문화회관
9월	오페라의 유령	9월 ~ 2010년	샤롯데 씨어터
	침묵의 소리	9월 4일 ~ 9월 20일	세종문화회관

▶ 처리 조건
- 제목 : 워드아트 이용
- 표 삽입 이용
- 표 스타일(보통 스타일 2-강조 2) 활용

실습문제 ②

다음과 같은 주요 제품 판매량의 차트를 완성한다.

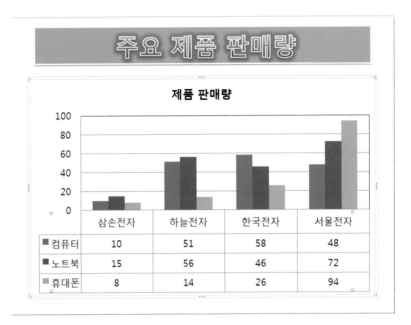

▶처리 조건

• 제목 : 워드아트
• 차트 삽입 이용 : 데이터 값 입력
• 차트 스타일 2 활용
• 차트 레이아웃 활용

실습문제 ❸

다음과 같이 동영상을 삽입하여 완성해 보자.

▶ **처리 조건**

• 제목 : 워드아트
• 동영상 삽입 이용(임의의 동영상 삽입)
• 배경 서식 활용

4.5 슬라이드 마스터와 슬라이드 쇼 및 인쇄

❶ 슬라이드 마스터 꾸미기

프레젠테이션을 작업할 때 같은 작업을 반복해야할 경우가 있다. 일반적으로 파워포인트에서 제공하는 테마를 사용하긴 하지만, 사용자가 일괄적으로 추가하거나 꾸며야 할 때가 생기게 된다. 예를 들면 회사 로고나 일정한 배경무늬 등을 들수 있다. 이들을 매번 슬라이드에 삽입해도 작업이 진행되긴 하지만, 반복되는 작업으로 인해 비효율적임과 동시에 일정한 슬라이드가 완성되지 않기 때문에 마스터에 추가하여 작업하면 일괄적 적용이 된다.

1) 슬라이드 마스터 서식 설정

슬라이드 마스터에서는 제목과 텍스트 서식, 위치 등을 관리하고 그림 및 배경 등을 새로 설정할 수 있다. 또한 일괄적인 글꼴의 스타일이나 크기, 색 등을 변경하여 적용할 수 있고, 그림들도 배치할 수 있다.

① [보기]-[프레젠테이션 보기]-[슬라이드 마스터]를 클릭한다.

② 다음과 같이 슬라이드 마스터 편집 화면으로 전환된다.

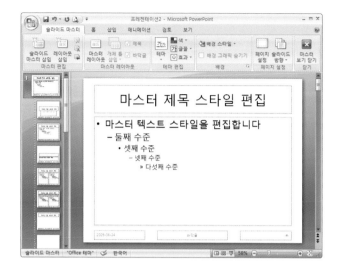

③ 화면에서 보여지듯이 슬라이드 마스터 메뉴들도 새롭게 추가되는데, 이들 메
뉴를 사용하여 새로운 테마, 배경 등을 편집할 수 있다.

④ [테마 편집]에서 색 및 글꼴 등을 설정하고, [배경]에서 배경 스타일을 설정한다.

⑤ [삽입]-[클립아트]에서 원하는 그림을 삽입한다.

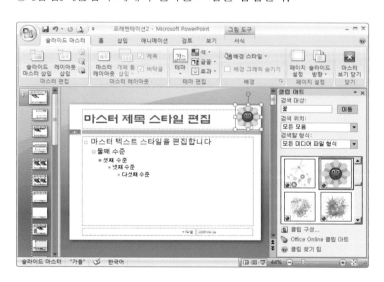

⑥ [마스터 보기 닫기] 메뉴를 클릭하면 기본보기로 전환되어 다음과 같이 자동으
로 적용된 슬라이드를 볼 수 있다.

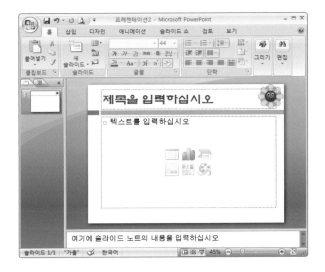

2) 머리글/바닥글/슬라이드 번호 삽입

슬라이드에 머리글과 바닥글 및 슬라이드 번호를 삽입할 수 있다.

① [삽입]-[텍스트]-[머리글/바닥글] 또는 [슬라이드 번호]를 클릭한다.

② 머리글/바닥글 대화상자가 나오면 날짜 및 시간, 슬라이드 번호, 바닥글 등을
설정한 후 [모두 적용]을 클릭한다. [모두 적용]은 모든 슬라이드에 적용됨을 뜻
한다. 여기서 날짜 및 시간, 슬라이드 번호, 바닥글 등을 선택하면 미리보기에
서 하단에 진하게 표시되면서 위치를 알려준다.

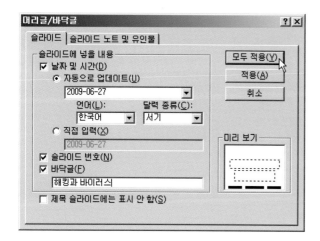

③ 대화상자에서 [제목 슬라이드에는 표시 안 함]을 설정해야만 첫 번째 슬라이드
   인 제목은 표시되지 않는다.

④ 다음과 같이 머리글/바닥글 및 슬라이드 번호가 적용된 것을 확인할 수 있다.

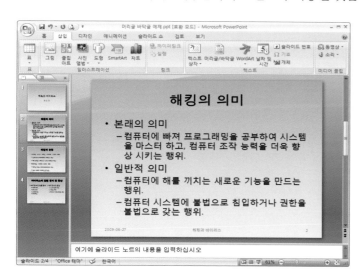

❷ 슬라이드 쇼 진행하기

파워포인트로 문서를 완성하고 난 후 청중에게 발표할 때에는 슬라이드 쇼로 진
행을 한다. 이는 해당 슬라이드가 전체화면으로 보이게 되면서 청중들에게 집중
할 수 있는 환경을 제공한다.

1) 슬라이드 쇼 진행하기

① [보기]-[프레젠테이션 보기]-[슬라이드 쇼]를 클릭하거나, 화면 오른쪽 하단의 슬라이드 쇼 아이콘을 클릭한다. 다른 방법으로는 단축키 F5를 누르면 슬라이드 쇼가 진행된다.

② 또 다른 방법으로 [슬라이드 쇼]-[슬라이드 쇼 시작]-[처음부터]를 클릭하여 처음부터 슬라이드 쇼를 진행할 수 있고, 원하는 슬라이드부터 슬라이드 쇼를 진행하고 싶으면 [슬라이드 쇼]-[슬라이드 쇼 시작]-[현재 슬라이드부터]를 클릭하면 된다.

③ 슬라이드 쇼 상태에서의 슬라이드는 마우스 왼쪽 버튼 클릭, 마우스 휠 이동, 키보드의 Page Up, Page Down을 이용하여 앞, 뒤로 이동할 수 있다.

Tip | 슬라이드 쇼 메뉴

슬라이드 쇼로 프레젠테이션 중간에 오른쪽 버튼을 눌러 메뉴를 보면, 대부분 슬라이드 이동과 관련된 메뉴이고, 화면 메뉴와 포인터 옵션 메뉴가 있다.
• 화면 메뉴 : 슬라이드 화면을 어둡게, 밝게 만드는 기능이다.
• 포인터 옵션 메뉴 : 프레젠테이션 중간에 슬라이드 화면에 필기를 하면서 청중에게 이해력을 높이는 역할을 하는 것으로 많이 쓰이는 기능 중의 하나이다. 메뉴에는 볼펜, 사인펜, 형광펜 등의 메뉴가 있어 상황에 맞게 활용한다.

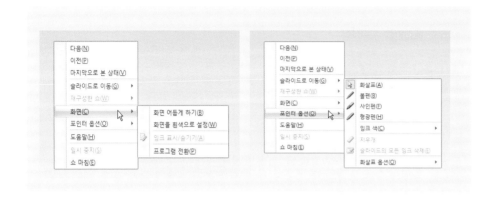

2) 프레젠테이션 예행연습

파워포인트는 프레젠테이션 시간을 맞출 수 있도록 예행연습 기능을 제공한다. 이는 예행연습을 하는 동안에 슬라이드의 시간 기능을 사용하여 각 슬라이드에서 소요한 시간이 기록되면 해당 시간을 저장하여 나중에 자동으로 이 쇼를 실행할 수 있다.

① [슬라이드 쇼]–[설정]–[예행 연습]을 클릭한다.

② 슬라이드 쇼가 시작되면서 왼쪽 상단에 예행연습 도구 모음이 나타나고 프레젠테이션 시간이 기록되기 시작한다.

Tip | 예행연습 도구모음

- 다음 : 다음 슬라이드로 이동
- 일시 중지 : 시간 기록을 일시적으로 중지
- 슬라이드 시간 : 하나의 슬라이드를 발표할 동안의 시간
- 반복 : 현재 슬라이드의 시간 기록을 다시 시작
- 총 프레젠테이션 시간 : 전체 슬라이드에 대한 시간

❸ 화면 전환

슬라이드가 바뀔 때 슬라이드가 나타나는 형태를 설정한 것을 화면 전환이라 한다. 프레젠테이션에 시각적인 효과가 있는 화면 전환을 적용하면 청중의 집중 유도에 도움이 된다. 화면 전환이 적용되지 않은 프레젠테이션은 슬라이드가 바뀔 때 아무런 움직임이 없이 바로 다음 슬라이드로 넘어가게 되지만, 화면 전환이 적용된 슬라이드는 화면 전환 종류에 따라 여러 가지 형태로 다음 슬라이드로 넘어가게 된다.

① [애니메이션]−[슬라이드 화면 전환]에서 원하는 화면 전환을 선택한다.

② 화면 전환 시에 소리를 선택할 수 있다. 모든 슬라이드에 소리를 선택하게 되면 프레젠테이션 진행 분위기가 산만한 결과를 초래할 수도 있으니 중요한 내용에 자극적이지 않으면서 간결한 것으로 적용하는 것이 좋다.

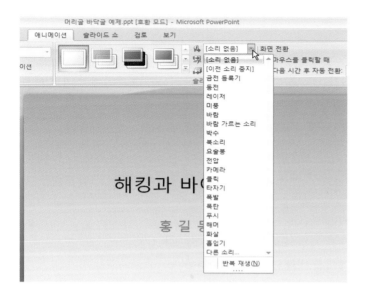

③ 화면 전환 속도 또한 선택할 수 있는데, [느리게]를 선택한 화면전환은 프레젠
테이션의 흐름이 원활하지 않은 느낌을 주므로 특별한 경우가 아니라면 설정
하지 않는 것이 좋다.

④ 화면 전환이 설정되었을 경우에는 기본보기나 여러 슬라이드 보기 등에서 슬
라이드에 화면 전환이 실행되었음을 표시한다. 아래의 그림처럼 첫 번째와 두
번째 슬라이드는 좌측상단에 표시되고 있으나 세 번째 슬라이드는 설정하지
않았기에 표시되지 않는다.

❹ 애니메이션 효과

텍스트나 그림과 같은 프레젠테이션의 구성요소들에 다양한 형태의 움직임을 설정할 수 있다. 이를 애니메이션이라 한다. 애니메이션을 적절하게 이용하게 되면, 전달하고자 하는 내용을 청중들에게 쉽게 이해시킬 수 있고 시각적인 움직임으로 인해 집중효과를 노릴 수 있다. 또한 중요한 부분을 돋보이게 하는 효과를 보여준다.

1) 애니메이션 지정하기

① 원하는 개체를 선택한다.
② [애니메이션]-[사용자 지정 애니메이션]을 클릭한다.
③ 사용자 지정 애니메이션 대화상자가 나타난다.

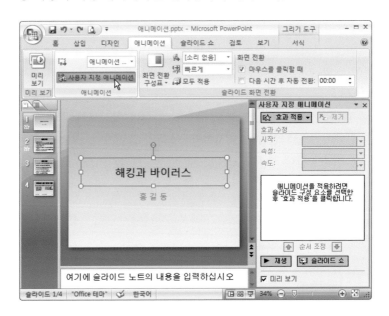

④ 원하는 효과를 지정한다.

Tip | 사용자 지정 애니메이션

애니메이션 효과의 설정과 해제 및 옵션설정 기능을 제공하는 것이 사용자 지정 애니메이션이다.

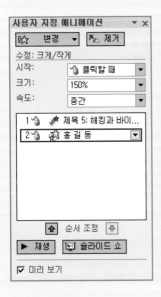

- 효과 적용/변경 : 애니메이션을 설정하거나 변경한다.
- 제거 : 설정한 애니메이션을 해제한다.
- 수정 : 설정한 애니메이션의 제목을 나타낸다.
- 시작 : 애니메이션의 시작 시점을 설정한다.
- 속성 : 각각의 애니메이션의 고유한 속성을 설정한다.
- 속도 : 애니메이션의 진행 속도를 설정한다.
- 애니메이션 목록 : 슬라이드에 적용된 모든 애니메이션의 목록을 나타낸다.
- 순서 조정 : 애니메이션 간의 순서를 설정한다.
- 재생 : 적용된 애니메이션 효과를 편집 상태에서 시뮬레이션 한다.
- 슬라이드 쇼 : 현재 슬라이드부터 「슬라이드 쇼」를 시작한다.
- 미리보기 : 체크시에는 적용된 애니메이션을 미리 확인할 수 있다

2) 애니메이션 변경과 해제

① 첫 번째 개체를 선택 후, 사용자 지정 애니메이션 대화상자에서 [효과적용]-
[나타내기]-[다이아몬드형]을 선택한다.

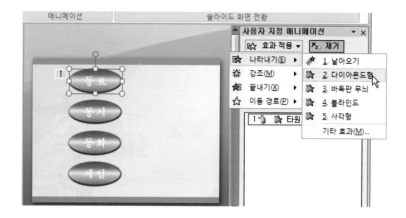

② 다시 원하는 개체를 선택한 후 효과적용을 하면 된다.

③ 다양한 효과가 있음을 확인할 수 있다.

④ 슬라이드 본문에 나오는 번호와 사용자 지정 애니메이션 대화상자에서 보여지는 번호가 서로 연결되어 있다.

⑤ 원하지 않는 개체에 적용된 효과를 삭제할 수 있다. 개체를 선택하거나 이벤트 번호를 선택한 후에 제거를 클릭한다.

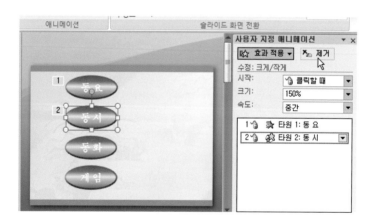

3) 애니메이션 순서 정하기

두 개 이상의 애니메이션에 대하여 진행 순서를 알맞게 구성하는 방법을 알아본다.

① 진행 순서 설정하는 방법은 사용자 지정 애니메이션 작업창을 열면 적용된 모든 애니메이션이 나타난다. 이때 순서를 바꾸고자 하는 애니메이션을 선택한

후 [순서 조정] 단추를 클릭하여 순서를 변경한다. 다른 방법으로는 원하는 애
니메이션을 마우스로 원하는 순서로 드래그하여 자유롭게 변경할 수 있다.

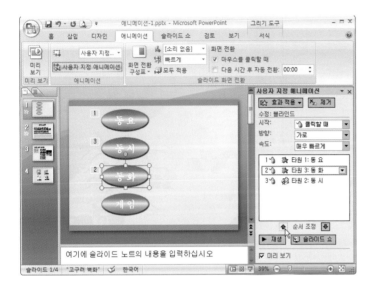

② 이전 애니메이션과 동시에 재생하는 방법은 동시에 실행시킬 애니메이션을 선
택한 후 시작 메뉴의 [이전 효과와 함께]를 클릭한다.

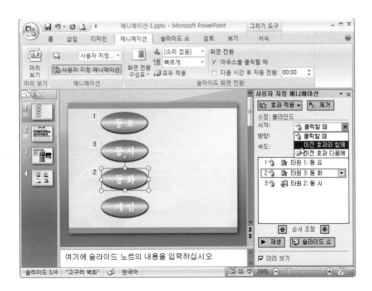

③ 다른 애니메이션의 진행 중에 재생하기를 원한다면, 애니메이션 시작을 이전
효과와 함께로 설정하고 옵션 대화상자의 [타이밍] 탭에서 [지연] 항목에 지연

시간을 초 단위로 입력한다.

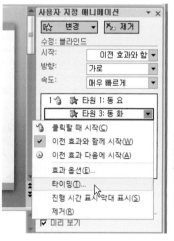

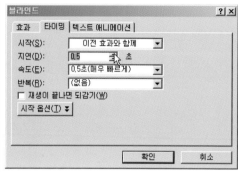

Tip | 화면전환 효과와 애니메이션 효과

• 화면전환 효과 : 다음 슬라이드로 전환할 때 슬라이드를 화면에 표시하는 방법을 설정
• 애니메이션 효과 : 한 슬라이드 내에서 각종 개체의 움직임(애니메이션)을 설정

❺ 하이퍼링크 설정하기

하이퍼링크란 텍스트나 그림, 도형 등과 같은 개체를 다른 개체나 문서에 연결시켜주는 기능을 말한다. 파워포인트에서는 하이퍼링크를 설정하여 다른 슬라이드로 이동하거나 특정한 웹사이트의 이동 및 프로그램 실행 등을 설정할 수 있다.

1) 하이퍼링크 삽입

① 원하는 도형을 선택한 후, 마우스 오른쪽 버튼을 클릭하여 [하이퍼링크]를 선택하거나 [삽입]-[링크]-[하이퍼링크]를 클릭한다.

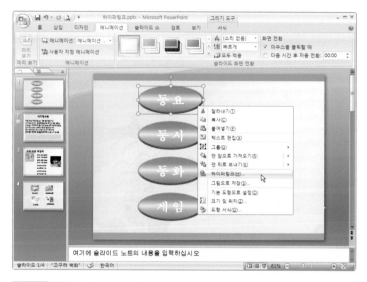

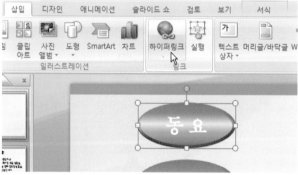

② 하이퍼링크 삽입 대화상자가 나타난다. 이는 해당 개체에 대하여 마우스를 클릭할 때, 마우스를 위에 올려놓았을 때의 하이퍼링크, 프로그램 실행 등을 설정할 수 있다.

③ 대화상자의 왼쪽 메뉴에서 [기존파일/웹페이지] 메뉴를 선택하면 찾는 위치
의 폴더들이 나타난다. 따라서 찾고자하는 파일이나 웹페이지가 있는 위치로
이동하여 해당 파일을 선택한 후 [확인] 버튼을 클릭하면 하이퍼링크 설정이
끝난다.

④ 두 번째 메뉴인 [현재 문서]를 선택하면 현재 작업 중인 파워포인트 문서의 슬
라이드들이 나타난다. 슬라이드를 선택한 후 [확인] 버튼을 클릭하면 해당 슬
라이드로 이동한다.

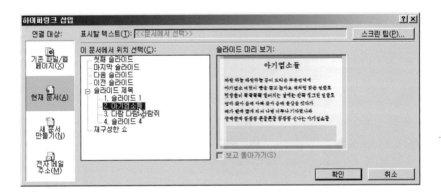

⑤ 원하는 인터넷 사이트로 직접 연결을 원할 때에는 하이퍼링크 삽입 대화상자
하단의 [주소]에 사이트 주소를 직접 입력하거나, 주소를 복사한 후 붙여넣기
하면 직접 연결이 가능하다.

⑥ 원하는 연결을 마친 후, 슬라이드 쇼를 진행하게 되면 마우스 포인터가 하이퍼
링크를 표시하는 손가락 모양으로 변해있다.

2) 실행 단추 삽입

슬라이드 쇼 상태에서의 슬라이드는 마우스 왼쪽 버튼 클릭, 마우스 휠 이동, 키
보드의 Page Up, Page Down을 이용하여 앞, 뒤로 이동할 수 있다. 이와 함께 실행 단추를 이용
하여 슬라이드를 앞, 뒤, 처음 슬라이드 등의 이동으로 활용할 수 있다.

① [삽입]−[도형]−[실행 단추]에서 [앞으로 또는 다음]을 선택한다.

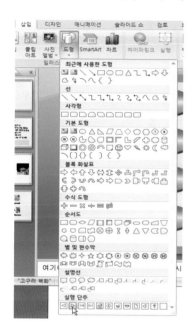

② 실행 설정의 대화상자가 나타난다. 기본 값으로 [마우스를 클릭할 때]−[하이퍼
링크]−[다음 슬라이드]가 보여진다. [확인]을 누르면 슬라이드 쇼 진행시 다음
슬라이드로 넘어가게 된다.

③ 이어서 [뒤로 또는 이전] 그리고 [홈]을 선택하여 실행 단추를 완성한다.

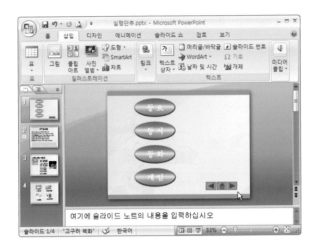

④ 원하는 연결을 마친 후, 슬라이드 쇼를 진행하게 되면 마우스 포인터가 하이퍼
링크를 표시하는 손가락 모양으로 변해있다.

⑤ 다른 슬라이드에도 실행 단추를 복사해 놓으면 같은 방법으로 실행이 가능하다.

❻ 인쇄하기

① 슬라이드 인쇄를 위해서는 [오피스 버튼]-[인쇄]-[인쇄]를 선택하거나, [인쇄
미리보기]-[인쇄]를 선택하게 되면 인쇄 대화상자가 나타난다.

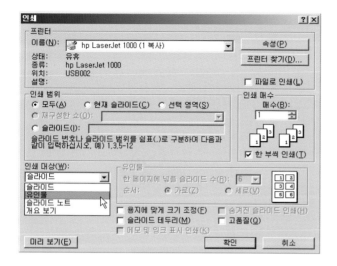

② 슬라이드 인쇄 범위를 설정하고, 인쇄 매수를 지정한다. [한 부씩 인쇄]를 선택하면 마지막 슬라이드까지 한 부를 인쇄한 후 다시 처음 슬라이드부터 인쇄를 시작한다.

③ 인쇄대상 중에서 [슬라이드]는 한 페이지에 한 슬라이드만 인쇄되고, [유인물]로 선택하여 인쇄할 경우에는 한 페이지에 넣을 슬라이드 수를 1~9까지 선택할 수 있고, 순서도 지정할 수 있다.

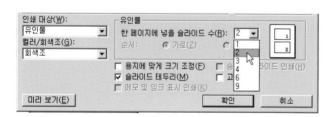

④ [미리보기]는 인쇄 미리보기 화면에서 인쇄 결과를 확인할 수 있다.

실습문제 ❶

다음의 슬라이드를 슬라이드 마스터 꾸미기를 활용하여 완성한다.

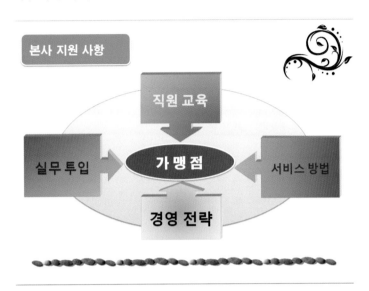

▶ 처리 조건

• 클립아트를 슬라이드 마스터로 꾸민다
• 도형 이용
• 그리기도구의 서식 활용

실습문제 ②

다음의 슬라이드를 완성하시오.

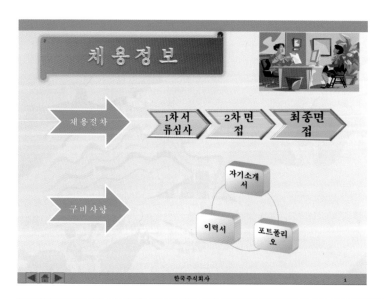

▶ 처리 조건

• 도형, 클립아트 이용
• SmartArt, 채용절차 – 프로세스형-기본 갈매기형 수장 프로세스형
　　　　　　　 구비사항 – 주기형-블록주기형
• 디자인 테마 활용
• 실행 단추 이용
• 머리글/바닥글 이용

실습문제 ❸

다음의 슬라이드를 완성하시오.

▶ **처리 조건**

- 도형, SmartArt-관계형-누적벤형 이용
- 배경 서식 활용
- 각 개체마다 애니메이션 활용
- 실행 단추 활용
- 머리글/바닥글 이용

실 전 기 출 문 제 1

디지털 정보 활용 능력
(DIAT; Digital Information ability Test)

⊙ 시험과목 : 프레젠테이션
⊙ 시험일자 :
⊙ 수검자 기재사항 및 감독자 확인

수 검 번 호	DIP · 24 ·	감독관 확인
성 명		

수검자 유의사항

1. 수검자는 신분증을 지참하여야 시험에 응시할 수 있으며, 미지참 시 퇴실 조치합니다.
2. 시스템(답안 디스켓 포함)의 이상여부를 반드시 확인하여야 하며, 시스템 이상이 있을시 감독관에게 조치를 받으셔야 합니다.
3. 시스템 조작의 미숙으로 시험이 불가능하다고 판단되는 수검자는 실격 처리합니다.
4. 시험 중 휴대용 전화기 등 일체의 통신장비를 사용할 수 없으며, 사용 시 부정행위로 간주되어 당해 시험은 실격 처리합니다.
5. 시험 중 부주의 또는 고의로 시스템을 파손한 경우는 수검자 부담으로 합니다.
6. 답안문서는 답안 디스켓 외의 다른 보조기억장치에 저장할 경우 부정행위로 간주하여 실격 처리합니다.
7. 답안문서를 작성 후, 반드시 파일명은 본인의 "과목─수검번호"로 입력하여 A 드라이브의 답안 디스켓에 하나의 파일로 저장하여야 하며, 답안문서 파일명이 틀릴 경우 실격 처리합니다.
   (예: 수검번호가 DIP-24-000001인 경우 "프레젠테이션-000001.hwp"로 파일명 저장)
   위의 조건에 따라 파일명을 변경하지 않을 경우에는 0점 처리됩니다.
8. 시험의 완료는 작성이 완료된 답안을 저장하고, 저장된 것을 확인한 것으로 합니다. 만일, 답안이 저장되지 않았거나, 저장한 파일이 손상되었을 경우에는 실격 처리합니다.
9. 시험을 완료한 수검자는 답안작성용 디스켓에 해당 문서가 저장되어 있는지 확인한 후 문제지와 디스켓을 감독위원에게 제출한 후 퇴실하여야 합니다.

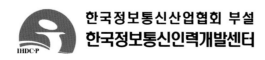
한국정보통신산업협회 부설
한국정보통신인력개발센터

디지털정보활용능력 – 프레젠테이션　　[시험시간 : 40분]　　　　　　　1/4

유의사항

- 주어진 조건에 따라 프레젠테이션 슬라이드로 작업하고, 반드시 《작성조건》을 준수해야 합니다.
- 글꼴 및 기타 사항에 대해 별도의 지시사항이 없는 경우, 슬라이드 크기와 전체적인 균형을 고려하여 임의로 작성합니다.
- 슬라이드 크기는 A4, 가로 방향으로 작성합니다.
- 공통적용사항(슬라이드 마스터)
  ▶ 도형 ⇒ 사각형 : 모서리가 둥근 직사각형, 채우기(녹색), 윤곽선 없음,
  　　　　　　도형 효과(부드러운 가장자리-10 포인트) 글꼴(맑은 고딕, 18pt, 흰색, 배경 1)
- 그림 첨부 시 디스켓에 첨부된 그림 파일을 반드시 사용합니다.
- ⤷ 은 지시사항이므로 작성하지 않습니다.

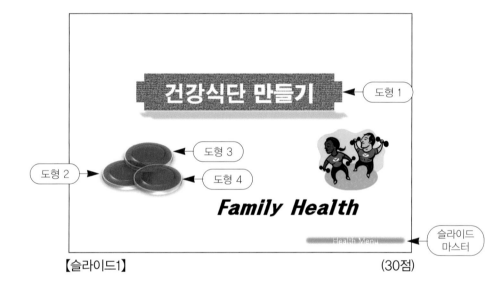

【슬라이드1】　　　　　　　　　　　　　　　　　　　　　　　(30점)

《작성조건》

▶ 도형 1 ⇒ 기본 도형 : 십자형, 채우기(질감-데님), 글꼴(HY견고딕, 48pt, 흰색, 배경 1), 도형 효과(그림자-원근감, 원근감 대각선 오른쪽 아래)

▶ 도형 2~4 ⇒ 기본 도형 : 타원, 채우기(단색 채우기-빨강), 윤곽선 없음, 도형 효과(기본 설정 10, 입체 효과-볼록하게)

▶ 텍스트 상자(Family Health) ⇒ 글꼴(휴먼둥근헤드라인, 40pt, 기울임꼴, 검정, 텍스트 1)

▶ 그림삽입 ⇒ 그림 1 삽입, 크기(높이 : 5.01cm, 너비 : 6.01cm)

▶ 애니메이션 지정 ⇒ 그림 1 : 날아오기

▶ 지시사항이 없는 부분은 《 출력형태 》와 동일하게 작성하시오.

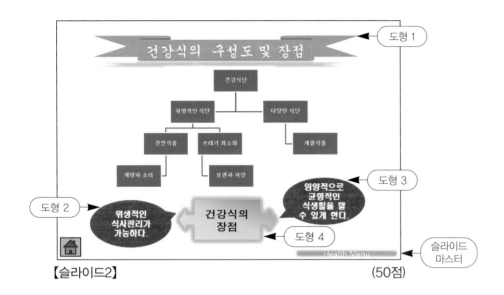

【슬라이드2】　　　　　　　　　　　　　　　　　　　　(50점)

《작성조건》

(1) 제목

▶ 도형 1 ⇒ 별 및 현수막 : 아래쪽 리본, 채우기(연한 파랑), 도형 효과(그림자-
　　　　　원근감, 원근감 대각선 왼쪽 아래), 글꼴(궁서, 32pt, 흰색, 배경 1)

(2) 본문

▶ SmartArt 삽입 ⇒ 계층 구조형 : 조직도형, 채우기(단색 채우기-흰색, 배경 1,
　　　　　50% 더 어둡게), 글꼴(바탕체, 12pt, 굵게, 흰색, 배경 1, 가
　　　　　운데 맞춤) (반드시 SmartArt 기능을 이용하여 작성할 것)

▶ 도형 2~3 ⇒ 설명선 : 타원형 설명선, 채우기(단색 채우기-빨강), 윤곽선 없
　　　　　음, 글꼴(휴먼둥근헤드라인, 18pt, 흰색, 배경 1)

▶ 도형 4 ⇒ 블록 화살표 : 왼쪽/오른쪽 화살표 설명선, 채우기(단색 채우기-노랑,
　　　　　그라데이션-선형 대각선), 윤곽선 없음, 글꼴(돋움체, 24pt, 굵게, 검
　　　　　정, 텍스트 1), 도형 효과(네온-네온 변형, 강조색 4, 18pt 네온)

▶ 실행단추 ⇒ 실행단추: 홈, 채우기(단색 채우기-흰색, 배경 1, 25% 더 어둡게),
　　　　　실선, 선색(진한 파랑, 텍스트 2), 선 스타일(너비 : 2pt, 겹선 종류
　　　　　: 단순형), 하이퍼링크 : 첫째 슬라이드

▶ 애니메이션 지정 ⇒ 조직도 : 바둑판 무늬

▶ 지시사항이 없는 부분은 《출력형태》와 동일하게 작성하시오.

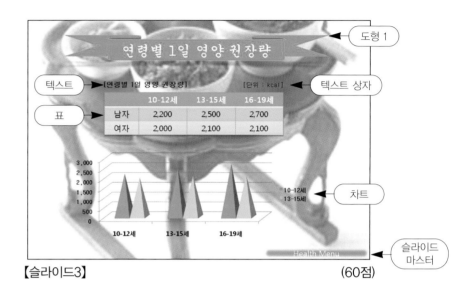

【슬라이드3】　　　　　　　　　　　　　　　　　　　　　　(60점)

《작성조건》

(1) 제목

▶ 도형 1 ⇒ 별 및 현수막 : 아래쪽 리본, 채우기(연한 파랑), 도형 효과(그림자-
　　　　　원근감, 원근감 대각선 왼쪽 아래), 글꼴(궁서, 32pt, 흰색, 배경 1)

(2) 본문

▶ 텍스트 상자([연령별 1일 영양 권장량]) 1 ⇒ 글꼴(굴림체, 16pt, 굵게)

▶ 텍스트 상자([단위 : kcal]) 2 ⇒ 글꼴(굴림체, 14pt)

▶ 표 ⇒ 가장 윗 행 : 글꼴(맑은 고딕, 18pt, 굵게, 흰색, 배경 1), 나머지 행 : 글꼴
　　　　(맑은 고딕, 18pt), 가운데 맞춤, 테마 스타일 1-강조 3

▶ 차트 ⇒ 세로 막대형 : 묶은 피라미드형, 차트 스타일 : 스타일 5,
　　　　축 서식, 범례 : 글꼴(굴림체, 14pt, 굵게), 데이터는 표 참고

▶ 배경 : 배경 서식(채우기-그림 또는 질감 채우기)에서 그림2 삽입(현재 슬라이
　드만 적용)

▶ 애니메이션 지정 ⇒ 표 : 닦아내기

▶ 지시사항이 없는 부분은 《출력형태》와 동일하게 작성하시오.

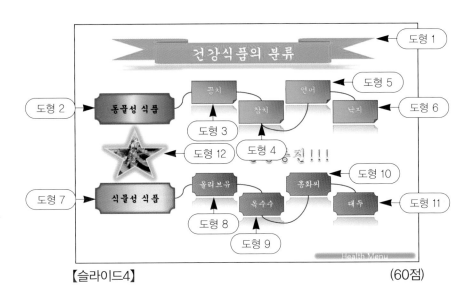

【슬라이드4】 (60점)

《작성조건》

(1) 제목

▶ 도형 1 ⇒ 별 및 현수막 : 아래쪽 리본, 채우기(연한 파랑), 도형 효과(그림자-
원근감, 원근감 대각선 왼쪽 아래), 글꼴(궁서, 32pt, 흰색, 배경 1)

(2) 본문

▶ 도형 2, 7 ⇒ 기본 도형 : 배지, 채우기(그라데이션 채우기-기본 설정 색, 무지
개 Ⅱ, 안개), 실선, 선색(파랑, 강조 1, 25% 더 어둡게), 선 스타일
(너비 : 3pt, 겹선 종류 : 단순형), 글꼴(궁서체, 20pt, 굵게, 검정,
텍스트 1)

▶ 도형 3~6(8~11) ⇒ 기본 도형 : 모서리가 접힌 도형(배지), 채우기(단색 채우
기-연한 녹색(빨강, 강조 2, 40% 더 밝게), 그라데이션-선
형 대각선), 윤곽선 두께 1pt, 글꼴(궁서체, 18pt, 흰색, 배
경 1), 도형 효과(반사-반사 변형, 1/2 반사, 4pt 오프셋)

▶ 도형 12 ⇒ 별 및 현수막 : 포인트가 5개인 별, 채우기(그림 또는 질감 채우기)
기능을 사용하여 그림3.jpg 파일 삽입, (《출력형태》와 동일하게 삽
입), 선색(노랑), 선 스타일(너비 : 2.25pt, 겹선 종류 : 단순형), 도
형 효과(네온-네온 변형, 강조색 4, 18pt 네온)

▶ 선 ⇒ 구부러진 연결선, 실선, 선색(진한 파랑), 선 스타일(너비 : 1.5pt, 겹선 종류 : 단순형)

▶ WordArt 삽입(건강증진!!!) ⇒ 글꼴(궁서체, 36pt, 굵게)

▶ 지시사항이 없는 부분은 《출력형태》와 동일하게 작성하시오.

기 출 문 제　풀 이

1. 슬라이드 마스터 지정

* 슬라이드 마스터 적용 전 슬라이드 레이아웃은 빈 화면으로 지정하고 4개의 빈 화면 슬라이더로 작성.
* 시스템 오류로 인한 복구를 위해 파일명을 미리 저장할 것.
* [보기]–[슬라이더 마스터] 지정.
* 삽입 탭에서 도형 선택하여 모서리가 둥근 직사각형 선택.
* 직사각형 개체 선택 후 서식 탭에서 채우기 녹색, 도형 윤곽선에서 윤곽선 없음 선택.
* 서식 탭에서 도형 효과 부드러운 가장자리 10포인트 선택하고 홈 탭에서 글꼴 속성 변경.
* 슬라이더 마스터 탭에서 마스터 보기 닫기 클릭.

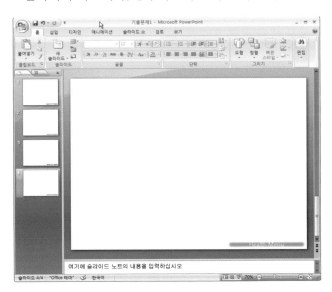

[슬라이드 1번]

1. 도형 1

* 삽입 – 도형 – 기본도형에서 십자형 선택 후 드래그.
* 도형 선택 후 서식 탭 – 도형 채우기 – 질감 – 데님 선택.
* 글꼴 : 홈 탭 – 글꼴 속성 변경(HY견고딕, 48pt, 흰색, 배경 1)
* 도형 효과 : 서식 탭 – 도형 효과 – 그림자 – 원근감(원근감 대각선 오른쪽 아래)

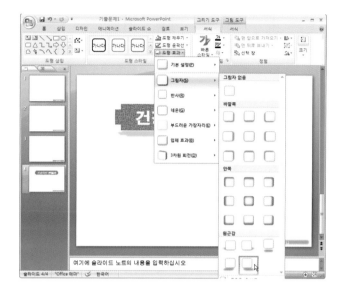

2. 도형 2~4

＊삽입 – 도형 – 기본도형에서 타원 선택 후 드래그.

＊서식 탭에서 채우기 적용

＊도형 효과 : 서식 탭 – 도형 효과 – 기본 설정 – 미리 설정에서 기본 설정 10 선택.

＊도형 효과 : 서식 탭 – 도형 효과 – 입체 효과 – 볼록하게 지정.

＊작성한 도형을 복사 후 붙이기하여 3개 도형 완성

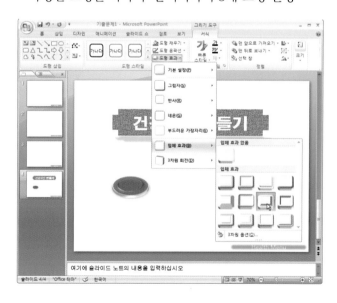

＊도형 4 선택하여 서식 – 정렬 – 맨앞으로 가져오기 지정.

　주의 : 도형 2번 위에 도형 3번이 있고 도형 3번 위에 도형 4번이 존재.

3. 텍스트 상자

＊삽입 – 텍스트 상자 – 가로 텍스트 상자 선택

＊내용 입력 후 홈 탭에서 글꼴 수정

4. 그림 삽입

＊삽입 – 일러스트레이션 – 그림 클릭 후 그림1 파일 삽입.

＊그림 사이즈는 삽입된 그림 개체를 선택 후 서식 – 크기 그룹에서 원 안에 있는
　속성을 선택하여 가로 세로 비율 고정을 해제한다.

＊높이, 너비 사이즈 지정.

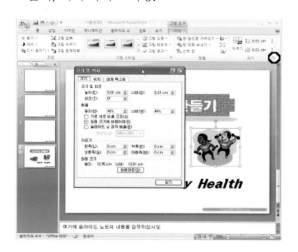

5. 애니메이션 지정

* 그림 1 개체 선택 후 애니메이션 – 애니메이션 드롭 버튼을 클릭하여 날아오기 선택.

[슬라이드 2번]

1. 도형 1

* 삽입 – 도형 – 별 및 현수막에서 아래쪽 리본 선택.
* 개체 선택 후 서식 – 도형 채우기 – 연한 파랑 선택.
* 서식 탭 – 도형 효과 – 그림자 – 원근감 – 원근감 대각선 왼쪽 아래 지정.
* 글꼴 속성은 홈 탭에서 글꼴 속성 변경.

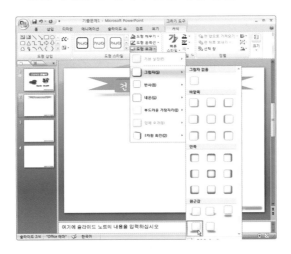

2. 스마트아트

* 삽입 – 일러스트레이션 – SmartArt 선택 후 대화상자에서 계층 구조형 중 조
직도 형 지정.

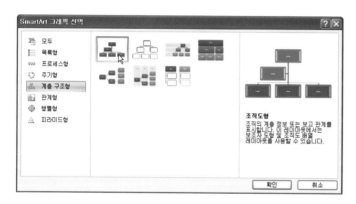

* 텍스트 상자를 Ctrl + 마우스를 이용하여 전체 블록 지정.
* 블록 지정된 상태에서 서식 – 도형채우기 – 흰색, 배경 1, 50% 더 어둡게 색 지
정.

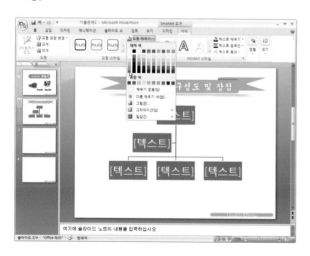

* 홈 탭에서 글꼴 속성 지정.
* 텍스트 상자의 레이아웃 변경은 디자인 탭에서 도형 추가를 이용하여 기본 레
이아웃을 생성한다.

* 아래에 도형 추가를 이용하여 기본 레이아웃을 생성.

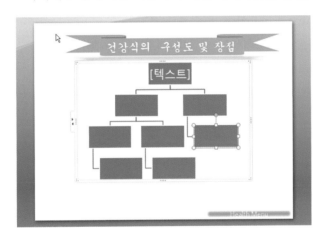

* 첫 번째 텍스트 상자를 선택하여 디자인 – 그래픽 만들기 – 레이아웃 – 양쪽 균
등 배열 선택.
* 위와 동일한 방법으로 레이아웃 전환.

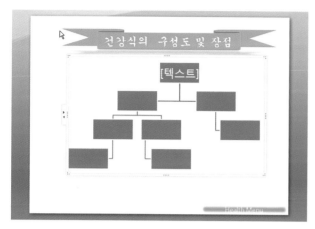

* 텍스트 상자 내용 입력

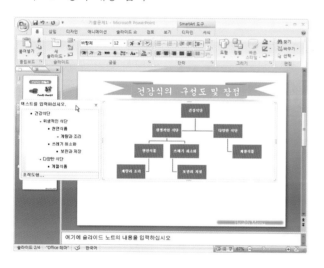

3. 도형 2~3

* 삽입 – 도형 – 설명선에서 타원형 설명선 지정.

* 채우기, 글꼴 속성은 윗 명령 참조

* 설명선에서 연두색 마름모 상자에 마우스를 올려놓고 왼쪽 버튼을 누른 상태에

서 드래그 하여 포인터 이동.

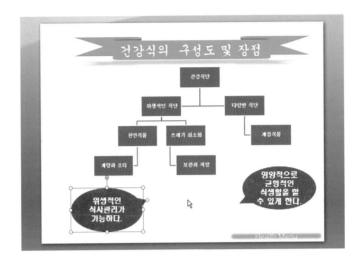

4. 도형 4

* 삽입 – 도형 – 블록 화살표에서 왼쪽/오른쪽 화살표 설명선 지정.
* 채우기 및 글꼴, 도형 효과 윗 명령 참조

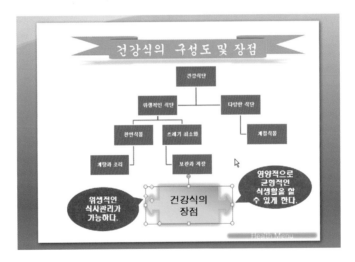

5. 실행단추

* 삽입 – 도형 – 실행단추에서 홈 단추 선택.
* 도형채우기에서 채우기 색 지정
* 설선 및 선 스타일은 도형 스타일 그룹 옆의 검은색 원안의 버튼을 클릭하여 도형 서식 대화상자에서 지정.

PowerPoint
파워포인트

CHAPTER 04

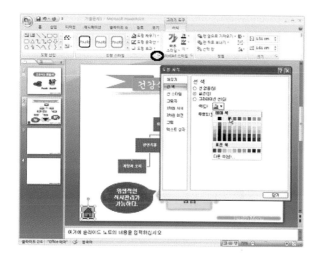

* 홈 단추 선택한 상태에서 삽입 – 링크 – 하이퍼링크 클릭하여 대화상자에서 첫째 슬라이더 지정.

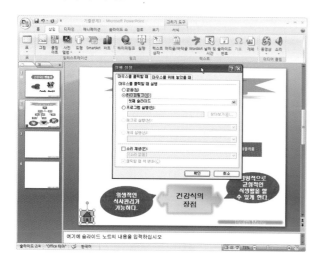

6. 애니메이션

* 애니메이션 – 애니메이션 드롭 버튼 클릭 – 사용자 지정 애니메이션 선택하여 오른쪽 화면에서 효과 적용하기 – 나타내기 – 바둑판 무늬 선택.

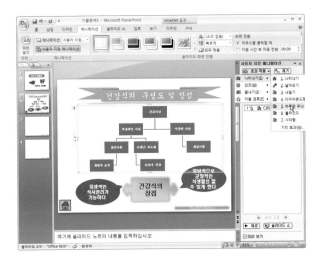

[슬라이드 3번]

1. 도형 1 및 텍스트 상자

* 아래쪽 리본은 슬라이더 2번과 동일하므로 복사하여 붙여넣기 한다.

* 텍스트 상자 : 삽입 – 텍스트 상자 – 가로 텍스트 상자 선택.

* 내용 입력후 홈 탭에서 글꼴 속성 변경.

* 두 번째 텍스트 상자도 동일하게 작성.

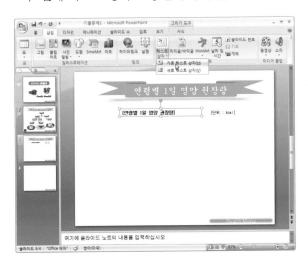

2. 표

* 삽입 – 표에서 마우스를 드래그하여 행과 열을 지정.

* 내용 입력 후 가장 윗행만 블록 지정 후 글꼴 속성 변경.

* 나머지 행도 블록 지정 후 글꼴 속성 변경.

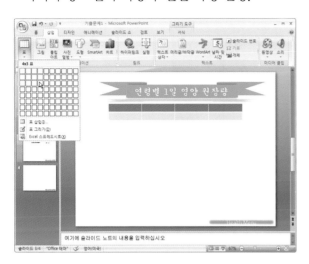

* 표를 영역 지정한 후 디자인 탭에서 테마 스타일1 강조3 선택.

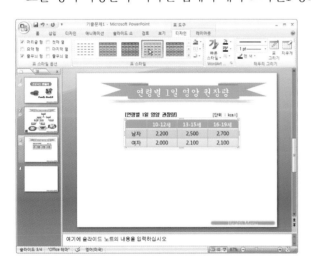

3. 차트

* 삽입 – 차트 클릭하면 차트 대화상자가 나타남.
* 대화상자에서 세로 막대형 중 묶은 피라미드형 지정 후 확인 버튼 클릭.

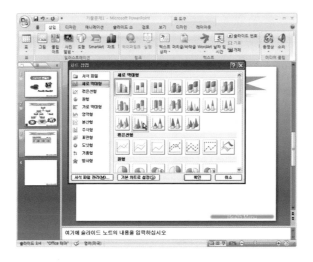

* 차트 데이터 값 입력을 위한 엑셀 창이 뜸.
* 엑셀 창에 항목 및 계열 값을 입력하고 엑셀 창을 종료.
* 차트 그래프에 입력된 데이터 값이 나타남.

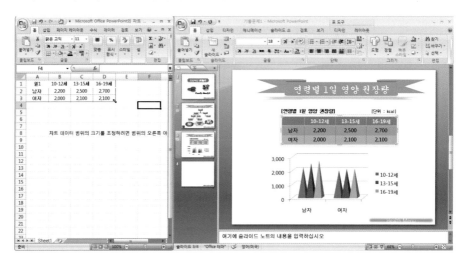

* 디자인 탭에서 행/열 전환을 클릭하여 행과 열을 전환한다.(범례에는 남자, 여자가 나타남.)
* 축 서식, 범례는 해당 범위를 선택하여 홈 탭에서 글꼴 속성으로 변경.

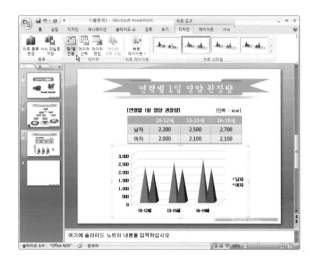

4. 배경

* 슬라이더 편집 창 위에서 마우스 오른쪽 버튼 클릭하여 배경 서식 선택.
* 그림 또는 질감 채우기 선택 후 파일 버튼 클릭하여 해당 그림 찾아옴.

5. 애니메이션

* 표가 선택되어진 상태에서 애니메이션 탭에서 닦아내기 선택.

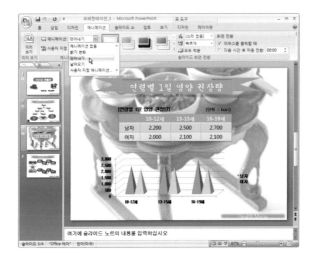

[슬라이드 4번]

1. 도형 1

* 기존 2번 또는 3번 슬라이더의 도형 1번 복사하여 붙여넣기.

2. 도형 2, 7

* 삽입 – 도형 – 기본도형 – 배지 선택 후 작성.(배지 도형 2개 작성)
* 그라데이션 무지개 II, 선색, 선 스타일은 서식 – 도형스타일 – 원 안을 클릭하여 도형서식에서 지정.

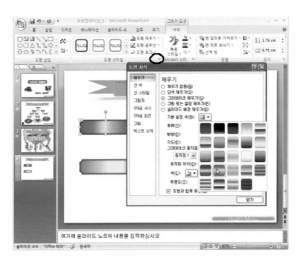

* 글꼴 속성은 홈 탭에서 변경.

3. 도형 3~6(8~11)

* 삽입 – 도형에서 모서리가 접힌 도형과 배지를 선택하여 작성 후 복사한다.
* 채우기, 그라데이션, 윤곽선 두께는 도형 서식에서 지정.
* 도형 효과는 8개의 도형을 영역 지정한 후 서식 – 도형 효과 – 반사 변형 – 1/2 반사, 4pt 오프셋 지정.

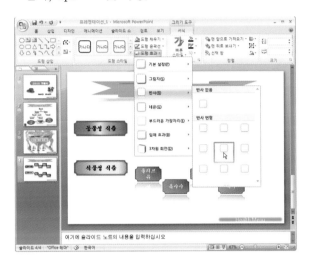

4. 도형 12

* 삽입 – 도형 – 별 및 현수막 – 포인트가 5개인 별 선택.
* 채우기, 선 색, 선 스타일을 도형 서식에서 지정
* 도형 효과는 서식 – 도형 효과 – 네온 – 네온 변형, 강조색 4, 18pt 네온 선택하여 지정.

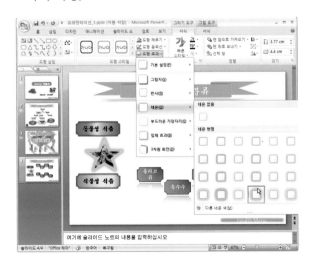

쉽게 풀어쓴 컴퓨터 활용

5. 선

* 삽입 – 도형 – 선 – 구부러진 연결선 선택.

* 선색, 선 스타일은 도형 서식에서 변경.

* 선을 복사하여 도형과 도형 사이 잇기.

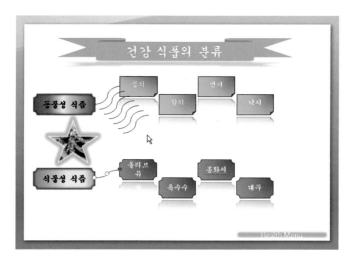

6. WordArt

* 삽입 – 워드아트 – 해당 모양 선택

* 내용 입력 후 글꼴 속성은 홈 탭에서 변경.

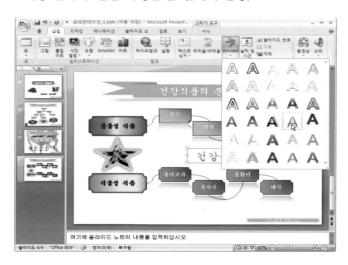

디지털 정보 활용 능력 실전문제

유의사항

• 주어진 조건에 따라 프레젠테이션 슬라이드로 작업하고, 반드시 《작성조건》을 준수해야 합니다.

• 글꼴 및 기타 사항에 대해 별도의 지시사항이 없는 경우, 슬라이드 크기와 전체적인 균형을 고려
하여 임의로 작성합니다.

• 슬라이드 크기는 A4, 가로 방향으로 작성합니다.

• 공통적용사항

슬라이드 마스터

① 도형 기본도형(직사각형), (그라데이션 채우기 적용 기본설정색, 사각형)

② 텍스트(HiLooks) ⇒ HY견고딕, 18pt, 흰색, 굵게, 가운데 맞춤

③ 선 ⇒ 실선, 선 두께 0.75pt

• 이미지 첨부 시 디스켓에 첨부된 이미지 파일을 반드시 사용합니다.

• ⟨　　　⟩은 지시사항이므로 작성하지 않습니다.

실 전 기 출 문 제 1

【슬라이드 1】

《출력형태》

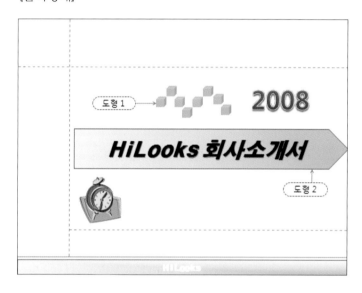

《작성조건》

▶ 도형 1 ⇒ 기본 도형 : 정육면체, 윤곽선 없음, 채우기(하늘색)
  도형 1을 복사하여 모두 8개로 구성, 8개 도형 그룹화

▶ 도형 2 ⇒ 블록 화살표 : 오각형, 채우기(그라데이션 채우기 적용 기본설정색, 방사형)

▶ 텍스트(HiLooks 회사소개서) ⇒ HY견고딕, 44pt, 굵게, 기울임꼴, 텍스트 그림자

▶ WordArt 삽입(2008) ⇒ 채우기 강조2, 무광택입체, 텍스트효과 네온–강조색 25pt 네온

▶ 선 ⇒ 색 : 파랑, 종류 : 대시(파선), 두께 : 1pt(출력형태와 동일하게 구성)

▶ 클립아트 삽입 ⇒ 임의의 클립아트 삽입

▶ 지시사항이 없는 부분은 《출력형태》와 동일하게 작성하시오.

디지털정보활용능력 – 스프레드시트　　[시험시간 : 40분]　　　　　2

【슬라이드 2】

《출력형태》

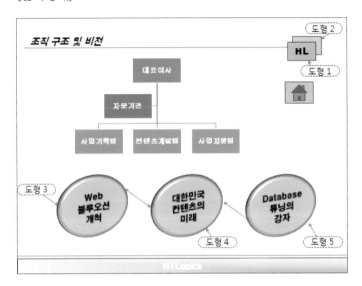

《작성조건》
(1) 제목
▶ 선 ⇒ 실선, 선 두께 : 0.75pt
▶ 도형 1, 2 ⇒ 기본 도형 : 직사각형, 채우기(흰색, 배경1-25%), 채우기(파랑, 강조1 60%)
▶ 텍스트(HL) ⇒ HY견고딕, 18pt, 굵게, 가운데 맞춤
▶ 텍스트(조직 구조 및 비전) ⇒ HY견고딕, 20pt, 기울임꼴
(2) 본문
▶ 조직도 ⇒ 굴림, 15pt, 굵게, 가운데 맞춤, 투명 그라데이션 강조 1,(반드시 조직도를 이용하여 작성할 것)
▶ 도형 3 ~ 5 ⇒ 기본 도형 : 원(타원), 도형효과-입체효과-아트데코, 도형효과-3차원 회전-평행-축 분리1 오른쪽으로, 채우기(흰색, 배경1-25%)
▶ 텍스트(Web 블루오션 개척, 대한민국 컨텐츠의 미래, Database 튜닝의 강자) ⇒ HY 견고딕, 20pt, 가운데 맞춤
▶ 연결선 ⇒ 직선 양쪽 화살표 연결선, 선 두께 : 1.75pt

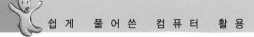

▶ 실행 단추 ⇒ 홈, 채우기-자주 강조4 60%, 하이퍼링크 : 첫째 슬라이드
▶ 애니메이션 지정 ⇒ 텍스트(조직구조 및 비전)에 나타내기-다이아몬드형.
▶ 지시사항이 없는 부분은 《출력형태》와 동일하게 작성하시오.

디지털정보활용능력 – 스프레드시트　　[시험시간 : 40분]　　　　　　3

【슬라이드 3】

《출력형태》

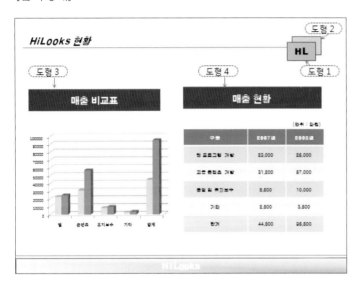

《작성조건》

(1) 제목

▶ 선 ⇒ 실선, 선 두께 : 0.75pt

▶ 도형 1, 2 ⇒ 기본 도형 : 직사각형, 채우기(흰색, 배경1–25%), 채우기(파랑, 강조1 60%)

▶ 텍스트(HL) ⇒ HY견고딕, 18pt, 굵게, 가운데 맞춤

▶ 텍스트(HiLooks 현황) ⇒ HY견고딕, 20pt, 기울임꼴

(2) 본문

▶ 도형 3, 4 ⇒ 기본 도형 : 직사각형, 채우기(빨강 강조2, 25%)

▶ 텍스트(매출 비교표, 매출 현황) ⇒ HY견고딕, 20pt, 흰색, 가운데 맞춤

▶ 표 ⇒ 굴림, 11pt, 굵게, 보통 스타일2 강조 1, 가운데 맞춤

▶ 차트 삽입 ⇒ 세로 막대형(3차원 효과의 묶은 세로 막대형), 축 서식(굴림, 9pt, 굵게), 데이터 계열 서식: 채우기(2007년–노랑, 2008년–녹색), 데이터는 표 참고

▶ 지시사항이 없는 부분은 《출력형태》와 동일하게 작성하시오.

디지털정보활용능력 – 스프레드시트 　 [시험시간 : 40분] 　 4

【슬라이드 4】

《출력형태》

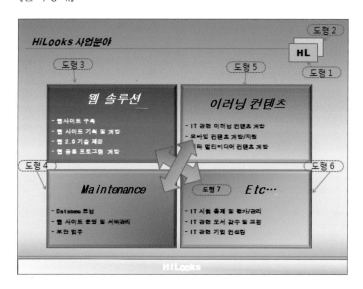

《작성조건》

(1) 제목
▶ 선 ⇒ 실선, 선 두께 : 0.75pt
▶ 도형 1, 2 ⇒ 기본 도형 : 직사각형, 채우기(흰색, 배경1-25%), 채우기(파랑, 강조1 60%)
▶ 텍스트(HL) ⇒ HY견고딕, 18pt, 굵게, 가운데 맞춤
▶ 텍스트(HiLooks 사업 분야) ⇒ HY견고딕, 20pt, 기울임꼴

(2) 본문
▶ 도형 3~6 ⇒ 기본도형 : 직사각형, 3차원 스타일 1, 4개 도형의 채우기 효과는 서로 다른 색상으로 수험자 임의로 선정(단, 그라데이션 효과 적용할 것)
▶ 텍스트(웹 솔루션, 이러닝 컨텐츠, Maintenance, Etc..) ⇒ 돋움체, 25pt, 굵게, 기울임꼴, 가운데 맞춤
▶ 텍스트(웹 사이트 ~ 프로그램 개발, IT 관련 ~ 컨텐츠 개발, Database 튜닝 ~ 보안업무, IT 시험 ~ 컨설팅) ⇒ 돋움체, 12pt, 굵게
▶ 도형 7 ⇒ 블록 화살표 : 왼쪽/오른쪽/위쪽/아래쪽 화살표, 채우기(그라데이션

적용 주황 강조6 40%, 선형 대각선)

▶ 배경 ⇒ 그라데이션-기본설정색:안개(현재 슬라이드만 적용)

▶ 지시사항이 없는 부분은 《출력형태》와 동일하게 작성하시오.

찾 / 아 / 보 / 기

저 자 약 력

강영신 국민대학교 사범대학 학사
국민대학교 정보관리학과 박사
현 : 유한대학 유통물류과 강의전담교수

안병태 국민대학교 컴퓨터과학부 학사
국립경상대학교 컴퓨터과학부 박사
현 : 가톨릭대학교 정보통신원 교수

김민선 이화여자대학교 학사 · 석사 · 박사
현 : 협성대학교 유통경영학과 전임강사

쉽게 풀어쓴

컴퓨터 활용

강영신 · 안병태 · 김민선 공저

초 판 발 행 : 2010. 2. 25
제1판 3쇄 : 2013. 1. 11
발 행 인 : 김 승 기
발 행 처 : 생능출판사
신 고 번 호 : 제406-2004-000002호
신 고 일 자 : 2005. 1. 21
I S B N : 978-89-7050-664-7(93000)

413-756
경기도 파주시 문발동 507-12 파주출판도시
대표전화 : (031)955-0761, FAX : (031)955-0768
홈페이지 : http://www.booksr.co.kr

* 파본 및 잘못된 책은 바꾸어 드립니다.   정가 20,000원